일본 교육의 역사

사회사적 시각에서

국립중앙도서관 출판시도서목록(CIP)

일본 교육의 역사: 사회사적 시각에서
가타기리 요시오, 기무라 하지메 외 편저; 이건상 옮김.
-- 서울 : 논형, 2011
    p. ;   cm

원표제: 教育から見る日本の社会と歴史
원저자명: 片桐芳雄, 木村元
일본어 원작을 한국어로 번역
ISBN 978-89-6357-409-7 94910 : ₩20000

일본 교육[日本敎育]

370.913-KDC5
370.952-DDC21   CIP2011004218

일본 교육의 역사

사회사적 시각에서

가타기리 요시오·기무라 하지메·기무라 마사노부
하시모토 미호·다카기 마사시·시미즈 야스유키 지음

이건상 옮김

教育から見る日本の社会と歴史 片桐芳雄 木村元 編

Copyrights ⓒ 2008 by 片桐芳雄, 木村元
Originally published in Japanese by 八千代出版, Japan, 2008.
By Korean translation rights arranged with 片桐芳雄, 木村元
translation rights ⓒ 2011 NONHYUNG PUB CO.

일본 교육의 역사: 사회사적 시각에서

초판 1쇄 발행 2011년 10월 10일
초판 2쇄 발행 2019년 8월 5일

지은이 가타기리 요시오 · 기무라 하지메 · 기무라 마사노부
        하시모토 미호 · 다카기 마사시 · 시미즈 야스유키
옮긴이 이건상
펴낸곳 논형
펴낸이 소재두
등록번호 제2003-000019호
등록일자 2003년 3월 5일
주소 서울시 영등포구 양산로 19길 15 원일빌딩 204호
전화 02-887-3561
팩스 02-887-6690
ISBN 978-89-6357-409-7 94910
값 20,000원

한국어판 서문

　이 책은 대학 교재로 사용하기 위해 출판되었다. 주로 염두에 둔 수업과목은 교육학 관련 과목이지만, 서명을 『교육을 통해 본 일본 사회와 역사(教育から見る日本の社会と歴史)』(한국어판은 『일본 교육의 역사: 사회사적 시각에서』)로 한 것에서 알 수 있듯이, 일본 사회와 역사를 이해하기 위한 수업에서도 사용이 가능하다. 다수의 사진자료를 넣었으며, 문장도 평이하게 작성하였다. 또 일본의 교원채용시험을 준비하는 학생들의 참고서로도 도움이 되었으면 하는 의도에서 중요사항은 볼드체로 표시하였다.

　이 책은 이와 같이 평이하고 접하기 쉽도록 여러 노력을 기울였는데, 이로 인해 결코 질이 떨어지지는 않는다. 이 책의 집필에 참여한 집필진들은 모두 각 시대별 교육사의 전문가로 오늘날 가장 정력적으로 연구활동을 하고 있는 당대 일류의 연구자로서 최신 연구성과를 적극적으로 반영하고자 노력하였다. 독자들은 평이한 기술 속에서 최신 연구성과를 얻을 수 있을 것이다.

　일반적으로 일본 교육사에 대한 교재는 학교교육이 제도화된 메이지유신(明治維新) 이후 즉 근대부터 서술된 것이 많다. 그러나 이 책은 고대에서 현대에 이르기까지 일본 교육사의 전체적 흐름을 서술하기 위해 노력하였다. 그다지 두툼하지 않은 책에 일본 교육사의 전체상을 담는 것은 쉽지 않지만 각 시대를 담당한 집필진의 노력에 의해 어려운 작업을 마칠 수 있었다.

이 책의 서술에 채용한 것은 '머리말'에서도 언급하였듯이 인구동태사와 국제적 시각이라는 두 가지 관점이다.

대저 교육이라는 인간 고유의 행위는, 머리말에서 언급한 바와 같이 모든 생물에 공통되는 '종(種)의 지속을 위한 법칙적 행위'이기도 하다. 근대 과학의 성립 이후, 그와 동시에 출현한 학교라는 조직을 통해 부모와 교사들의 아이들의 지적 발달에 대한 관심은 급속도로 높아졌다. 그러나 인간이 생물 종족의 하나라는 사실은 엄연한 것으로 이에는 변함이 없다. 2011년 3월 11일 동일본 대지진으로 인한 재해는 아무리 과학이 발달했다 하더라도 여전히 인간은 자연의 지배를 받는 생물 중의 한 종족이라는 것을 매우 비참한 경험을 통해 보여준 사례이다.

인구동태사의 관점은 이와 같은 인간의 교육이라는 행위를 모든 생물에 공통되는 기반에서 받아들이는 중요한 것이다. 다산과 저출산이 아이들 교육에 미치는 영향은 저출산이 진행중인 현대에 있어 특히 현저하다. 이는 취업과 취학의 동태를 매개로 현대의 교육문제로까지 연관되며 이를 제어하고 있다. 인구 동태의 동향은 보이지 않는 손으로 자칫 잘못하면 우리들이 눈치 채지 못하는 부분에서 교육의 역사까지 지배하고 있는지도 모른다. 이와 같은 시점은 교육의 역사를 생각하는 데 있어 중요한 시점이다.

국제적 시각도 이 책이 중시한 또 하나의 관점이다. 글로벌화가 진행 중인 현대에 있어 교육 역시 그 영향을 피할 수 없다는 것은 자명하다. 세계적으로 특히 아시아에서 불고 있는 영어교육의 중시는 단순히 국제 이해 교육을 위한 것만이 아니라 노동시장의 글로벌화 영향이기도 하다. 한 나라의 교육을 한 나라만의 관점에서 생각하는 시대는 끝났다. 그러나 국제적 시각이 중요한 것은 현대의 문제를 생각하기 위함만은 아니다.

국제적 시각이라고 하면 종래 근대 이후 서양에 대한 충격만을 생각하기 쉽다. 그러나 이 책에서도 밝혔듯이 국제적 영향은 근대 이후로 한정되는 것이 아니다. 고대 일본의 교육은 중국대륙뿐만 아니라 한반도의 높은 수준의 문화로부터 큰 영향을 받았다는 사실을 이 책에서도 그 일부를 소개하였다. 그리고 일본은 그 영향에서 벗어나는 과정에서 고유의 문화와 사회를 형성해 갔다. 예를 들면, 한국은 중국의 과거제도를 수용했지만 일본은 끝까지 이를 받아들이지 않았다. 그 이유를 생각하기 위해서는 비교의 관점을 살리면서 국제적 시각에서 일본 사회와 문화의 특질을 생각할 필요가 있다.

거꾸로 근대 이후 일본의 교육은 식민지 지배로 인해 한국에 적잖은 영향을 끼쳤는데, 이는 일본 국내의 '국민화' 과정과의 관계에서 논의할 필요가 있다. 즉 홋카이도·오키나와 또는 타이완에 대한 교육정책과 교육실태의 비교에서 논의될 필요가 있다.

한국어 번역은 필자가 2009년 9월 한국일본학회(KAJA) 학술대회에 강연자로 초대된 것이 계기가 되었다. 필자는 당시 강연에서 이 책을 소개했는데, 그 강연을 듣고 있던 이건상 교수로부터 그 직후 감사하게도 번역에 대한 의향이 있다는 말을 듣게 되었다. 그후 몇 차례 이건상 교수를 만났으며 성실한 인품의 소유자라는 인상을 받게 되었다. 또 이건상 교수는 까다로운 표현에 대해 솔직히 질문하는 등 정확한 번역을 위해 노력을 기울였다.

오늘날 일본과 한국의 상호이해는 이전과는 비교할 수 없을 정도로 진전되고 있다. 드라마 〈겨울연가〉를 계기로 한 한류붐은 일본 국민의 한국에 대한 인식을 극적으로 바꾸었다. 한국의 음악그룹은 일본 젊은이들에게 열광적 지지를 받고 있으며 일본 텔레비전에서는 한국 드라마가 방영되지 않는 날이 없을 정도다.

일본의 대학에서도 한국어 수업을 개설하는 대학이 증가하고 있으며 이를 수강하는 학생의 수도 급속히 늘고 있다. 일본과 한국의 상호이해는 앞으로 한층 더 진행될 것이며 이 책이 하나의 작은 디딤돌로 조금이라도 도움이 되길 기대한다.

2011년 5월 편자를 대표하여

가타기리 요시오

머리말

　책 제목을 『교육을 통해 본 일본사회와 역사(教育から見る日本の社会と歴史)』로 하였다. 즉 '사회'와 '역사'를 통해 '교육'을 살펴보는 것이 아니라 '교육'을 통해 일본의 '사회'와 '역사'를 살펴보려는 것이다.

　'교육'은 사회와 역사에 의해 움직인다. '교육'의 힘에 의해 사회와 역사가 개척된다기 보다 '교육'은 사회와 역사에 의해 규정되고 '시대의 각인'을 받는다고 보는 것이 적절하다. 따라서 '교육'을 통해 '사회'와 '역사'를 볼 필요가 있다.

　물론 교육을 어떻게 받아들이는지에 따라 우리에게 보여지는 양상은 다르다고 할 수 있다. 이 책에서는 1장에서 언급하였듯이 '교육'을 인간형성의 의도사(意圖史) 차원에서 '인류 문화유산의 의도적 전달'로서 폭넓게 정의하고, 고대 이후 일본 '사회'와 '역사'가 전개되는 시기부터 접근하였다. '인류의 문화유산'이기 때문에 어느 한 개인이 타자와의 관계 없이 고립된 상태에서 만들어낸 것은 포함되지 않는다. 그야말로 인류가 협동해가며 만들어 낸 것이라 할 수 있으며, 이와 같은 '유산'을 '의도적'으로 전달한 것이 포함된다. 이 '의도' 안에는 차세대로의 계승이라는 생물(자연)적 조건이 스스로의 자각 없이 일관되었으며, 동시에 항상 '시대' 즉 그때마다의 '사회'와 '역사'의 '의도'가 각인되어 왔다고 할 수 있다.

　그러나 '교육'은 이와 같이 '시대의 각인'을 받는 것만은 아니다. 즉 '교육'

은 시대를 개척한다는 기대를 받게 되었다. 오랫동안 신과 자연에게 지배를 받아온 인간은 과학의 발전을 통해 그 지배로부터 자립하려 하였다. 이로 인해 인간이 스스로의 힘에 자신을 갖게 되는 '인간의 시대' 즉 근대가 도래하게 되었다.

일본 역사에서 '근대의 도래'를 어느 시기에서 구할지에 대해서는 여러 의견이 있는데, 적어도 에도(江戶)시대 때부터 서서히 그 조짐이 나타났으며, 에도시대 말기와 유신기(維新期) 서양과의 조우(遭遇)로 인해 본격적으로 근대라는 시대에 돌입한 것으로 볼 수 있다.

과학을 손에 넣은 '인간의 시대'는 인간이 인간을 만들어내는 것에도 큰 관심을 보이게 되었다. 이런 의미에서 근대는 '교육의 시대'이기도 했다. 신분제를 폐지하여 개인을 분리하고, 그 개인을 통합하여 '국민'을 형성하였다. 이는 근대가 만들어낸 '국가'에 있어 필요한 것이었다.

'교육의 시대'는 동시에 '학교의 시대'이기도 했다. 이 시대의 도래로 '문화유산의 의도적 전달'의 '의도'의 내실이 현격하게 정리·강화되었으며, 조직화·계획화가 촉구되었다. 그 주체는 '국민'을 새로이 만들어낼 필요가 있는 '국가'였으며, '국가'를 짊어진 '국민'이었다. 양자의 관계를 통해 조직화·계획화된 곳은 학교 이외에는 없었다. 근대 이후 교육사 연구에서 학교를 조직화하고 계획화하는 '국민'과 '국가'의 관계 구조를 명백히 하는 것이 중요한 과제가 되어 왔다.

1872년 학제(學制)의 공포를 그 기점으로 본다면, 일본이 '학교의 시대'에 돌입한지 이미 150년 가까운 시간이 경과한 셈이 된다. 그동안 학교는 '교육'의 기능을 충분히 담당해왔을까. 또는 반대로 인간은 '교육'을 학교에 의지하며 너무 맡기려 한 것은 아닐까. 우리 인간은 지금 이와 같은 반성에 직면해 있다.

이 책은 이상과 같은 큰 시각에서 접근하면서 동시에 보다 구체적으로 다음의 두 가지 점을 중시하고자 하였다.

첫 번째는 인구동태의 동향이다. 여기에서 말하는 인구동태란 단순히 출생·사망에 의한 인구의 증감뿐 아니라 취학률과 진학률 또는 도시·농촌 간의 노동력 인구의 이동 동향까지도 포함한다.

일본의 인구는 몇 가지 단계를 거쳐 전개되어 왔다. 에도시대 초기인 1600년 무렵 일본의 인구는 약 1,000만 명이었으며, 이후 18세기 중반(亨保期)에는 약 3,100만 명이 되었는데 기본적으로 인구는 일정했다고 할 수 있다. 막번(幕藩)체제의 인구증가정책에도 불구하고 서민들 사이에서는 생활고로 신생아를 죽이는 이른바 마비키(間引き) 등에 의한 산아제한이 이루어지기도 하였다. 이는 단순히 생활이 가난했기 때문에 어쩔 수 없이 한 것이 아니라 부양하는 아이의 수를 줄여 보다 여유 있는 삶을 영위하기 위함으로 볼 수도 있다. 인간이 자연의 지배로부터 자립하는 '인간의 시대'로서의 '근대'의 조짐을 여기서도 엿볼 수 있다.

메이지(明治) 국가가 성립되고 본격적인 근대 시대가 되자 산업혁명의 전개와 함께 꾸준한 인구 증가가 시작되었다. 그 중 인구 양식은 1920년대~1950년대의 이른바 준비기를 거쳐 1960년대 이후 다산다사형(多産多死型)에서 소산소사형(小産小死型)으로 극적으로 전개하게 되었다(6장 칼럼 참조). 이로 인해 에도 시대 이래 이어져온 다산다사의 인구 형태가 이른바 종모양(富士山型)에서 극히 짧은 기간에 항아리모양(釣り鐘型)으로 바뀌게 되었다.

9장에서 언급한 경제의 고도성장하에서 철저한 교육의 구조 전환은 이러한 인류사(史) 차원이라고도 표현할 수 있는 인구동태의 커다란 전환이라는 영향하에서 이루어졌다고 바꿔말할 수 있다.

분명 이 책의 내용 안에서도 언급하였듯이 1872년 학제의 공포는 '학교의 시대'의 도래를 선언한 것으로 일본의 교육을 생각하는 데 있어 중요한 전환점이었다고 할 수 있다.

그러나 새로운 학교제도가 사람들의 삶 속에 뿌리를 내리기까지 시간이

걸린 것은, 이와 같은 인구 동태를 만들어낸 인간으로서의 산육(産育)행위(습관)와 매일매일의 삶이 새롭게 조직화되고 계획화된 학교 밖에 이미 존재하고 있었기 때문이다. 학교에 입학하고 졸업한다는 행위를 모든 계층이 받아들인 것은 1930년대 이후였는데, 이 책에서 취학률과 진학률에 주목한 것도 이와 같은 관점과 관계가 있다. 사람들의 생활 윤리와 학교제도가 매듭을 지어가며, 서서히 학교를 받아들여 갔다는 사실을, 산업화의 진행에 따른 노동력 인구의 동태로까지 연결지어 이해할 필요가 있다.

이 책이 중시한 두 번째 관점은 국제적 시각이다.

근대 이후의 교육에서 중요한 기능을 발휘한 '학교'는, 국민과 국가의 관계를 통해 조직화·계획화되었기 때문에 불가피하게 국민주의(國民主義) 또는 국가주의(國家主義)로 해석되는 내셔널리즘(nationalism) 지향성을 갖고 있다. '학교'를 주어진 것으로 받아들이고 있는 현대인들 또한 불가피하게 내셔널리즘의 틀 안에서 교육을 생각하기 쉽다.

그러나 국가가 아직 명확한 윤곽을 드러내지 못했던 전근대 시대는 물론이거니와 근대 이후에 있어서도 당시의 국민과 국가가 얼마나 자각하고 있었든지 간에 교육이 국제관계 안에 놓여 있었던 것은 분명한 사실이다.

'한자(漢字)' 즉 다른 나라인 중국의 문자를 일본인은 고대 이래 수용·활용하였으며, 오늘날 일본인이라면 누구나 어떤 위화감도 없이 '국어(日本字)'로서 사용하고 있다. 일본 고유의 문자로 생각하기 쉬운 '히라가나(平假名)'와 '가타카나(片假名)' 역시 한자의 변용체(變容體)다. 고대 학교의 출발점인 '다이가쿠(大學)'는 중국과 한국의 커다란 영향하에서 설립되었다. 불교와 유교 역시 대륙과의 다양한 교류를 통해 일본 사회에 전개되어 갔다.

16세기 후반 가톨릭교의 전래로 초래된 서양과의 접촉은 에도막부의 견제로 인해 일시적으로 정체되기는 했지만, 막부 말기부터 메이지유신 이후 서양문화의 전면적 수용은 일본사회의 변혁에 크게 기여하였다. '국가'와 '국민' 그리고 '학교' 모두가 이와 같은 변혁 속에서 창출되었다. 그리고 다이쇼(大正) 신교육과 전후(戰後) 신교육은 물론 언뜻 이들과는 반대로 내셔널리즘이 편협되게 지배하고 있는 것처럼 보이는 교육칙어(敎育勅語)와 전시하(戰時下)의 교육에 있어서도 '서양'과의 관계는 항상 의식되고 있었다.

근대 이후 일본은 '서양'을 이상으로 바라보고, 이를 발전 모델로 삼았다. 반대로 근린 아시아 제국에 대해서는 이상으로 삼은 '서양'과는 반대 모델로 삼으며 경멸하고 지배의 대상으로 삼으려 하였다.

그러나 이 책 마지막 장의 마무리에서 언급하였듯이 세계가 시 · 공간적으로 점점 좁아지고 있는 현대의 글로벌화 되어가는 사회 속에서 일본의 교육을 생각해야만 하는 지점에 지금 우리들은 서 있다. 이와 같이 이 책이 중시하고자 한 두 가지 관점이 이 책 안에 반영되었는지 또 그 목적이 관철되었는지는 독자의 판단에 맡기도록 하겠지만, 앞으로 일본 교육의 역사를 생각하는 데 있어 중요한 관점이라는 것에 변함은 없을 것이다.

이 책은 대학 교재로서 기획된 것이다. 일본 교육사를 배우는 사람은 물론이거니와 보다 넓게 교육과 관련된 수업에서 활용될 수 있도록 하였다. 보다 읽기 쉽도록 하기 위해 문체 선정에도 배려를 했으며, 교원채용시험에 빈번히 출제되는 사항에 대해서도 가능한 한 언급을 하였다. 또 중요 사항은 볼드체로 표기하였으며, 각 장의 끝에는 칼럼을 두어 본문에서 충분히 전개하지 못한 사항에 대한 설명을 덧붙였다. 또 책 마지막에는 주요 자료와 연표를 첨부하였다.

이 책이 단순히 대학 교재로서 만이 아니라 교육에 관심이 있는 일반 독자들에게도 읽혀지게 된다면 집필자 모두에게 있어 이 이상의 행운은 없을 것이다.

2008년 11월

가타기리 요시오 · 기무라 하지메

차례

일러두기

1. 일본어의 한글 표기는 한글맞춤법의 외래어 한글 표기법에 따랐다.

2. 모든 한자는 현재 한국에서 사용하는 한자체(이른바 정자)로 바꾸었다.

3. 연도 표기의 경우 일본 연호는 꼭 필요한 경우를 제외하고는 모두 서기로 바꾸었다.

4. 본문의 이해를 돕기 위해 주요 인물의 경우 생몰년을 추가하였으며, 보충 설명이 필
   요한 경우 해당 페이지에 역자 주를 달았다(이 경우 『広辞苑』 제4판(岩波書店, 1993)을
   참조함)

5. 일부 용어는 현재 한국에서 사용하는 표현으로 바꾸었다. 예) 조선반도➜ 한반도 등.

1장
대륙문화의 수용과 원시 · 고대 사회의 교육

인류의 발생과 함께 시작된 교육은 유라시아대륙의 동쪽 끝에 있는 일본 열도에 ―대륙과의 교류를 통해― 문자(한자)가 들어옴으로써 새로운 단계를 맞게 되었다. 문자는 일본 열도 사람들의 세계를 비약적으로 확대시켰으며, 교육 역시 대륙의 영향을 받으면서 일본 열도에 맞게 적응되어 갔다.

1. 교육의 시작

1) 교육이란 무엇인가

교육이란 '인류 문화유산의 의도적 전달'이라 정의내릴 수 있다.

차세대 육성을 위한 행위는 포유류와 조류 등의 동물에서도 찾아볼 수 있다. 이를 보다 넓게 생각해보면 '종(種)의 지속을 위한 법칙적 행위(大田堯)', 즉 종 지속을 위해 정해진 그 종 특유의 여러 행위이며, 이와 같은 행위는 식물에서 조차 찾아볼 수 있다.

그러나 교육은 인간 고유의 행위로서 인간이 만들어낸 여러 문화유산, 예를 들면, 언어, 신체적 행동, 살아가기 위해 필요한 여러 기능, 더 나아가 문자와 수의 관념 등 다음 세대로 계승하기 위해 의도적으로 전달하는 행위 전체를 가리킨다. 본래 이와 같은 행위를 **인간형성**이라 부르며, 교육을 보다 협의적으로 개인이 분리된 근대 이후에 아이들을 가치로서 이루어지는 행위로 받아들일 수도 있다. 그러나 고대로부터 논술을 하는 이 책에서는 '교육'을 보다 넓은 시야에서 생각하도록 한다.

위와 같이 교육을 정의할 때 인간이 전달하는 문화유산의 선택을 인간 스스로 어느 정도 자각적으로 행동했는지 질문할 필요는 없다. 자각적이든 무자각적이든 인간은 객관적 혹은 결과적으로는 다음 세대로의 계승이라는 큰 목적을 향해 필요한 문화유산을 의도적으로 선택하고 전달하고 있다.

이와 같은 행위는 고도로 진화된 일부 영장류에서도 찾아볼 수 있다. 교육은 이러한 인간 이외의 동물과 기반을 공유하지만 인간 고유의 행위로서 시대적 흐름 안에서 그 기능을 변화시켜가며 발달해 왔다.

교육의 의미를 이와 같이 넓게 보았을 때, 교육은 문자와 수의 관념이 발견되기 훨씬 이전부터, 즉 인류 발생과 함께 시작되었다고 볼 수 있다.

2) 원시사회와 교육

일본 열도에서도 수렵과 채취 생활이 이루어진 **구석기**(舊石器)**시대**와 **조몬**(繩文)**시대**[1]에 언어와 일상생활에 필요한 신체적 행동은 물론 수렵과 채취에 필요한 지식과 기능, 석기와 토기의 제작방법 등이 세대에서 세대로 필요에 따라 의도적으로 선택되고 전달되었다. 동굴과 바위 틈의 이용에서 수혈식(竪穴式) 주거로, 타제석기(打製石器)에서 마제석기(磨製石器)로, 더 나아가서 골각기(骨角器)의 이용과 같이 인간 생활에 필요한 주거 만드는 방법과 음식을 얻기 위한 방법 역시 긴 시간에 걸쳐 전달되고 더 나아가 착실

---

1) 조몬(繩文: 새끼줄무늬)토기로 대표되는 시대로 기원전 1만 년 전후로부터 기원전 4~5세기까지를 가리킴.

하게 개량의 길을 걸었다.

조몬 시대의 발치(拔齒)풍습[2]과 시체의 팔다리를 굽혀 쭈그린 자세로 매장하는 굴장(屈葬)과 같은 매장 방법 등 탄생에서 죽음에 이르는 인생 시기마다의 **통과의례**(通過儀禮)는 당시 사람들이 일상생활을 초월하여 일종의 종교의식을 갖고 있었음을 보여준다. 이와 같은 문화유산도 세대에서 세대로, 의도적으로 선택되고 전달되었다.

야요이(彌生)**시대**[3]에 농경사회가 성립되자, 보다 고도로 복잡한 문화의 전달이 필요하게 되었다. 벼농사를 기초로 한 농경 기술, 즉 파종과 수확의 시기를 선택하고, 볍씨와 수확한 곡물을 보존하는 지식과 기능, 물을 끌어오는 관개 기술 등이다. 철기·청동기와 같이 강한 화력을 필요로 하는 금속기의 제작에는 이전의 석기와 토기의 제작과는 비교할 수 없을 정도로 고도의 기술이 필요했다. 이들 지식과 기술은 한반도 남부에서 온 **도래인**(渡來人)에 의해 전해졌으며, 동시에 이와 같은 지식과 기능을 받아들일 기반이 일본 열도에도 형성된 것으로 볼 수 있다.

골각기와 금속기의 사용은 베짜기와 같은 보다 세밀한 작업을 가능하게 하였으며, 사람들은 보다 촉감이 좋은 천을 몸에 두를 수 있게 되었다.

농경생활은 집락(集落)을 형성한다. 규모가 큰 20~30채 이상의 주거와 창고로 이루어진 집락은 주위를 수로(濠)로 둘러싼 환호(環濠)집락과 구릉 위의 고지성(高地性)집락으로 각각 형성되었는데, 이는 외부의 적으로부터 자신들을 보호하기 위함이었다. 농경은 노동의 집약을 필요로 했으며 높아진 생산력은 인구를 증가시켰다. 인구의 증가는 이들을 통제하는 권력을 낳게 했으며 권력은 또 다른 권력과의 투쟁을 불러일으켰다. 또 금속기는 보다

---

2) 송곳니 등 특정 치아를 인위적으로 뽑는 것으로, 성년식 등 사회의례의 하나로 이루어짐.
3) 야요이(彌生)토기가 출현한 시기로, 기원전 4~5세기부터 서기 3세기 무렵까지를 가리킴. 대륙문화의 영향을 받아 농경문화와 금속기 사용이 나타남.

효율적인 농기구로 쓰여 농업생산을 높임과 동시에 강력한 전투무기로 사용되었다.

야요이시대는 권력을 낳고 지배하는 자와 지배받는 자라는 두 가지 사회계층을 낳았다. 이는 동시에 남자와 여자, 어른과 아이의 관계를 강자와 약자, 지배와 피지배의 관계를 만든 것이기도 했다.

권력을 가진 지배자들은 세력 확대를 위하여 서로 전쟁을 반복하며 소국가(小國)를 형성하기 시작하였다. 1세기에 중국에서 만들어진『**한서**(漢書)』**지리지**(地理志)에 문자로 기록된 일본 관련 최고(最古)의 기술이 있는데, 이에 따르면 당시 일본은 100여 개의 소국가로 나뉘어져 있었으며, 때때로 중국에 사자(使者)를 파견했다는 기록이 있다. 이를 통해 소국가 분립의 상황과 동시에 대륙(전한[前漢])과 정치적 교류가 있었음을 알 수 있다.

5세기 무렵의『**후한서**(後漢書)』**동이전**(東夷傳)에는 서기 57년에 왜(倭奴國)에서 사자가 왔으며 이때 인수(印綬)를 하사했다고 나온다. 이것이 후쿠오카(福岡)현 시카노시마(志賀島)에서 발견된 '간노와노나노코쿠오(漢委奴國王)'라고 새겨진 유명한 **금인**(金印)인데, 이와 같은 대륙과의 교섭으로 그때까지 문자를 알지 못했던 일본인들은 문자를 갖게 되었다.

2. 대륙문화의 수용

1) 한자의 사용과 보급

문자의 사용은 그 사회의 문화를 새로운 단계로 비약시킨다. 구두(口頭)로 전해지는 말과는 달리 문자는 기록이 가능하다. 말에 의한 기억보다도 문자에 의한 기록은 보존하는 정보의 양을 비약적으로 확대시킬 수 있다. 일본 열도에서 생활하는 사람들의 세계도 이전과는 다른 차원으로 확대·심화되어 갔다.

일본에 전해진 한자는 복잡한 자형(字形)을 취하고 있다. 당초 이를 구사할 수 있었던 자들은 한반도 백제에서 건너온 도래인들이었다. 그들은 후히 토베(史部)[4]라고 불렸으며, 대륙과의 교섭에 필요한 여러 외교문서와 출납 기록의 작성 등에 관여하였다.

이윽고 외국문자인 한자로 일본어의 음을 표기하는 것이 시도되었다. 사이타마(埼玉県) 현 이나리야마(稲荷山) 고분에서 출토된 **금차명철검**(金錯銘鐵劍)은 471년에 제조된 것으로 알려져 있는데, 그 명문(銘文)에 사람 이름 '乎獲居', '意富比垝' 등이 쓰여있다. 각각 '오와케(ヲワケ)', '오호히토(オホヒト)'라고 읽는데, 후에 나타난 만요가나(萬葉假名)[5]처럼 한자의 의미를 버리고 소리만을 이용하여 일본어의 고유명사를 표기하는 방법이 발명된 것이다. 이와같이 한자는 일본 사회에 서서히 침투해 갔다.

도래인들이 전한 것은 한자만이 아니었다. 그들은 가라카누치베(韓鍛冶部), 스에쓰쿠리베(陶作部), 니시고리베(錦織部), 구라쓰쿠리베(鞍作部)라고도 불렸는데, 각각의 이름 그대로 금속기, 토기보다 단단한 스에키(須惠器),[6] 베짜기, 무구(武具) 등 새로운 고도의 제작 기술을 일본 열도에 전하였다. 그들의 기술은 각 이름이 나타내듯이 기술 집단별로 가내(家內) 전습적(傳習的)으로 전승되었으며, 일본 열도의 동쪽(東國)으로 집단 이주한 도래인도 많았기 때문에, 각각의 기술과 문화는 열도 각지로 전파되어 갔다.

---

4) 당시 조정에서 문서와 기록 작성을 담당한 사람.

5) 표의문자 한자의 뜻은 취하지 않고 음과 훈만을 빌려 일본어를 표기한 문자. 가집(歌集) 만요슈(萬葉集)에 여러 용법이 사용되어 후에 이같은 이름이 붙여짐.

6) 도기에 유약을 바르지 않고 저열에서 굽는 토기로서, 대륙계 기술에서 유래됨. 식기와 저장용 항아리로 많이 만들어짐.

2) 유교와 불교

일본 열도에 유교와 불교가 전래된 것도 백제를 통해서였다. 오진(應神)천황 15년(5세기초) 백제에서 초청되어 온 왕인(王仁)이 『논어(論語)』 10권과 『**천자문**(千字文)』 1권을 헌납했다고 『고지키(古事記)』와 『니혼쇼키(日本書紀)』에 기록되어 있는데 이는 사실(史實)로 믿기 어려우며, 이후 513년에 백제의 오경박사(五經博士)가 건너와 『역경(易經)』, 『시경(詩經)』, 『서경(書經)』, 『춘추(春秋)』, 『예기(禮記)』의 **오경**(五經)을 전하였다. 황족을 상대로 그 내용을 가르친 것으로 생각할 수 있다. 538년(552년이라는 설도 있음)에는 백제의 성명왕(聖明王)이 사자를 파견하여 불상과 경전을 긴메이(欽明)천황에게 헌납하였다.

우마야도황태자(厩戸皇子, 聖德太子)는 불교 발전에 기여했는데, 그가 604년에 제정한 **헌법17조**(憲法十七條)[7]는 위작설(僞作說)이 있기는 하지만 여기서 유교의 군신도덕(君臣道德)과 함께 불교의 사상을 읽을 수 있다. 제2조 「人尤(はなは)だ悪しきもの鮮(すくな)し. 能(よ)く教うる時は従う. 其れ三宝に帰(よ)りまつらずは, 何を以てか枉(まが)れるを直(ただ)さん: 아주 나쁜 사람은 많지 않다. 제대로 가르치면 정직하게 따르기 마련이다. 단 거기에는 부처의 가르침에 의거하지 않으면 비뚤어진 마음을 바로잡기 어렵다」(원래는 한문 · 川岸宏教 校注)를 통해 불교사상을 기초로 한 인간 이해의 표현도 볼 수 있다. 7세기 전반의 아스카(飛鳥)문화[8]는 일본 최초의 불교문화의 전개였다.

---

7) 604년 쇼토쿠타이시(聖德太子)가 제정한 17개의 조령(條令). 군신(群臣)에게 수교(垂教)한 훈계로서 화합(和)의 정신을 기본으로 하며, 유교와 불교의 사상을 조화하고, 군신(君臣)의 도리 및 백성들이 지켜야 할 도덕을 나타냄.

8) 스이코(推古)천황 때 아스카(飛鳥)지방을 도읍지로 한 6세기말부터 7세기초까지의 기간을 가리킴. 불교문화가 융성한 시기로서 호류지(法隆寺)가 대표적 유적임.

3. 율령체제와 교육

1) 율령체제와 다이가쿠료의 창설

7세기 중반에서 후반에 걸쳐 나카토미노 가마타리(中臣鎌足), 후에 후지와라노 가마타리(藤原鎌足, 614~669)와 나카노오에 노미코(中大兄皇子), 후에 덴치(天智)천황 등에 의해 중앙집권적 국가건설이 싹트기 시작하였다. 이때 당나라의 율령(律令)체제가 모델이 되었다. 율(律)이란 사회규범을 규정하는 형벌법령(刑罰法令), 령(令)이란 율 이외의 사회제도에 관한 법령을 각각 가리키는데, 701년(다이호원년大寶元年)에 율과 령을 모두 갖춘 본격적 법전인 **다이호율령**(大寶律令)이 완성되었다.

율령체제는 이전까지의 씨성제도(氏姓制度)[9]가 호족의 힘에 의지한 것과는 달리 모든 권위와 권력을 천황에게 집중시키고 혈연과 세력 대결에 관계가 없는 관료(官僚, 官人)가 이를 뒷받침하는 체제였다. 그리고 이 무렵 '덴노(天皇)'라는 호칭과 '니혼·닛폰(日本)'이라는 국호가 사용되기 시작하였다.

관인에게는 출신에 따라 위계(位階)가 부여되었다. 황족인 친왕(親王)은 일품(一品)에서 사품(四品)까지 4계(階), 다른 왕족의 남자(諸王)들은 정일위(正一位)에서 종오위하(從五位下)까지 14계, 신하(諸臣)들은 정일위에서 소초위하(少初位下)까지 30계로 각각 분류되었으며 그 위계에 걸맞은 관직에 임명되었다. 오위(五位) 이상의 자는 귀족(貴族)으로 불렸으며 승전(昇殿)과 같은 많은 특권이 부여되었다. 또한 삼위(三位) 이상의 귀족의 자손(子孫)과 오위(五位) 이상의 귀족의 자(子)에게는 **다이가쿠료**(大學寮)에 입

---

9) 당시 지배체제의 기초가 된 제도. 지배계급에 속하는 호족들은 우지(氏)로 총칭되는 가까운 혈연집단을 만들었는데, 우지는 정치적 위치와 세습적 직업에 따라 가바네(姓)로 총칭되는 존칭(尊稱)을 받았으며 또 경제적 기초로서 사유지와 피지배계층인 노비를 소유하였다.

학하지 않아도 일정 이상의 위계가 부여되었다. 부계쪽 조상 덕분에 서위(敍位)를 받는다는 의미에서 **온이제도**(蔭位の制)[10]라고도 불린 이 제도 역시 중국의 것을 모방한 것이다. 일본의 경우 중국에 비해 특권을 부여받는 자격자의 범위는 좁았지만 부여되는 위계가 높은 특징이 있었다. 가문을 중시하여 훗날 귀족제도를 낳는 제도적 배경이 되었다.

〈표 1-1〉 온이(蔭位)와 임관시험에 의한 서위법의 비교

서위되는 위계	해당자	
	온이(蔭位)	임관시험
從五位下	一位嫡子	
正六位上	一位庶子, 一位嫡孫	
正六位下	二位嫡子, 一位庶孫	
從六位上	二位庶子, 三位嫡子, 二位嫡孫	
從六位下	三位庶子, 二位庶孫, 三位嫡孫	
正七位上	三位庶孫	
正六位下	正四位嫡子	
從七位上	正四位庶子, 從四位嫡子	
從七位下	從四位庶子	
正八位上		秀才上上
正八位下	正五位嫡子	秀才上中, 明経上上
從八位上	正五位庶子, 從五位嫡子	明経上中
從八位下	從五位庶子	進士甲
大初位上		進士乙, 明法甲, 算甲(秀才上下)
大初位下		明法乙, 算乙, (秀才中上) (明経上)
少初位上		(明経中上)

주) ( ) 안은 802년 개정된 서위법.

천황에게 충실하고 유능한 관료를 양성하기 위해서는 교육이 필요했다. 이를 위해 중앙에 다이가쿠료(大学寮), 다자이후(大宰府)에 **후가쿠**(府學),

---

10) 신분이 높은 자의 자손을 일정 이상의 위계로 서위하는 제도. 부계 조상의 덕(お蔭)으로 서위(叙位)한다는 의미에 명명됨.

지방에 **국학**(國學)이 각각 설치되었다.

다이가쿠료가 창설된 시기에 대해서는 여러 설이 있는데, 이에 관해 상세히 검토한 히사키 유키오(久木幸男)는 덴치(天智)천황의 시대였던 670년으로 추정하였다. 『니혼쇼키(日本書紀)』 덴치10년(671) 1월의 조(條) "是の月(中略)小錦下を以て鬼室集斯学職頭に授け"는 그 전년도에 창설된 다이가쿠료의 장관(長官)인 혼야노쓰카사노카미(学職頭)에 백제에서 건너온 도래인 **기시쓰 슈시**(鬼室集斯)를 임명한 것을 의미한다. 또 현존하는 최고(最古)의 한시집(漢詩集) 『**가이후소**(懷風藻)』 서문(序)에 "풍속을 준비하고 백성을 교화하고 덕을 쌓아 출세하기 위해서는 학문이 가장 중요하다. 여기서 학교를 세우고 수재들을 불러모아 오례(五禮: 祭祀 喪葬賓客軍旅冠婚)를 정하고 여러 법규를 정하였다(既にして以為(おも)ほしけらく, 風(ふり)を調べ俗(よ)を化(すす)むることは, 文より尚きことは莫(な)く, 徳は潤(ぬら)し身を光(て)らすことは, 孰(いずれ)か学より先ならむと. ここに則ち庠序(しょうじょ)を建て, 茂才(もさい)を徴(め)し, 五礼(らい)を定め, 百度を興したまふ"(원래는 한문, 小島憲之 校注)라고 나오는데, 여기서 '쇼조(庠序: 学校)' 즉 다이가쿠료 창설의 이유를 설명하고 있다.

2) 다이가쿠료와 도래인

앞 절에서 언급한 바와 같이 대륙에서 전해진 한자를 구사할 수 있는 사람은 도래인인 백제인들이었다. 그러나 한자는 일본사회에 서서히 보급되었으며 일본인들도 필요에 따라 이를 학습하고 이용할 수 있게 되었다. 그리고 새로이 성립된 율령체제의 기반하에서 지배제도가 정비되고 여기에 다수의 관료가 종사하게 되자, 그때까지의 개별적인 전달이 아닌 즉 보다 체계적인 교육을 실시하는 기관이 필요하게 되었다.

초기 다이가쿠료에서 압도적 우위를 차지한 것은 백제계 도래인이었다.

시메이(氏名)[11]를 판명하는 다이가쿠료 교관 중에 도래인이 차지하는 비율은 7~8세기를 통틀어 절반을 넘었으며, 학생(學生) 또한 도래인 계통의 사람이 많았다. 특히 창설 초기에 그 경향이 현저하였는데, 백제에서 망명한 도래인 기시쓰슈시가 초대 다이가쿠료 장관에 임명된 것도 이와 같은 사정을 반영한 것으로 볼 수 있다.

〈표 1-2〉 다이가쿠료 교관 중 도래인수

년 대	7세기	8세기	계
망명백제인계	1	2	3
덴치(天智)천황 이후 중국도래인계	2	1	3
덴치(天智)천황 이전의 도래인계	2	6	8
도래인계 합계	5(100.0%)	9(40.9%)	14(51.9%)
기 타	0(0%)	13(59.1%)	13(48.1%)
총 계	5	22	27

교관 중에는 오경(五經)에 능통한 박사(博士)들 이외에 중국어음을 가르치는 고에노박사(音博士), 한자 서법(書法)을 가르치는 데노박사(書博士), 수학을 가르치는 산박사(算博士)가 있었다. 고에노박사는 일본에만 있었으며, 데노박사와 산박사의 계급은 당나라보다 높았다. 이와 같이 기술적 교과, 특히 수학을 중시한 것은 일본 다이가쿠료의 특징이라고 할 수 있다. 율령체제의 재정적 기초가 된 것은 반전제(班田制)였는데, 이를 위해서는 토지의 정확한 계측이 필요했다. 재정수지의 계산을 위해서라도 수학은 필요했는데, 이로 인해 수학이 가능한 관료 양성이 중시되었다.

학생은 오위(五位) 이상의 귀족 자손을 주체로 하였다. 그 외에 도래인계

---

11) 우지(氏)는 혈연관계에 있는 가족군으로 구성된 집단을 가리키며, 가바네(姓)는 호족들의 정치적 · 사회적 지위를 나타내며 세습되는 칭호를 가리킴.

의 사부(史部), 팔위(八位) 이하의 자녀 중 특별히 지원한 자, 지방에 있었던 고쿠가쿠의 졸업생들도 입학이 가능하였다. 8세기 이후에는 양민의 입학도 부분적으로 인정되었으며, 양민 출신의 다이가쿠료 교관도 나타났다. 다이가쿠료는 귀족을 위한 학교였지만 당나라의 학교만큼 신분차별은 엄격하지 않았는데, 이 역시 일본 다이가쿠료의 특징 중 하나로 볼 수 있다. 한편 입학연령은 13세 이상, 16세 이하로 정해져 있었다.

학생의 정원은 430명으로, 이중 유학과(儒學科) 400명, 수학과(數學科) 30명이었는데 지원자수가 항상 정원수에 미치지 않아 입학시 선발하는 절차를 밟은 적은 거의 없었다. 수업료는 받지 않았지만 입학시 **속수의 예**(束脩の禮), 즉 천(布) 1필(反)과 술과 음식을 대접하는 규정이 있었다.

3) 다이가쿠료의 교육

교과 내용은 유학과의 경우 『효경(孝經)』과 『논어』를 필수로 하였고 『예기(禮記)』, 『좌씨전(左氏傳)』, 『주례(周禮)』 등을 선택하게 되어 있었다. 교과서의 **소독**(素讀)[12]과 내용에 대한 **강의**(講義)가 있었으며, 소독은 중국어 음으로 이루어졌고 이에 대한 지도는 고에노박사가 담당하였다.

졸업 후 관인으로 임관을 희망하는 사람은, 유학과의 경우 졸업시험에 합격한 후 다시 당의 **과거**(科擧)를 모방한 **구코**(貢擧)라는 임관시험을 치러야만 했다. 당의 과거시험은 수재(秀才)ㆍ명경(明經)ㆍ진사(進士)ㆍ명법(明法)ㆍ명서(明書)ㆍ명산(明算)의 여섯 개의 과(科)로 되어 있었는데, 일본의 구코는 요로령(養老令)[13] 규정에 의하면 수재ㆍ명경ㆍ진사ㆍ명법의 네 개 과로 압축되어 있었으며, 수학과와 습자(習字) 전공생은 졸업시험에 합격하

---

12) 문장의 의미를 이해하는 것은 제쳐두고 우선 문자만을 소리내서 읽는 것.

13) 718년(養老2)에 편찬을 시작하여 757년에 시행된 율령으로, 내용은 다이호율령과 거의 비슷함.

면 바로 임관할 수 있었다.

수재과의 시험은 한학(漢學)에 대한 폭넓고 깊은 교양을 묻는 논문시험으로 가장 난관으로 여겨졌다. 명경과는 오경 등 경서(經書)에 관한 이해력을, 진사과는 시무책(時務策)에 관한 논문과 경서의 암기를, 명법과는 율령에 관한 지식을 각각 시험 보았다. 합격자는 각 과마다 정해진 위계가 부여되었는데, 수재과가 최상위, 명법과가 최하위 그리고 그 밑에 수학생(數學生)과 습자 전공생이 위치하였다. 그러나 당의 제도와 비교해보면 일본에서는 정치이념, 원리 등과 관련된 수재과나 명경과에 비해 상대적으로 행정실무와 직결되는 진사과 이하가 중시되었다. 이같이 실무관료 양성을 중시한 것은 앞에서 언급한 수학 중시와 괘를 같이 하는 것으로 볼 수 있다.

4) 다이가쿠료의 발전

앞서 언급하였듯이 일본의 다이가쿠료는 초기의 경우 백제계 도래인의 힘에 의존하는 경우가 많았는데, 그들은 한반도의 백제나 신라의 학제(學制)를 참고로 했을 것으로 여겨진다. 그러나 일본의 다이가쿠료는 점차 그 영향을 벗어나 율령체제의 원래의 모델인 당의 제도를 채용하게 되었다. 동시에 이는 다이가쿠료의 교육·경영이 백제계 도래인의 손에서 일본인의 손으로 넘어간 것을 의미한다. 창설된 다이가쿠료의 교육과 경영 개선의 길은 일본인 스스로 다이가쿠를 일본 사회의 실정에 대응시키려고 한 노력의 과정이기도 하였다.

728년 다이가쿠료에 법률학과(法律學科, 후에 明法道)와 문학과(文學科, 후에 紀傳道)가 신설되었고, 이를 담당하는 율학(律學)박사와 문장(文章)박사가 각각 임명되었다. 이리하여 종래의 유학(儒學), 수학(數學)의 두 개과가 네 개과의 체제로 바뀌게 되었다.

법률학과가 신설된 것은 성립된지 얼마 안된 율령체제를 보강하기 위함이었다. 율령에 관한 지식에 조예가 깊은 관료를 양성할 필요가 있었으며, 당을 모델로 한 율령체제의 강화 방향이기도 했다. 이에 반해 문학과 신설은 이와 반대 방향이었다. 당시 당의 학제에 문학과는 없었는데, 이는 일본의 독자적인 구상에 의한 것이었다.

8세기 전반, 세이무(聖武)천황의 시대는 **덴표(天平)문화**[14]의 시대였다. 대륙의 영향을 받은 수준 높은 귀족문화가 헤이조쿄(平城京)를 중심으로 발전하였다. 도다이지(東大寺) 대불(大佛) 건립에 전형적으로 나타나는 불교 문화의 융성과 함께 한문학(漢文學)에 대한 교양이 중시되었으며, 또한 때때로 개최된 궁중 향연에서는 그 여흥으로서 한시문을 짓는 것이 유행하였다. 즉 이와 같은 능력을 가지며 궁정에서 봉사하는 시인들을 양성하기 위해 문학과가 신설된 것으로 추측할 수 있다.

법률학과와 문학과의 입학자격은 규정상 양민에 한정되었다. 동요하는 율령체제하에서 민중융화책으로 볼 수 있으며, 온이제도 등 특권을 누린 귀족 관인들이 힘들게 유학을 공부하고 관료로 임관되는 길을 밟지 않아도 되는 사정이 그 배경에 있었던 것으로 볼 수 있다.

중앙에는 다이가쿠료 이외에도 **덴야쿠료**(典藥寮), **온묘료**(陰陽寮), **우타료**(雅樂寮)가 설치되었는데, 덴야쿠료에서는 의사를, 온묘료는 천문·역학, 점술을 담당하는 음양사(陰陽師)를, 우타료는 약사(藥師)를 각각 양성하였다.

---

14) 세이무(聖武)천황 때의 연호인 덴표(天平)에서 유래된 명칭으로, 대륙적·불교적 특색을 가짐.

4. 귀족사회의 성립과 교육

1) 귀족사회와 다이가쿠료 —기전도의 발전

794년에 헤이안(平安)천도(遷都)가 이루어졌다. 승려인 도쿄(道鏡)의 전
횡에서 볼 수 있는 불교세력의 정치 간섭을 배제하고 율령체제를 다시 세우
려는 것이 그 목적이었다. 하지만 귀족과 사원에 의한 대토지 소유는 한층
진전되어 공지공민(公地公民)의 원칙이 무너지게 되었다.

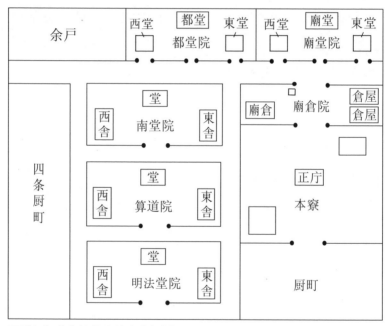

〈그림 1-1〉 헤이안쿄(平安京)의 다이가쿠료

에도(江戶)시대 조정에서 일한 문관(文官)인 구게(公家) 우라마쓰 미쓰요(裏松光世)의 『대내리도고증
(大內裏圖考證)』을 기초로 그린 그림. 현재의 교토(京都) 니조조(二條城) 부근.

율령체제 그 자체의 기반이 사라져간 것이다. 천황을 중심으로 하는 조정
의 정치적 권력이 강화되었으며 천황을 둘러싼 황족과 귀족들이 실권을 잡

게 되었다. 귀족사회의 성립은 대륙문화의 영향을 벗어나 이른바 **고쿠후**(國風)**문화**[15] 양성(釀成)의 길을 걷는 것이기도 하였다.

다이가쿠료도 헤이안천도와 함께 교토(京都)로 옮겨졌다. 귀족에게 봉사하는 궁정시인(宮廷詩人) 양성을 위해 설립된 문학과(文學科)인 기전도(紀伝道)는 그 후 순조롭게 발전해 나갔다. 지원자는 증가하였으며 귀족들도 입학하게 되었다. 일단 유학과에 입학한 학생이 다시 시험에 응시하여 문학과에 입학할 정도로 문학과는 가장 인기 있는 학과였다.

인기의 배경에는 한문학(漢文學)의 융성이 있었다. 814년 오노노 미네모리(小野岑守) 등에 의한 『료운슈(凌雲集)』, 818년 후지와라노 후유쓰구(藤原冬嗣) 등에 의한 『분카슈레이슈(文華秀麗集)』, 827년 시게노노 사다누시(滋野貞主) 등에 의한 『게이코쿠슈(経国集)』 등 칙찬한시집(勅撰漢詩集)[16]이 잇달아 편찬되었다. 이들 문헌의 작시자(作詩者)와 751년에 편찬된 『가이후소(懷風藻)』의 작시자를 비교해보면, 『가이후소』의 경우 다이가쿠료의 관계자와 상류 귀족들이 많은데 비해 『료운슈』 등

〈그림 1-2〉 히카루겐지(光源氏)와 유기리(夕霧)
대학료의 시험(寮試) 전 아버지 히카루겐지에게
학습 성과를 보여주는 아들 유기리(왼쪽).
아들의 교육은 아버지의 책임이었다.

---

15) 10세기 무렵부터 일본 열도의 풍토와 사람들의 감정에 맞는 문화가 각 분야에서 나타났는데, 이를 총칭하여 고쿠후 문화라고 부름. 가나문자, 문학작품, 종교, 건축 등 각 분야에서 나타남.

16) 칙명(勅命), 즉 천황의 명령에 의해 만들어진 한시집.

의 경우는 반대로 중·하류 귀족들이 많았다. 그만큼 한문학을 자유로이 구사하는 자의 저변이 넓어졌으며 동시에 이를 일본인 자신들의 것으로서 표현하는 능력이 깊어졌음을 의미한다. 이는 이윽고 싹트는 고쿠후문화가 융성하게 되는 하나의 확실한 과정이기도 했다.

원래 다이가쿠료는 율령체제를 떠받치는 관료양성기관으로 설립되었다. 그러나 상류귀족의 특권인 온이제도가 있는 한 그 자제들을 다이가쿠료에 입학시켜 공부하게 할 의욕을 불러일으키는 것은 쉽지 않은 일이었다. 원래 정부는 귀족 자제들에 대한 다이가쿠료 입학 장려정책을 여러 가지 추진했으며, 이는 어느 정도 효과를 올려 입학하는 상류 귀족의 자제들이 증가하기도 했는데 공교롭게도 그들이 입학을 희망한 학과는 문학과였다. 문학과의 성황으로 다이가쿠료는 흥성하게 되었지만, 반대로 관료양성기관으로의 다이가쿠료의 기능은 저하되고 말았다. 한편 이와 같은 융성과 함께 다이가쿠료 교관직의 세습화와 학벌의 전횡이 시작되었다.

2) 사숙, 벳소, 슈게이슈치인 등

교관직의 세습화와 학벌의 전횡을 낳은 것은 문학과 수험을 위한 예비학교라 할 수 있는 사숙(私塾)의 성황이었다. 즉 스가와라(菅原)·고세우지(巨勢)·미야코(都) 등과 같은 다이가쿠료의 교관들이 직접 사숙을 경영하였는데, 그 중에서도 스가와라의 사숙은 오랜 기간에 걸쳐 가장 유력한 사숙으로서 번창하였다.

한편 이 시기에 다이가쿠료 벳소(別曹)가 설립되었다. 후지와라(藤原)의 **간가쿠인**(勸學院), 아리와라(在原)의 **쇼가쿠인**(獎學院), 다치바나(橘)의 **각칸인**(學館院) 등이 여기에 속하는데, 원래는 유력 씨족들이 자손들을 다이가쿠료에 많이 입학시키기 위해 만든 기숙사적 형태의 사적인 시설이었다. 이것이 다이가쿠료의 부속기관으로서 공인화된 것이다(그밖에 와케[和氣]

의 고분인[弘文院]을 벳소로 보는 설도 있다).

그밖에 다이가쿠료와 직접적인 관련이 없는 사립학교로 기비노 마키비(吉備真備)의 **니쿄인**(二敎院), 이소노가미노 야카쓰구(石上宅嗣)의 **운테이인**(芸亭院), 구카이(空海)의 **슈게이슈치인**(綜芸種智院) 등이 있었는데 오래 지속되지는 못했다.

다이가쿠료가 중앙에 설치된데 대해, 고쿠가쿠(國學)는 각 지방에 설치되었으며 규슈(九州) 다자이후(太宰府)에는 후가쿠(府學)가 설립되었다. 학생은 지방행정관인 군지(郡司)의 자제들로, 후계자 양성이 목적이었다. 규모가 작았기 때문에 다이가쿠료처럼 학과는 설치되지 않았으며, 졸업생에게는 중앙의 다이가쿠료 진학과 중앙 정부 취직의 길도 있었다.

10세기 후반, 후지와라의 지위가 완전히 확립되고 섭정(攝政)정치가 시작되자 율령체제는 전면적으로 붕괴되었으며, 관료양성기관이었던 다이가쿠료의 존재 의의도 사라지게 되었다. 고대 말기까지 다이가쿠료는 명목적으로 존재했지만, 1177년 교토에서 일어난 큰 화재로 소실되었으며 그 후 재건되지는 않았다.

이들 교육과는 별도로 귀족들에게 있어 가정교육이 중요한 역할을 담당하기도 하였다. 태어나서부터 남자의 경우 **겐푸쿠**(元服),[17] 여자의 경우 **모기**(裳着)[18]에 이르기까지 여러 가지 인생의례가 치밀하게 준비되어 있었다. 특히 다이가쿠료 등에 있어 대상이 아니었던 여자들에게 있어 장래 궁중생활에 필요한 와카(和歌)·관현(管弦) 등을 포함한 학예(學藝)의 습득은 오로지 집안에서 이루어졌다.

---

17) 남자가 성인이 된 것을 축하하는 의식으로 주로 11~17세 사이에 이루어졌다. 머리모양과 복장을 바꾸고, 머리에 관을 씌우는 의식 등을 치루었다.
18) 여자가 성인이 되어 처음으로 모(裳: 허리 아래에 입는 옷)를 입는 의식.

5. 민중의 교육, 촌락의 교육

다이가쿠료에서 배운 사람이든 고쿠가쿠에서 배운 사람이든 이들 기관에서 배운 사람은 당시 백성의 극히 일부분에 지나지 않았다. 그러나 문자(漢字)는 훨씬 더 많은 사람들 사이에게 사용되었다.

목간(木簡) 연구자인 도노 하루유키(東野治之)에 의하면 발굴된 목간 중에는 하급관리들이 한자 학습을 위해 기록한 것이 있다고 한다. 이와 같은 목간은 8세기 중엽 헤이조쿄뿐만 아니라 아키타(秋田)현 부근의 지방에서도 발견되었다. 이는 다이가쿠료에서 공부할 기회가 없었던 하급관리들이 각자의 실무능력을 향상시키기 위해 한자를 연습한 것으로 볼 수 있다.

중앙과 지방 정부의 많은 서생들이 하급관리로서 문자의 읽기와 쓰기에 관계했는데, 즉 관료로 등용되는 길이 다이가쿠료나 고쿠가쿠에 입학하는 것만은 아니었다. 민중 출신이었던 그들은 스스로의 힘으로 문자 능력을 습득하여 정부의 관직에 자리를 잡고자 하였다. 일반 민중보다 많은 특권을 가질 수 있었기 때문에 그들의 한자 학습에 대한 욕구는 강했을 것으로 짐작할 수 있다.

왕래에 있어 필요한 일종의 안내용(告知札) 게시판(立て札)이 세워진 것도 민중들의 문자 능력을 전제로 한 것으로, 8세기에 들어 문자를 이해하는 민중들이 서서히 확대되어 갔음을 나타낸다고 할 수 있다. 7세기 후반에 성립된 율령체제가 원활히 기능하기 위해서는 중앙의 관리는 물론이거니와 그 의사를 직접 접하게 되는 상층의 민중들도 한자 이해가 필요했다.

이와 같은 민중들이 어떻게 문자를 학습했는지는 확실치 않다. 각자『천자문』과 같은 교재를 입수하여 각자의 방법으로 위에서 언급한 것처럼 목간에 반복적으로 한자를 쓰면서 한 글자라도 더 외우려고 노력했을지도 모른다. 또는 촌락에 촌읍소학(村邑小學)이나 도도(童堂)라는 아이를 위한 작은 집

〈그림 1-3〉나뭇조각 등을 통한 글자 연습
헤이조쿄 유적지에서 출토된 나라(奈良)시대 전기의 것.
「부(府)」,「교역(交易)」,「천(天)」등의 글자를 반복해서 쓴 것을
알 수 있다.

(子供小屋) 등에서 문자 교육이 이루어진 것이 아닌가 하는 추측도 있다.

한편 정부에서 민중들의 문자 학습을 장려하는 일은 없었다. 정부가 민중에게 요구한 것은 세금(租) · 공물(貢物, 調) · 용(庸)[19] · 잡역(雜役, 雜徭)과 같은 무거운 부담이었으며, 정부가 민중 교화를 위해 한 일은 효자(孝子)나 절부(節婦) 등에 대한 표창이나 형벌에 의한 위협뿐이었다.

이와 같은 지배체제하에서 대다수의 민중들은 문자와는 관계없는 생활을 보냈을 것이다. 하지만 1절에서 언급한 바와 같이 생활에 필요한 지식과 기능은 문자를 매개로 하는 것 없이, 여러 체험을 통해 전습(傳習)되었다.

참고문헌

秋田虔 · 小町谷照彦 編 『源氏物語図典』(小学館, 1997)

大田尭 『教育とは何か』(岩波書店, 1990)

小島憲之 校注 『日本古典文学大系69 懐風藻 · 文華秀麗集 · 本朝文粋』(岩波書店, 1964)

小町谷照彦 編著 『絵とあらすじて読む源氏物語』(新典社, 2007)

辻本雅史 · 沖田行司 編 『教育社会史』(新体系日本史16) (山川出版社, 2002)

出口常順 · 平岡定海 編 『聖徳太子 · 南都仏教集』(仏教教育宝典 2)(玉川大学出版部, 1972)

---

19) 장정(壯丁)이 공역(公役)에 일정 기간 종사하지 않을 경우 그 대신으로 현물을 내는 것.

東野治之『木簡が語る日本の古代』(同時代ライブラリー319)(岩波書店, 1997)

久木幸男『日本古代学校の研究』(玉川大学出版部, 1990)

服藤早苗『平安王朝の子どもたち－王権と家・童－』(吉川弘文館, 2004)

木簡学会 編『日本古代木簡集成』(東京大学出版會, 2003)

┃칼럼┃

히라가나의 발명

일본에 22년간 머물며 오다 노부나가(織田信長)를 만난 적이 있는 선교 사 루이스 프로이스(Louis Frois)는 「일본각서(日本覚書)」에서 '우리 아이 들은 읽는 것을 먼저 배우고 이어서 쓰는 것을 배운다. 그런데 일본의 아이 들은 먼저 쓰는 것부터 시작하여 그 다음에 읽는 것을 배운다'(松田毅一 외 『フロイス日本覚書』)고 기술하였다. 이런 사실을 근거로 하여 생활 글짓기 (綴り方) 교육 사상과 실천을 연구한 교육학자 나카우치 도시오(中内敏夫) 는 일본의 민중 교육 방법은 '〈쓰는 것〉에 의한 교육'이라고 주장하였다. 생 활 글짓기 교육은 이와 같은 전통을 계승하는 것이라고 하였다.

확실히 성경이나 교리문답집을 암송하는 프로이스의 고향 유럽은 물론 중국이나 한국에서도, 먼저 큰 소리로 책을 읽고 암송(口到)하는 것이 아이 들 학습의 첫걸음이었다. 그에 비해 일본의 아이들은 프로이스가 말했듯이 먼저 글씨를 쓰는 것, 즉 습자(習字)부터 시작한다. 이를 가능하게 한 것은 '이로하(いろは)'로 대표되는 히라가나(平仮名)의 발명이었다.

히라가나의 근본이 된 것은 한자였다. 한자는 신과 왕과의 교신의 기록, 또는 갑골문(甲骨文)이나 금문(金文)을 기원으로 하는 성스러운 문자였다. 대부분의 한자는 획수가 많고 번잡한데, 성스러운 문자를 간략화 하는 것은 한자를 만들어낸 중국에서 1949년 혁명으로 수립한 중화인민공화국에서 간 체자(簡體字)가 제정되기까지 공식적으로는 없었던 일이다. 한자는 서민의 아이들이 쉽게 접할 수 있는 것이 아니었으며 또 그렇게 할 필요도 없었다.

한국에서도 한자는 그대로 사용되었다. 이두(吏読)처럼 중국어의 어순 을 목적어+동사와 같이 한국어 어순에 맞추고, 조사와 조동사 등의 부분은 한국어의 음에 맞춰 한자를 사용한 방법이 나타나기는 했지만, 한자 그 자체를 간략화시킨 것은 없었다. '이대로는 서민들이 불편하다'고 하여 조선왕조 제4대 국왕인 세종에 의해 한글(훈민정음)이 만들어진 것은 1446년의 일이다. 현재 한글은 위대한 문자로 대접받고 있지만(한글은 한국어로 '큰 문자'라는 의미), 오랫동안 '언문(諺文; 속된 문자)'이라 불렸으며 대접을 받지 못했다.

한편 일본의 히라가나는 한자를 빨리 쓰는 과정, 즉 흘려쓰는 과정에서 생겨난 것이다. '가나(仮名, 나(名)는 문자의 의미)'는 한자를 의미하는 '마나(真名)'에 대응하는 것으로, 그 자체가 비칭(卑稱)이라고도 말할 수 있다. 또 여자들이나 쓰는 하찮은 문자라고 불리운 적도 있었다. 그러나 905년 천황의 명령을 받은 기노 쓰라유키(紀貫之) 등이 편찬한『고킨와카슈(古今和歌集)』가 히라가나로 쓰여졌듯이, 이윽고 히라가나는 공문서에도 사용되었다.

'이로하'는 중세 이후 지역·신분·가문을 초월하여 모든 아이들의 초등교재로서 사용되었다. 근대 이전부터 일본인의 식자능력이 높았던 것은 성스러운 문자인 한자를 흘려쓰는 것에 주저하지 않았던 일본인들의 대담한 현실 응용 능력이 있었기 때문이다.

2장
중세사회의 학문과 인간형성

　귀족사회는 율령제(律令制)를 붕괴시키고 장원제(莊園制)를 발달시켰다. 이윽고 지방 각지에서 성장한 호족과 유력 농민 중에서 무장한 자들이 나타났으며 그중 일부는 조정(朝廷)의 무관이 되어 귀족들의 경호를 담당하게 되었다. 무사계급이 등장한 것이다.

　가마쿠라(鎌倉)시대[1]는 그 전까지 귀족 대신 무가(武家)가 권력을 가졌다는 점에서 큰 전환이라 할 수 있다. 그러나 귀족은 중세를 통틀어 경제적·정치적 힘뿐만 아니라 문화와 학문, 교육 분야에까지 큰 영향력을 갖고 있었다.

　또한 신곤슈(眞言宗), 덴다이슈(天台宗) 등 기존의 불교 종파는 종교의 권위에 새로이 재력과 무력을 갖게 되어, 일본의 정신세계 뿐 아니라 속세에서도 자연스럽게 세력을 과시하게 되었다. 한편 가마쿠라신불교(鎌倉新佛敎)로 불리는 신란(親鸞), 도겐(道元), 니치렌(日蓮) 같은 종파는 민중들의 마음을 끌게 되어 이후 무로마치(室町)시대에 들어 각지에서 큰 세력을 구축하게 되었다.

　이와 같이 중세는 귀족세력, 무가세력, 불교세력이 각자의 특징과 개성을

---

1) 미나모토노 요리토모(源賴朝)가 가마쿠라(鎌倉)에 막부(幕府)를 연 1185년부터 호조 다카토키(北条高時)에 의해 멸망하게 되는 1333년까지의 약 150년 간의 시대.

발휘하면서 경쟁한 시대라고 말할 수 있다.

1. 무가가 추구한 인간형성

1) 무가로서 배워야 하는 것

가마쿠라 막부의 성립으로 정치권력을 장악한 무사는 그 기본적 사회가 은혜(恩)—봉공(奉公)에 의한 계약적 관계에 따른 주종(主從)관계로 구성되었다. 은혜란 주군에 의한 가신의 소유지 인정이라 할 수 있으며, 봉공이란 가신의 주군에 대한 충성이라 할 수 있다. 이 사회 관계를 유지하기 위한 능력·자질의 형성이야말로 무사 인간형성의 근본이었다. 이를 위해 첫째로 무력의 획득, 둘째로 도의(道義)의 함양이 지향되었다.

무력을 획득하기 위해서는 무예에 정진하는 것이 필요했다. 지금까지 남아있는 야부사메(流鏑馬)[2]를 비롯하여 검술, 스모(相撲) 등 무예를 배우는 것이 장려되었다.

그러나 무사가 무력을 배경으로 지배를 확립했다 하더라도 통치자로서의 지적 능력은 불가결한 것이었다. 영주(領主)로서 영민(領民)을 지배하고 가신단을 통솔하기 위해서는 전투능력이 뛰어난 것 이외에도 전략적인 지성과 그 뒷받침이 되는 교양이 필요했다. 대부분의 유력 무사들은 저명한 승려나 귀족문화를 대표하는 학문가 중에서 스승을 초빙하여, 불교 또는 경서 등의 고전과 시와 같은 문예를 배웠다. 다음 절에 나오는 가네자와문고(金沢文庫)와 아시카가학교(足利學校) 등은 그 전형적인 예로 볼 수 있다. 또

---

2) 기사(騎射)의 일종으로, 달리는 말 위에서 화살을 연달아 쏴 과녁을 맞히는 무예.

센고쿠(戰國)시대[3]를 대표하는 학자로 다방면에 걸쳐 풍부한 교양을 가진 **기요하라 노부타카**(淸原宣賢, 1475~1550)는 중세 말기의 귀족·무사·승려 등을 대상으로 한 교육 활동을 했는데, 그는 단순히 교토에서 뿐만 아니라 각 지방을 돌며 학문 추구를 원하는 영주인 다이묘(大名)들에서 강의를 하기도 하였다. 특히 에치젠(越前)의 슈고(守護)[4]인 아사쿠라 다카카게(朝倉孝景)와 관계가 깊었으며, 종종 이치조다니(一乘谷) 지역에서 유학(儒學)과 신토(神道) 관련 책을 중심으로 강의를 하였다. 또 오닌의 난(應仁の亂)[5] 이후 황폐해진 교토를 떠나 각지를 돌아다니며 생계를 유지한 학문가와 승려들도 있었다. 예를 들면, 15세기 중엽 이후 고잔(五山)문학 분야에서 활약한 **반리 슈쿠**(萬里集九, 1428~?)도 그러한 사람 중의 한 명이었다. 교토 쇼코쿠지(相國寺)에서 수행했던 슈쿠는 중국의 고전연구와 시문 창작 등에서 높은 평가를 받았는데, 쇼코쿠지가 오닌의 난에 의해 소실된 후 오미(近江)·미노(美濃)·오와리(尾張)·미카와(三河)[6] 등지를 돌아다니며 다이묘와 유력 무사들에게 학예와 교양을 가르쳤다. 또한 신흥 다이묘인 오오타 도칸(太田道灌)의 요청으로 에도(江戶)에 가기도 했는데, 이를 계기로 그 지역의 많은 무사들과 교류를 갖게 되었으며 다시 이들의 요구로 시문과 한적에 대한 강의를 하기도 하였다. 이와 같은 유력(遊歷)한 승려와 학자들이 활약한 교육 활동의 기반에는 지방의 신흥세력인 센고쿠다이묘(戰國大名)[7]와 지방의 유력 인사들의 세련된 교토의 귀족 문화·학문·교육에 대한 동경이 있었다.

---

3) 일본 열도 통일을 노리며 각지의 영주들이 군웅할거한 시대(1477~1573년).

4) 막부에서 임명한 지방장관. 점차 권력을 확장하고 영주화되어 슈고다이묘(守護大名)라고 불리게 되었다.

5) 쇼군(將軍)과 다이묘의 후계자 문제를 계기로 각 다이묘들이 오닌(應仁) 원년인 1467년부터 11년간 교토를 중심으로 일으킨 대란. 이를 계기로 교토는 황폐해졌으며 막부의 권위는 땅에 떨어지게 되었다.

6) 오미는 지금의 시가(滋賀)현, 미노는 기후(岐阜)현, 오와리와 미카와는 아이치(愛知)현을 각각 가리킴.

7) 센고쿠시대 각지에서 군웅할거한 영주로서 슈고다이묘(守護大名) 다음에 출현함.

그러나 지방의 유력자들이 원했던 것은 단순히 문화와 교육만은 아니었다. 무가 지배가 계속되는 가운데, 지배자로서 도덕적으로 또 지적으로 우월한 존재이어야만 한다는 인식이 정착한 것 역시 큰 요인이었다. 이러한 인식의 표출이 무가의 가훈(家訓)이다. 무가의 가훈은 분국법(分國法)[8]이 되어 영지(領地)의 규범이 된 것도 많은데, 그 기본은 무가의 존속을 위한 교훈이었다. 특히 센고쿠 시대 때 가신들의 이합집산(離合集散)이 심하였으며 충성심과 같은 도의(道義)의 황폐화가 현저하게 나타났다. 하극상의 세상에서 살아남기 위해 무가의 장(長)은 후계자의 자질형성에 힘을 기울임과 동시에 일족(一族)·로도(郎黨)[9]의 단결을 가훈이라는 형태로 내면화하고자 하였다. 또 가훈은 분국법으로서 일족은 물론 가신단의 충성심을 제도화하는 역할도 하였다.

무가가훈(武家家訓)의 초기의 것인 '극락사전어소식(極樂寺殿御消息)'은 가마쿠라막부 연서(連署)로서 호조 도키요리(北條時賴)를 보좌한 호조 시게도키(北條重時, 1198~1261)가 자식에게 남긴 교훈이다. 그 내용은 다양한데 첫머리에 '신불을 아침, 저녁 정성껏 받들어야 한다(仏神を朝夕あげめ申. こころにかけたてまつるべし)'와 같이 신불(神佛)에 대한 신앙을 추구하였다. 또 '신사 심부름꾼으로 갈 경우 여러 사람을 알 필요는 없다. 오로지 주군과 관련된 것을 중요하게 생각해야 한다(ほうこうみやづかひをし給ふ事あらん時は, 百千人の人をばしり給ふべからず. 君のことを大事の御事におもひ給ふべし)'와 같이 주군에 대한 충성을 강조하였다. 그리고 무가로서의 본연의 자세에 대해 '무사의 길에 있어 항상 의리를 생각해야 한다(弓矢の事はつねに儀理をあん(案)ずべし)'고 언급하며 '무사(弓矢とり)'인 무가라 하더라도 '강한 것에 교만하지 말고 의리를 깊이 생각해야 한다(つよ

---

8) 센고쿠다이묘의 영국(領國) 지배를 위한 법률.
9) 로도란 주인과 혈연 관계가 없으며 영지(領地)가 없는 무가의 무사를 가리킴.

きにおごらず, 儀理をふかくおもふ'고 하였다. 이러한 도의를 획득하기 위해 '자신이 글을 읽지 못하면 문자를 잘 아는 자에게 경전 또는 기록물을 읽고 말하게 하여 청문(聽聞)할지어다(我こそよみたまはずとも, 経録など, 文字をも能(よく)しり心得たらん人によみだん(談)ぜさせ申てちゃうもん(聽聞)申さるべし)'와 같이 수학(學修)의 중요성을 강조하였다. 이처럼 무력을 통해 정권을 잡은 무사라 하더라도 문무겸비를 이상으로 하는 심성(心性)은 일찍부터 찾아볼 수 있다.

이와 같은 **문무 겸비**는 그 후의 무가가훈에서도 쉽게 찾아볼 수 있다. 무로마치 시대를 대표하는 무가 아시카가 요시아키라 · 요시미쓰 · 요시모치(足利義詮 · 義満 · 義持) 3대를 모시기도 한 저명한 시인 이마가와 료슌(今川了俊, 1326~?)은 '이마가와료슌 제사(今川了俊制詞)'(「今川了俊愚息仲秋制詞条条」)라는 가훈을 남겼는데, 그 앞부분을 보면 '문도를 모르면 무도에 있어서도 승리를 못한다(不知文道而 武道終不得勝利事)'라고 나온다. 이는 문도(文道)를 모르는 자는 무도(武道)에서도 승리할 수 없다는 것을 의미한다.

문무겸비의 사상은 그 후 무가의 교육으로 계승되어 갔다. 무가가훈으로서 저명한 '早雲寺殿二十一箇条'(호조 소운[北条早雲])를 보면 앞부분에 '신불에 대한 믿음에 대해 말해야 한다(仏神信心申べき事)'라고 나오며, 이어서 '문무에 대해서는 늘 있는 일로 새삼 기록할 필요도 없다. 문을 왼쪽으로 하고 무를 오른쪽으로 하는 따위는 고법(古法)으로서 겸비해야 할 일이다(文武弓馬の道は常也. 記するにも及ばず. 文を左にして, 武を右にする類は, 古の法, 兼て備へずんば有べからず事)'라고 나온다. 문무겸비는 가훈으로 적을 필요까지도 없다는 것이다. 소운이 추구한 것은 학문만이 아니었다. '시가에 무지한 사람은 천하다고 할 수 있다. 배울지어다(歌道なき人は, 無手にいやしき事也. 学ぶべし)'와 같이 문예에 대한 소양(취미)을 추구하였다. 또 다케다 신겐(武田信玄)의 이복동생이 저술한 '다케다 노부시게 가

훈(武田信繁家訓)'을 보면 '학문을 소홀히 하지 말 것(学文不可油断事)', '가도를 잘 닦을 것(歌道可嗜事)', '여러 예법을 잘 갖출 것(諸礼無油断可嗜事)'이라고 나오는데, 여기서 소운과 인식에 차이가 없음을 엿볼 수 있다. 이리하여 문무양도(両道)·문무겸비는 무사의 이상적 자세가 되었으며, 이후 1615년 에도막부가 제정한 무가제법도(武家諸法度)인 '문과 무, 무예는 오로지 서로 갖추어야 할 일이다(文武弓馬之道, 専可相嗜事)'로 이어지게 되었다.

2) 가네자와문고의 설립

가마쿠라막부는 교토를 떠나 가마쿠라로 정치적 중심을 옮긴 무가정권이었지만 문화적으로는 아직 귀족문화의 모방에서 벗어나지 못하였다. 이는 무가문고(武家文庫)를 통해서도 확인할 수 있다. 헤이안 시대에는 일부 귀족들이 벳소를 설립함과 동시에 문고를 설립하여 폭넓은 서적 수집에 심혈을 기울였는데, 가마쿠라의 무가 중에서도 마찬가지로 서적을 수집하여 문고의 설립을 추진한 인물이 있었다. 예를 들면, 미요시 야스노부(三善康信)[10]의 나고시문고(名越文庫), 사스케 도키모리(佐介時盛)[11]의 마쓰가야문고(松谷文庫), 나가이 히데무네(長井秀宗)의 나가이문고(長井文庫), 니카이도(二階堂)의 니카이도문고(二階堂文庫) 등이 있다.

이같은 무가문고 중 유일하게 현존하는 것으로 **가네자와문고**(金沢文庫)가 있다. 가네자와문고는 호조 정권의 중진으로 주로 쓰네토키(経時), 도키요리(時頼), 도키무네(時宗) 3대 집권 때 히키쓰케슈(引付衆) 또는 효조슈(評定衆)를 맡으며 이들을 보좌한 **호조 사네토키**(北条実時, 1224~1276)에

---

10) 가마쿠라 시대 초기의 정치가(1140~1221).
11) 가마쿠라 전·중기의 무장(武將, 1197~1277).

의해 그 기초가 마련되었다. 사네토키는 정치뿐 아니라 학문에도 심혈을 기울였으며 수많은 중국문헌과 일본문헌에 대한 강의를 듣고 또 서적을 서사(書寫)하기도 하였다. 또한 학문과 서적의 수집은 그의 아들인 아키토키(顯時)와 손자인 사다아키(貞顯, 후에 金沢)로 이어졌다. 특히 사다아키는 조정을 감시하는 자리인 로쿠하라탄다이(六波羅探題)에 재직했으며 또는 집권직의 유력한 자로 당시까지의 학문 이외에 문예 방면의 서적수집으로까지 그 범위를 넓혀갔다. 한편 가네자와 호조에 의한 서적수집과 함께 그의 보호하에서 사세(寺勢)를 확장시킨 쇼묘지(稱名寺)의 영향 역시 컸다. 쇼묘지는 사네토키가 가네자와에 설치한 지부쓰도(持佛堂)가 발전한 사찰로 처음에는 염불종(念佛宗)이었으나 사이다이지(西大寺)의 에이손(叡尊)[12]의 감화를 받은 사네토키가 신곤릿슈(眞言律宗)로 개종(改宗)하였다. 또한 신카이(審海)가 일본열도 동쪽 지역(東國) 구불교(舊佛敎)의 거점이었던 가마쿠라 고쿠라쿠지(極樂寺)의 장로(長老) 닌쇼(忍性)의 추천으로 이곳의 장로가 되었으며, 그 후 대대로 석학인 고승(高僧)들이 이곳의 장로를 맡게 되었다. 또한 가네자와 호조로부터 논 260정(町) 이상에 달하는 사령(寺領)을 하사받기도 하였다. 이런 지원으로 쇼묘지는 동쪽 지역 불교 교학의 중심으로서 가마쿠라 고쿠라쿠지와 어깨를 나란히 하며 발전하였다.

이같은 사실을 통해 가네자와문고는 단순히 가네자와 호조 가문의 호학(好學) 성향으로 인해 설립된 것만이 아니라, 쇼묘지와의 관계에서 볼 수 있듯이 종교적인 동기부여도 크게 관련되어 있었다. 즉 선조의 보다이(菩提) 추도와 자신의 안신입명(安心立命)이라는 종교적 동기 차원에서 사원의 보호와 문고의 설립이 시도된 것이다. 또 문화적 자질을 향상시키기 위해 당시 일류의 문화적 자원을 갖고 있었던 사원과의 연대가 필요했으며 높은 문화적 지위를 얻을 수 있는 교양 형성의 장으로서 문고는 사원과 일체화된 형태

---

12) 가마쿠라 시대 중기의 승려로 신곤릿슈를 개시함(1201~1290).

를 취하게 되었다.

한편 가네자와문고의 장서를 보면 쇼묘지의 관리 하에 설립된 영향으로 현존하는 11,600권 중 쇼묘지에 의해 수집된 것으로 볼 수 있는 불교 관련의 서적이 88%로 그 비중이 압도적으로 많다. 이어서 한적 약 770권(7%), 일본서 약 480권(4%)의 순이다. 유키 리쿠로(結城陸郎)에 따르면 사네토키에서 사다마사에 이르기까지의 5명과 확실히 관련이 있는 문헌은 28부·164권에 지나지 않는다고 하는데, 이를 통해 가네자와 호조 소유의 서적은 극히 적음을 알 수 있다. 또 수집된 서적이 어느 정도 공개되었는지에 대해 여러 의론이 있다. 예를 들면, 차용증(借用證) 등에 대한 연구에 의하면, 차용인은 가네자와 호조 가문 또는 쇼묘지 관련의 학승(學僧)으로 한정되어 있어 널리 일반에게 공개되어 있었던 것이 아닌 것으로 알려져 있다. 한편 쇼묘지에는 사원 세력이 확장되고 그 규모가 확대되어 가는 과정에 많은 학승들이 광범위한 지역에서 참여하였는데, 그 중에는 오미지역 출신자도 포함되어 있었다. 그들은 20대가 많았으며, 2, 3년 또는 7, 8년에 걸쳐 엄격한 계율 아래 수학(修學)한 것으로 추측된다. 쇼묘지에서는 이러한 학승들을 대상으로 장로가 강의를 빈번히 개최하였는데, 이로 인해 쇼묘지는 점차 승려교육의 최고 거점 사원으로 자리를 잡아가게 되었다. 가마쿠라 말기의 문서에 '가네자와학교(金沢學校)'라는 기술이 등장하는데, 앞서 언급하였듯이 가네자와 호조에 의한 가네자와문고에서는 이러한 교학 활동을 상정하지 않았기 때문에, 이는 쇼묘지의 교학 활동을 지칭하는 것으로 볼 수 있다.

어쨌든 귀족문화의 모방적 성격이 강하기는 했지만 교토에서 지리적으로 상당히 떨어진 가마쿠라에 당시 최고의 문화적 시설이 설립된 것은 이 시대의 하나의 상징으로 볼 수 있을 것이다.

3) 동쪽의 대학 ―아시카가학교

가네자와문고와 더불어 중세를 대표하는 교육기관으로 **아시카가학교**(足利學校)가 있다. 프란시스코 사비에르(Francisco Xavier)[13]가 예수회(イエズス會, 耶蘇会)[14] 앞으로 보낸 편지에서 '일본 최대의 대학'이라 표현한 곳으로도 알려져 있는데, '일본 동쪽(坂東)의 대학'으로 불리며 당시 일본 전역에 알려져 있었다. 이 학교의 기원에 대해서는 전설을 포함하여 여러 가지 설이 있는데, 무장(武將) **우에스기 노리자네**(上杉憲実)가 무로마치막부의 직할지인 아시카가소(足利莊)의 관리의 임무를 맡은 무로마치 중기인 1432년~1439년 사이에 재흥된 것을 실질적인 창립으로 보는 것이 일반적이다. 여기서 재흥이 무엇을 재흥한 것인가에 대해 여러 주장이 있는데 어쨌든 아시카가학교는 무로마치 중기에 우에스기 노리자네에 의해 재흥된 이후 아시카가 장군 집안 발상지에 설치된 복합적 교육기관으로서 존재하게 되었다. 아시카가 집안 발생지에 이와 같은 교육기관이 존재할 수 있었던 배경에는 아시카가 가문의 우지데라(氏寺)[15]인 반나지(鑁阿寺)의 역할이 컸다고 할 수 있다. 반나지는 현재 신곤슈 다이니치파(眞言宗 大日波)의 총본산으로, 그 창건은 1196년 아시카가 요시카네(足利義兼)가 지은 지부쓰도(持佛堂)에서 출발하였으며, 그 후 아시카가의 보호와 기부를 받으면서 규모를 확대해 갔다. 이러한 학문적 바탕 위에 아시카가학교의 재흥이 진행된 것이다. 이때 노리자네는 학교 창립과 동시에 경제적 기반으로 학전(學田)[16]을 설치하

---

13) 예수회 소속으로 전도하기 위해 1549년부터 1551년까지 일본에서 활동한 선교사(1506~1552).

14) 기독교에 대항하고 로마가톨릭교회의 발전을 위해 스페인의 이그나티우스 데 로욜라(Ignatius de Loyola) 등이 1534년에 결성하고 1540년 로마교황에게 공인을 받은 수도회. 일본에는 프란시스코 사비에르가 건너와 소개가 됨. 야소회(耶蘇会)라고도 표기함(Society of Jesus).

15) 명문가가 일족(一族)의 명복과 현세의 이익을 기원하기 위해 세운 사찰.

16) 학생들에게 들어가는 식사와 제반 비용을 충당하기 위해 만든 논.

고 기숙사 등 여러 시설을 건설하고 더 나아가 학규(學規)와 학습과정을 정하는 등 적극적인 체제 정비를 실시하였다. 교사로는 가마쿠라에서 가이겐(快元)[17]을 초빙하여 쇼슈(庠主, 현재의 學長)로서 교육을 담당케 하였다.

〈그림 2-1〉 아시카가학교의 '학교문(學校門)'
1668년 창건으로 현재까지 남아있다. 아시카가학교의 상징적 건축물이다.

아시카가학교에서는 1446년 학규(學規) 3조에 '삼주사서육경열장사기문선(三註四書六經列莊史記文選)' 이외에는 사용해서는 안된다고 규정하였는데, 즉 내전(內典, 불교경전)이 아닌 외전(外典, 유학 등 한적)을 중심으로 교육이 진행되었으며, 특히 송학(宋學, 주자학)을 중심으로 한 교과서가 사용되었다. 또 반나지에서 중시된 역학(易學)을 중심으로 한 외전 강의는 아시카가학교에도 영향을 미치기도 하였다. 초대 쇼슈인 가이겐 역시 역학의 권위자로 알려진 인물인데, 반나지 이후의 학통은 아시카가학교로도 계승되어 갔다. 아시카가학교는 센고쿠 시대인 16세기 중엽에 들어 역학과 점성술(占筮術)을 중심으로 한 학습과정을 갖추었으며, 이러한 내용을 학습한 자

17) 무로마치 시대 가마쿠라 엔카쿠지(円覚寺)의 승려(? ~1469).

들은 각지의 다이묘들에게 다수 채용되었다. 가히 아시카가학교의 전성기라 할 수 있다.

또한 학규 3조의 별조(別條)를 보면 법(律)을 지키지 않는 승려나 학업에 열중하지 않는 자는 추방한다는 규정이 있었는데, 이는 당시 아시카가학교 주변에 수학(修學)을 하고자 하는 자가 많았다는 것 그리고 그 안에는 성실하지 못한 자도 있었다는 것을 나타낸다고 할 수 있다. 아시카가학교의 문을 두드린 자들은 대부분 승려들이었는데, 무로마치시대 말기에는 속세의 일반인이 승려 행세를 하며 입학을 하고 퇴학 후 환속(還俗)하는 형태로 배운 자도 있었다. 또한 학자 출신으로 온 사람도 전국에 걸쳐 있었으며, 그 규모는 국내뿐 아니라 앞서 언급한 바와 같이 일본에 온 외국인들에게도 주목받게 되었다.

2. 가마쿠라신불교와 가톨릭교

1) 가마쿠라신불교와 인간

가마쿠라신불교로 불리는 일련의 움직임은 중세교육사의 이해에 있어 중요하다. **호넨**(法然, 1133~1212), **신란**(親鸞, 1173~1262), **도겐**(道元, 1200~1253), **니치렌**(日蓮, 1222~1282)이 거의 비슷한 시기에 활약한 13세기 초는 일본 불교사에 있어 가장 중요한 시기이다. 가마쿠라신불교는 그때까지의 구불교가 진호(鎭護)국가사상에 기반을 두며 귀족들에게 독점되고 학문적 색채가 강했던 것에 비해, 말법(末法)사상의 유행과 그 전제가 되는 동란(動亂)의 시대를 배경으로 민중의 구제(救濟)를 전면에 내세운 점에 특징이 있다. 또한 그 배경에 헤이안 귀족의 몰락과 지방무사들의 발흥으로 인한 세력의 대전환 또한 있었다. 이러한 움직임은 구불교에서는 포교와 교육의 장

임과 동시에 학문연구의 장으로 또 때로는 예술의 장이었던 사원이, 신불교
에서는 민중에 대한 포교의 장 그리고 민중들에게 있어 자기(自己)형성의 장
으로 전환되어 갔다.

가마쿠라신불교의 교육사적 의의로는 크게 세 가지를 들 수 있다. 첫 번
째는 인간관(人間觀)의 전환이다. 즉 모든 중생을 성불(成佛)하게 한다는 사
상에서 알 수 있듯이 일반 민중의 구제라는 명제에서 새로운 인간관이 생
겨나게 되었다. 그 인간관의 특징을 신란에서 찾아보면 다음과 같다. 신란
은 자신의 저작물 안에서 '번뇌구족(煩惱具足)', '죄악심중(罪惡深重)'이라
는 단어를 빈번히 사용하며 자신을 부정하며 반성하고 비탄하였다. 이러한
절망적 자기부정 끝에 절대자인 아미타불(彌陀)에 의한 구제, 즉 타력(他力)
의 세계를 발견하였다. 절대적 부정 앞에 절대적 긍정이 생겨난다고 여긴 것
이다. 이는 현실세계(此岸)보다도 내세(彼岸)를 위한 신앙이다. 이러한 신란
의 인간관은 그의 교육관에도 독자성을 초래하였다. 스스로를 '무지우독(無
知愚禿)'이라 여긴 신란에게는 스승으로서 타인을 마주대할 이유가 없었다.
일반적으로 교육의 경우 스승은 제자에 대해 인격, 지식 등에서 우위성을 갖
는 긍정적 존재로 나타나기 마련인데, 신란은 스스로를 전면적으로 부정함
으로 인해 스승으로서의 긍정적 존재성은 부정되는 것이다. 따라서 그가 취
할 수 있는 태도는 **동붕동행**(同朋同行)밖에 남지 않게 된다. 신란은 '신란은
제자 한명도 없다(親鸞は弟子一人ももたずさふらふ'(『歡異抄』)고 했다. 스
스로를 불완전한 인간, 죄 많은 인간이라 자각한 신란은 자신과 제자 모두
아미타불에 의해 구원받을 몸으로 보고 함께 걷는 존재로 생각하였다. 이것
이 동붕동행의 의미인 것이다. 또 『**단니쇼(歡異抄)**』에는 '선한 인간도 극락
왕생을 한다. 하물며 악한 사람도 극락왕생을 한다(善人なをもて往生をと
ぐ, いはんや悪人をや)'와 같이 신란의 타력사상을 단적으로 표현한 역설적
인 악인정기설(惡人正機說)도 나타난다. 신란의 이러한 사상은 후세에도 큰

영향을 끼쳤는데, 교육 분야의 경우 노무라 요시베(野村芳兵衛)와 도이 요시오(東井義雄) 등에게 큰 영향을 미쳤다.

두 번째는 승려교육의 개혁이다. 그 전형으로 도겐이 실시한 승당교육(僧堂教育)을 들 수 있다. 도겐이 승려교육을 위해 승당교육을 확립한 것은 매우 중요한 의의를 가지며, 또한 그가 확립한 승당교육이 오늘날에 이르기까지 에이헤이지(永平寺)에서 계승되고 있는 점은 주목할 만하다. 도겐이 정한 승당교육의 근본은 그의 저서 『에이헤이신기(永平淸規)』에 잘 나타나 있다. 그중에서도 특히 '전좌교훈(典座教訓)'은 도겐의 사상을 잘 표현한다. 이 저서 안에서 도겐은 취사(炊事), 재료 취급법, 조리의 방법 등에 대해 세세하게 규정하면서, 얼핏 허드렛일로 볼 수 있는 취사에서 깊은 종교적 의의를 찾아냈다. 또한 『후슈쿠반포(赴粥飯法)』에서는 식사 작법에 대해 상세하게 규정하였다. 도겐에 의하면 취사와 청소 등 일상생활 모두가 수행이며, 아무리 사소한 일이라도 적당히 해서는 안되며, 모든 것이 좌선으로 이어진다고 하였다. 도겐은 '계율(威儀)이 바로 불법이요 작법 이것이 바로 종교의 취지다(威儀即仏法, 作法是宗旨)'라고 언급하고, 생활상의 여러 행위에서 작법을 정하고 이를 지킴으로써 수행이 이루어진다고 생각하였다. 도겐은 그밖에 **『쇼보겐조(正法蔵眼)』**라는 책을 저술하고 선종의 진수(眞髓)를 명확히 하려 하였다. 도겐의 사상은 20세기에 들어 전시중(戰時中)의 문부대신 하시다 구니히코(橋田邦彦)와 전후(戰後)의 무차쿠 세이쿄(無着成恭) 등에게도 많은 영향을 끼쳤다.

세 번째는 민중교화(民衆教化)라는 점이다. 헤이안시대의 불교가 귀족적·학문적이었다면 가마쿠라신불교는 민중구제를 그 특징으로 들 수 있다. 이는 민중에 대한 불교의 침투로도 바꿔 말할 수 있다. 학문적 교양을 추구하지 않는 민중에게 어떻게 불교의 가르침을 전파하고 또 그들을 신앙을 통해 결속하게 하는 것은 중요하다고 할 수 있다. 특히 신란은 '자신교인신

(自信教人信; 스스로를 믿으며, 사람을 가르쳐서 믿게 한다)'이라 말하며, 교화에 대한 의사(意思)를 강하게 갖고 민중에 대한 아미타불의 자비를 널리 알리는 것을 사명으로 하였다. 또한 동붕동행의 사상을 배경으로 한 신란의 교단에서 신란은 지도자가 아니라 한 사람의 구성원이었다. 이러한 특징을 가진 교단은 아미타불의 본원(本願)을 중심으로 한 신앙공동체로 점차 성립되어 갔다.

이와 같은 교단의 특징은 후에 렌뇨(蓮如)[18]에 의해 혼간지(本願寺) 교단으로 확립될 때 도량(道場)을 발판으로 하게 되었는데, 이와 같이 이후로도 이어져 갔다.

2) 크리스천학교

중세 말기 서일본(西日本)지역에서 확산된 가톨릭교는 포교활동의 일환으로 학교를 건설하였다. 이는 일본인 포교사 양성을 주목적으로 하여 주로 **예수회**에 의해 설립되었다. 1579년 지금의 나가사키(長崎) 현 구치노쓰(口之津)에서 열린 제1회 일본가톨릭교협의회(キリスト教協議会)에서 예수회 순찰사(巡察使) **발리랴노**(Alessandro Valignano)[19]의 주도하에 새로운 학교 건설이 협의되었다. 이때는 사비에르(Francisco de Xavier)가 일본에 온 지 30년 정도 지난 무렵으로, 신자가 규슈뿐 아니라 교토와 오사카까지 확산되어 10만인 정도에 이른 시기였다. 그러나 선교사는 55명에 불과했으며 게다가 일본인 사제(司祭)는 전혀 없었다. 이러한 상황을 타개하기 위해서라도 고등교육기관이 필요했다.

즉 선교사들에 의해 각지에 교회 학교가 설립되었는데, 발리랴노가 일본

---

18) 무로마치 시대의 승려(1415~99).

19) 이탈리아 출신의 예수회의 사제로, 순찰사(巡察師)로 세 차례 일본에 건너와 포교활동의 지도적 역할을 담당함(1539~1606).

에 왔을 때 이미 전국적으로 200개가 넘는 학교가 있었다. 그러나 이들 학교는 사제 양성이라는 점에서는 아직 초보적 단계의 학교였다.

협의회에서는 **세미나리요**(seminaryo, 초등교육), **노비샤드**(noviciado, 예수회원 양성), **코레지요**(collegio, 고등교육)의 세 가지 학교 설치를 결정하였다. 이 결정에 따라 크리스천의 최고 교육기관인 코레지요가 1580년 분고오토모(豊後大友)의 중심지 후나이(府内, 현재의 大分市)에 설립되었다. 또 그 전단계의 신학교인 세미나리요는 아즈치(安土)와 아리마(有馬), 노비샤드는 우스키(臼杵)에 각각 설립되었다.

아리마에 설치된 세미나리요는 크리스천다이묘(キリシタン大名)[20]로 알려진 아리마 하루노부(有馬晴信, 1567~1612)의 원조와 협력에 의해 건설되었다. 최초의 세미나리요 입학자는 22명이었는데, 그 중에는 2년 후 덴쇼겐오사절단(天正遣歐使節團)[21]으로 유럽에 파견되는 지지와 미겔(千々石 Miguel)과 나카우라 줄리안(中浦 Julio) 등도 있었다. 이 세미나리요에는 원장인 모라 신부 이외에 라틴어 교사로 포르투갈인 신학생이 임명되었으며 후에 신부 한 명이 다시 추가되었다. 세미나리요에서는 발리랴노의 의견에 따라 외국어는 라틴어 하나만을 교육했으며, 오히려 일본어와 일본문학을 가르치기도 하였다. 이와 같은 교육활동의 필요성은 활자 인쇄의 필요성으로 이어지게 되었다. 예수회의 신학교가 라틴어·그리스어 등 고전어 학습에 중점을 둔데 반해, 세미나리요는 자국어를 중시한 것이 큰 특징이었다. 또한 음악에도 큰 관심을 갖고 악기(樂器)와 성가(聖歌)를 습득하게 하였다. 또 일본의 관습을 받아들여 기숙사제도를 도입하였으며 유럽의 예수회와 마찬가지로 인격의 도야를 지향하였다.

---

20) 센고쿠시대 말기부터 에도시대 초기에 가톨릭 세례를 받은 센고쿠다이묘(戦国大名).

21) 덴쇼(天正)10년(1582) 규슈의 크리스천다이묘가 로마에 파견한 2명의 정사(正使)와 2명의 부사(副使)로 구성된 사절로서, 로마교황을 알현하고 덴쇼18년(1590)에 귀국.

그 후 도요토미 히데요시(豊臣秀吉)의 시마즈(島津) 정벌로 후나이의 코레지요와 우스키의 노비샤드는 파괴되었으며, 또 히데요시의 신부추방령 (伴天連追放令, 1587년)으로 선교사들은 숨을 수밖에 없게 되었다. 결국에는 코레지요와 노비샤드는 각지를 전전한 후 아마쿠사(天草)로 이전하게 되었다. 아마쿠사로 이전한 코레지요는 아마쿠사 일대의 가톨릭교도를 관리하였는데, 이전 당시(1593년) 사제 7명, 학생 40명, 보조사제 3명 등 총 50명이 있었다. 여기서는 라틴어와 신학을 비롯하여 일본어와 일본의 서적을 학습하였다. 이상과 같이 코레지요는 가톨릭교의 학교로서 그 기반을 다져갔는데, 1596년 산페리페호 사건[22]을 통해 가톨릭교에 대한 히데요시의 태도가 변하였고 이에 대한 탄압에서 벗어나기 위해 아마쿠사에 있는 선교사를 나가사키로 오게 하였다. 그리고 그 후 히데요시와 도쿠가와 이에야스(德川家康)측에 대한 여러 노력에도 불구하고 1614년 금교령(禁敎令)이 발표되었으며, 결국 모든 학교시설은 파괴되고 말았다.

〈그림 2-2〉크리스천판(キリシタン版) 서적
1593년 아마쿠사(天草)에서 간행된 크리스천 신앙의 입문서. 금속활자판으로서는 가장 이른 시기의 것이다(덴리[天理]도서관 소장).

---

22) 1596년 도요토미 히데요시가 도사(土佐)에 표류해 들어온 스페인의 배 산페리페호의 선적 물과 승무원의 소지금을 몰수한 사건. 또 도요토미 히데요시는 당시 일본에 있던 스페인 선교사를 처형하였다.

일본사에 있어서 코레지요가 남긴 공적은 **크리스천판**(キリシタン版)[23] **아마쿠사본**(天草本)을 비롯한 활자 인쇄의 도입이다. 일본에 온 외국인 선교사에게 있어 일본어는 큰 장애였는데, 이를 해결하기 위해 로마자와 히라가나, 한자 활자를 사용한 인쇄가 필요하였다. 특히 아마쿠사에서 총 12권이 인쇄되었는데 그중에는 신심서(信心書), 공교요리(公敎要理) 등 가톨릭교 관련 그리고 어학서, 문학서(『平家物語』 등)도 포함되어 있었다. 이와 같이 크리스천학교는 활자로 인쇄된 서적과 교과서가 등장했다는 점에도 또 다른 의의를 찾을 수 있다.

3. 민중의 학습

앞 절에서 무사와 승려를 중심으로 한 인간 형성에 대해 살펴보았는데, 중세 말기에는 민중들 중에도 **식자(識字)능력**을 가진 자가 많이 나타났다.

물론 일본어의 경우 히라가나 · 가타카나 · 한자 등 여러 문자가 있으며, 어떤 수준부터 식자능력이 있는지 등을 판단하는 것은 어려운 문제다. 여기서는 문서 말미에 자신의 이름 뒤에 쓰는 기호 **가오**(花押)로 서명(署名)한 것을 식자능력의 유무를 추정하는 기준으로 삼아 당시의 식자 상황을 추정하도록 한다.

오미(近江) 가쓰라가와묘오인(葛川明王院)의 농민 사료 중 가오가 나타나는 14세기 기청문(起請文) 등 3점의 사료를 보면, 자저(自著)의 가오 비율은 4.6%에 지나지 않으며 오히려 랴쿠오(略押)[24]의 비율이 92%를 차지한다.

---

23) 1590년 예수회 선교사 발리냐노가 기술자를 동반하여 서양식 활자인쇄기를 갖고 일본에 들어왔으며, 이듬해부터 약 20년간 시마바라(島原) · 아마쿠사(天草) · 나가사키(長崎) 등에서 예수회 선교사들이 간행한 판본의 총칭.

24) 랴쿠오(略押)는 신분이 낮은 자 또는 글씨를 모르는 자가 주로 사용하는 것으로 O 또는 ×

또 같은 곳에 보관되어 있는 16세기 사료 4점의 자저 가오 비율은 16%이며, 17세기 사료 28점의 자저 가오 비율이 9%로 나타난다. 마찬가지로 오미의 오하라관음사(大原觀音寺) 사료의 경우 14세기 사료 4점의 자저 가오 비율은 약 58%, 15세기 사료 5점은 64%, 16세기 사료 6점은 11%로 나타난다. 또 오미하치만(近江八幡)의 이와쿠라(岩倉) 에비스코(惠比須講) 석공(石工)문서 중 16세기 후반에서 17세기 중반에 걸쳐 작성된 7점의 문서의 경우 자저 가오 비율은 약 30%로 나타난다.

이상은 중세 중심 지역의 사례이긴 하지만, 그밖에 나가사키 고도(五島) 지역의 결속을 맹세한 잇키(一揆)계약서 등에서도 다수의 사람이 가오로 서명한 것을 볼 수 있다. 그 중 가장 좁은 범위를 대상으로 한 1413년 제작 '우쿠해변에 사는 사람들의 봉기(一揆)승락서안(宇久浦中御契諾條々之事) (宇久住人等一揆契諾状案, 青方文書 문서번호 391)'를 보면, 작은 섬인 우쿠의 여러 부락 유력자들로 보이는 26명이 문말에 가오로 서명한 것을 볼 수 있다. 이 사료를 통해 15세기초 일본 열도 서쪽 끝에 위치한 지역의 부락에 식자능력을 가진 사람이 존재했다는 것을 알 수 있다.

중세의 민중들이 어떤 방법으로 문자를 익혔는지에 대해서는 확실치 않다. 그러나 1555년 무렵 에치젠(越前) 에라(江良, 지금의 敦賀市)에서 여승(旅僧)인 무네유키(宗幸)가 마을의 서기(書記) 겸 교사로서 마을의 소손(惣村)적 결합기능의 일부를 담당한 사암(寺庵・村堂)을 거점으로 마을 사람들에게 읽기와 쓰기를 가르친 사례가 있다(久木ひさき, 1987). 즉 식자 능력을 가진 자가 없었던 마을에서 서기역을 여승에게 의뢰했을 뿐 아니라 교사로서 읽기와 쓰기의 교사역을 맡긴 것이다. 따라서 이와 같이 각지에 존재했던 작은 사원과 귀중한 식자층이었던 승려들이 민중들의 읽기와 쓰기 교육을 뒷받침한 것으로 추측할 수 있다.

같은 간략한 부호를 가리킴. 가오의 일종.

참고문헌

井上義巳『日本教育思想史の研究』(勁草書房, 1978)

梅村佳代「中世末~近世初期近江地域の農民の花押自著率について」科研究成果報告書
『前近代日本における識字状況調査に関する基礎的研究』(2006)

大戸安弘『日本中世教育史の研究―遊歴傾向の展開―』(梓出版, 1998)

小澤富夫 編集・校訂『武家家訓・遺訓集成』(ぺりかん社, 1998)

唐澤富太郎『中世初期仏教教育思想の研究』(唐澤富太郎著作集10)(ぎょうせい, 1992)

久木幸男「中世民衆教育施設としての村堂について―越前敦賀郡江良浦宗幸庵の場合
―」日本教育史研究会 編『日本教育史研究6』(日本教育史研究会, 1987)

長崎県教育委員会 編『長崎のキリシタン学校―セミナリヨ, コレジヨの跡を訪ねて―』
(長崎県教育委員会, 1987)

結城陸郎『金沢文庫と足利学校』(至文堂, 1959)

結城陸郎『金沢文庫の教育史的研究』(吉川弘文館, 1962)

세미나리요의 일과

로마의 예수회에는 일본의 크리스천학교 설립을 강력히 추진한 발리랴노가 직접 쓴 아래와 같은 세미나리요의 일과표가 남아 있다.

여름에는 아침 4시반에 기상하여 수도자와 함께 아침기도. 겨울에는 1시간 늦게 시작한다. 5시에는 미사에 출석하여 규정(規定) 기도를 소리 내어 읽고, 청소한다. 6시부터 7시반까지는 공부를 하고 7시반부터 9시까지는 교사(教師)를 찾아가 숙제를 보여주고 지도를 받는다. 9시부터 11시까지는 식사와 휴식. 11시부터 오후 2시까지는 일본어 공부와 습자(習字), 작문 등. 2시부터 3시까지는 음악. 3시부터 4시반까지는 라틴어. 30분 자유시간 후 5시부터 7시까지는 저녁식사와 휴식. 7시부터 8시까지 라틴어 학습을 하고 8시에 취침.

일과의 특징은 공부의 경우 개인지도와 복습이었다. 학습한 내용과 숙제를 교사에게 확인받는 것이 일과가 되어 있으며, 매일매일의 복습이 의무로 정해졌다.

세마나리요에서 공부만 한 것은 아니다. 주말에는 산책과 해수욕을 하는 등 학교 생활에 변화를 주었다. 성체행렬(聖體行列)의 날은 아리마(有馬) 지역의 가장 큰 축제였다. 또 크리스마스와 부활절에는 성서 등을 테마로 한 연극을 상연하는 등 학생 교육의 일환으로 내용을 짰다. 문화제(文化祭) 때는 관구(管區)의 신부들과 아리마의 가신(家臣)들이 많이 모였으며 라틴어와 일본어로 연극과 토론회 등을 개최하였다. 아마 당시 가장 세련된 학교였을 것이다.

3장
근세의 아이들과 교육

근세(近世)는 전쟁 없는 평온한 세상이 2세기반 지속된 시대이다. 무가의 상징인 무력투쟁이 사라지게 되어 위정자에게 요구되는 자질과 능력이 크게 바뀐 시기이기도 하다. 특히 근세 중기 이후 무가에 학문이 보급됨과 동시에 조닌(町人)[1]과 농민들에게까지 읽기 · 쓰기 능력이 침투되어 사회 전체에 학습 습관이 정착되는 등 사회의 문화적 역량이 향상되는 모습이 나타나게 되었다.

1. 근세의 아이 양육

1) 양육 문화의 성숙

오늘날 학교 제도는 아이들의 성장과정에 큰 영향을 끼친다. 그리고 아이들의 성장은 학교의 입학과 졸업으로 구분한다. 그러나 학교 제도가 정비되지 않은 전근대(前近代)사회에서는 농촌과 도시 모두 공동체 성원(成員)으로서의 '자립'이 중시되었으며, 그 과정은 **통과의례**(通過儀禮)를 통해 확

---

1) 근세 도시에서 생활한 상공업자(商人 · 職人)로서 무사 · 농민과 구별됨.

인·승인되었다.

통과의례는 태아 단계부터 시작되었다. 지금도 남아 있는 **이와타오비**(岩田帯, 帯祝)²라는 관습은 태아의 순조로운 성장을 축하함과 동시에 그후의 출산에 이르는 과정의 무사안전을 기원하고 또 태어난 아이를 친족과 지역사회에서 받아들이는 것의 표명이었다. 출생 후에는 3일째 정도 되는 날에 배내옷인 '우부기(産着)'를 입히는 의식을 통해 처음으로 소매가 있는 옷을 입히고, 조금씩 인간으로서 대접을 하기 시작한다. 출생 후의 최초의 중요 의식은 **이름짓기**(名づけ)이다. 이는 출생 후 7일째 되는 날에 이루어지는 경우가 많은데, 그때 축하해주기 위해 모인 사람들과 술과 음식을 함께하는 습관이 있는데, 이는 참석자들에 의해 신생아가 승인된다는 의미도 갖는다. 지금도 널리 이루어지고 있는 신사참배 미야마이리(宮參り)도 신생아가 장래 공동체의 성원이 되는 것을 승인한다는 의미다. **야나기다 구니오**(柳田国男)³는 미야마이리를 "이 아이는 키울 아이이다. 장성하면 마을 사람이 될 아이라는 것을 마을 신인 우지가미(氏神様)와 가까운 이웃, 친구 모두에게 승인받는 의식"(『소아생존권의 역사(小兒生存權の歷史)』)이라고 하였다. 이것은 보살핌을 통해 성장해갈 아이들 한편에 태어나기는 했지만 '키우지 않는 아이'가 존재한 것을 시사한다.

통과의례는 탄생 후 여러 형태로 나타난다. 지금도 음력 3월 3일 삼짇날(桃の節句)과 5월 5일 단오날(端午の節句)에 각각 인형을 장식하고 장대(幟)를 세워 올리는 가정이 많다. 또한 만 1세 때 커다란 떡을 등에 메게 하거나 밟게 하는 지역도 있다. 장래 생활에 불안이 없기를 바라는 부모의 바램을 담은 것이다. 또 시치고산(七五三)⁴ 때의 신사참배인 미야마이리도 아이들

---

2) 임신한 부인이 태아를 보호하기 위해 임신 5개월째부터 배에 두른 흰색 천.

3) 20세기초 일본의 대표적 민속학자(1875~1962).

4) 남자아이가 3세, 5세가 되는 해와 여자아이가 3세, 7세가 되는 해 11월 15일에 아이의 성장을 기원하기 위해 나들이옷(晴れ着)을 입고 신사 등을 참배하는 행사.

의 성장을 기원하며 행해진 것이다. 전근대사회에서는 관례(冠禮)인 **겐푸쿠**(元服)[5]가 큰 전환점이 되었는데, 그때 **성년**이 되었다(一人前)는 증명으로 무거운 돌을 짊어지게 하는 등 일정한 시련을 준 경우도 많았다.

현대에 들어 성장의 확인과 승인으로서 통과의례의 특징은 약해졌지만, 공동체의 제례 등에는 아직 이러한 기능이 남아 있는 경우가 있다. 예를 들면, 후쿠오카(福岡)의 여름 도래를 알리는 '하카타기온야마가사(博多祇園山笠)'를 보면 '나가레(流)'라는 조직 안에 계급이 있으며 각각의 역할이 정해져 있다. 젊은이들은 각 계급에 요구되는 역할을 소화해가는 과정을 통해 보다 중요한 역할을 담당하게 되어 있다. '제 구실을 할 수 있게 된 것(一人前)'의 상징으로 '빨간 수건(赤手のごい; 빨간 수건을 매는 것에서 유래)'으로 승격하는 것이 중요하며 이를 위해 정진을 거듭하였다.

이러한 통과의례는 다수 사람들의 관여가 특징이다. 다양한 의식은 많은 사람들의 참여로 성립하는 것이다. 이때 술과 음식이 제공되는데, 이는 "음식이 구체적으로 각각 나뉘어져 각자의 몸속에 들어가 연쇄적인 역할을 한다고 믿었다. 그래서 음식물의 공동(共同)이라는 것이 의식의 중심을 이루고 있었"(『소아생존권의 역사』)기 때문이다.

통과의례 때마다 많은 사람들이 모인다는 것은 그만큼 아이의 성장에 많은 사람들의 힘을 빌리고 싶다는 것에 대한 표현인데, 이같은 이유로 친부모 이외의 사람과 부모—아이관계를 맺는 **오야코나리**(親子成)라는 습관도 존재하였다. 지연·혈연과 관련된 수많은 시선 속에서 성장하는 아이이지만, 그래도 여러 가지 어려움이 예상되는 유소년기를 극복하기 위해서는 특별히 힘이 되어줄 사람이 필요했다. 또 무사히 유소년기를 극복한 후에도 인생의 여러 고비 때마다 후원(後援)을 바라며, '부모—아이' 관계를 맺는 경우도

5) 남자아이가 성인이 된 것을 축하하는 의식. 대강 11~17세 무렵에 하며, 복장과 머리모양을 새롭게 함.

있었다.

예를 들면, **도리아게오야**(取り上げ親)는 문자 그대로 '(태아를)들어 올린(取り上げ)' 산파 또는 그 역할을 맡은 사람으로, 탄생 때의 은인(恩人)이다. 도리아게오야와 아이의 관계는 출생 때 뿐만 아니라 5세·7세의 축하의식 때까지 또는 혼례 때까지 초청하는 경우도 있었다. '나오야(名親, 名付け親)'는 인생에서 중요한 단계이자 고비인 이름짓기 명명(命名)을 존경하는 사람이나 지위가 있는 사람에게 부탁한 것에서 유래한다. 이와 같이 아이의 성장을 기원하며 맺는 부모—아이 관계 이외에, 도제(徒弟)제도에서 '오야카타(親方)'가 부모 대신으로 제자를 키우거나, 마을의 촌장(村長)인 쇼야(庄屋)와 나누시(名主) 등을 '오야자마(親樣)'라고 부르는 등 지도적인 입장에 있는 사람을 '오야(부모)'라는 말로 부른 경우도 많았다.

아이가 제 구실을 하는 성년이 되기 위해서는 많은 어른들의 관여와 함께 또래 집단의 역할도 컸다. 근세에는 연령별로 아이집단 **고도모구미**(子供組), 젊은이집단 **와카모노구미**(若者組), 미혼여성집단 **무스메구미**(娘組) 등이 구성되었다. 특히 와카모노구미는 15세 성인의식을 거친 청년이 가입하는 지역조직으로, 와카모노야도(若者宿)에 머무르면서 선배들로부터 지역에서 살아가기 위한 여러 지혜와 습관을 배웠다. 하카타기온야마가사와 마찬가지로 처음에는 심부름꾼에서 시작하여 점차 중요한 역할을 맡는 과정에서 '제 구실을 하는 성년으로서' 공동체의 일원이 되어 갔다.

이러한 아이들의 성장에 대해 야나기다 구니오는 **고야라이**(児やらひ)라는 단어를 사용하였다. "야라이(やらひ)는 적어도 뒤에서 내밀어내는 것을 가리키는 것으로, 주로 앞에서 끌어 당기는 오늘날의 교육과는 정반대의 방법으로 생각된다"고 언급하였고 또 "인간을 성인으로 키우는 중요한 지식 중에 집에서 줄 수 없는 것이 실은 몇 가지 있다. 그런 것은 세상이 가르치며, 또 본인이 자신의 책임으로 수양하는 것"(『児やらひ』서문)이라고 하였다.

즉 아이는 각 가정에 둘러 쌓이는 것이 아니라 거꾸로 부모에 의해 세상에 던져지고 그 결과 공동체의 어른이나 또래 집단에 의해 배워가며 성장해 갔다.

2) 아이에 대한 주목과 아이죽이기

앞서 소개한 바와 같이 무가 집안에서는 가마쿠라시대 때부터 가훈(家訓)과 교훈(教訓)이라는 형태로 아이 교육에 대한 관심이 존재했는데, 정리된 형태로 아이키우기를 논한 것은 없었다. 그에 비해 근세는 아이에 대한 관심이 급속도로 높아진 시기라고 할 수 있다. 그 이유로는 가족 단위가 복합대가족(複合大家族)에서 단혼소가족(單婚小家族)으로 전환한 것, 사회 전체의 농업 생산력이 향상되어 생활에 일정 여유가 생긴 것을 들 수 있다. 아이에 대한 관심이 높아짐에 따라 아이 키우는 방법을 논한 책이 나왔으며 사회에도 전파되었다.

야마즈미 마사미(山住正己)[6]는 급속하게 증가한 아이 키우기 책을 세 가지 유형으로 분류하였다(「아이키우기와 아이키우기책(子育てと子育ての書)」, 『아이키우기책(子育ての書) 1』).

첫 번째는 유교의 세속화로 인한 일상도덕의 추구에 따른 것이다. 무가 중심이었던 유교도덕이 17세기말 겐로쿠(元禄) 무렵 서민계급과 접촉함으로 상세한 내용의 아이키우기책이 출현하였다.

두 번째는 근세 중기에 민중교화를 목적으로 아이키우기론(論)이 전개되었다. 대표적인 것으로 도쿠가와 요시무네(德川吉宗)[7]가 **『육론연의대의(六論衍義大意)』**(1722)를 에도(江戸) 내의 데라코야(寺子屋)[8] 스승들에게 배포

---

6) 교육학자(1931~2003).

7) 에도막부 제8대 장군(1684~1751). 1716~1745년 기간 중 재직함.

8) 에도시대 서민 자녀들을 위한 초등교육기관. 데라코야에서는 읽기·쓰기·주판 중심의 세속적 교육이 실시되었으며, 서민·무사·승려·의사 등이 이를 경영하였다. 가마쿠라·무로마치시대의 교육은 오로지 사원에서 이루어졌기 때문에 데라코(寺子)라는 명칭이 붙음.

한 것을 들 수 있다. 또는 **세키몬신가쿠**(石門心學)[9]에 의한 교육활동이다. 전자는 사회정책의 일환으로서, 후자는 생활유지와 향상을 위해 이루어진 민중교화였다.

세 번째는 막번체제(幕藩體制)[10]의 붕괴 위기가 눈앞으로 다가 왔다는 자각 아래 납세자인 농민이 인구확보에 대한 위기를 배경으로 한 아이버리기 고스테(子捨て)·자기아이죽이기 고고로시(子殺し)를 엄계(嚴戒)하는 아이키우기책·교훈서의 등장이다.

도쿠가와 이에야스(德川家康)에 의한 것으로 전승(傳乘)되고 있는 『도쇼구어소식(東照宮御消息)』(17세기초)에 보면 "어릴 때는 뭐든 순박·정직한 법이다"라고 나온다. 또 세키몬신가쿠의 **데지마 도안**(手島堵庵, 1718~86)은 『조닌신다이하시라다테(町人身體柱立)』(1802)에서 "성인(聖人)도 사람의 삶은 바로 잡아야 하며, 원래 정직한 것"이라고 하였는데 여기서 어린 아이들은 선(善)한 존재라는 성선설(性善說)을 엿볼 수 있다. 『조닌신다이하시라다테』에는 계속하여 "모든 사람의 아이는 맑고 깨끗한데, 점차 지혜가 생기고 부처에게서 멀어지는 일이 슬프다. 어느새 제멋대로 행동하게 되고 불성실이 나타나기 시작하였다"고 하며, 어릴 때는 선한 존재인 아이가 성장해감에 따라 세상사를 알게 되고 '불성실(不實)'하게 되어 가는 것을 한탄하였다. 아이에게서 '부처(佛)'나 '신(神)'을 찾는 일본인의 아이관은 막부 말기에 일본에 온 외국인들에게도 인상적이었다. 미국인 **모스**(Morse)[11]는 자신의 저서 『일본에서의 매일(日本その日その日)』(1917)에서 "나는 이 세상에서 일본만큼 아이

---

9) 에도 중기 이시다 바이간(石田梅岩)에 의해 만들어진 실천 철학. 조닌(町人)의 일상 생활체험을 기초로 하고 신토·유교·불교의 삼교(三教)와 노장(老莊) 사상을 도입하여 인간 본성을 탐구하려 한 인생철학.

10) 근세 일본사회의 체제로서, 에도막부(幕府)와 번(藩)이라는 봉건영주제의 존재에서 나온 역사학적 개념.

11) 미국의 동물학자(Edward Sylvester Morse, 1838~1925). 1877년 일본에 건너와 오모리(大森)패총을 발견, 발굴·조사하고 도쿄대학에서 동물학을 강의, 진화론(進化論)을 처음 일본에 소개하는 등 일본의 고고학과 인류학 발달에 기여를 함.

에게 힘을 쏟는 나라는 없으며 또 일본의 아이만큼 좋은 아이도 세상에 없다고 확신한다. … 여러 사항 중에서 외국인 저자들이 한 사람도 빠짐없이 일치하는 것이 있는데, 그것은 일본은 아이들의 천국이라는 것이다"와 같이 자신이 느낀 인상을 기록하였다. 모스의 이같은 높은 평가는 서양에서는 역사적으로 채찍을 사용한 아이키우기가 있었던 것을 고려한 것으로 그대로 받아들일 필요는 없다. 그러나 어쨌든 아이들의 선함을 반복해서 예찬한 아이관은 **동심신화**(童心神話)라고 부를 수 있을 것이다.

아이들을 예찬하는 한편으로 다음의 두 가지를 빼놓을 수 없다. 그 중 하나가 아이를 버리거나 아이를 죽이는 것(**고스테 · 고고로시**)이며, 다른 또 하나는 고모리호코(子守奉公)[12]로 대표되는 아동노동이다.

앞서 미야마이리 부분에서 '키우지 않는 아이'의 존재를 지적했는데, 전근대사회에서는 탄생 후 바로 죽임을 당하는 아이가 많았다. 16세기에 일본을 견문(見聞)한 **루이스 프로이스**(Luís Fróis)[13]는 "어떤 사람은 태어난 후 아이 목에 발을 올려 질식시켜 아이를 죽이고, 또 어떤 사람은 타태(墮胎)가 되게 하는 약초를 먹이기도 했다. 사카이(境) 마을은 넓고 인구가 많은데, 아침에 강가나 도랑 옆을 걷다보면 그곳에 버려진 아이들을 자주 볼 수 있다"(『일본사(日本史)』 1567년 기술)고 보고하였다.

3) 아이 죽이기를 훈계하는 교훈과 대책

이러한 아이죽이기 고고로시에 대해서는 외국인의 지적뿐 아니라 국내

---

12) 10세 전후부터 14, 5세까지의 여자아이가 다른 집 아이(주로 유아)를 돌보기 위해 고용되는 것.

13) 포르투갈 예수교의 선교사(1532~1597). 1563년 일본에 건너와 오다 노부나가(織田信長)의 신임을 얻어 교토 주변 지역과 규슈에서 포교활동을 하는 한편 『일본사』를 기술함.

에서도 문제시 되었다. 미마사카국(美作國)[14] 구세(久世)의 대관(代官)[15]

이었던 **하야카와 마사토시**(早川政紀, 1739~1808)는 영민(領民)들 중에서

고고로시가 빈번하게 나타나는 현상을 우려하여 『구세조교(久世條敎)』

(1799)를 만들었는데, 그 내용 안에서 "미마사카에는 오래전부터의 관습으

로 마비키(間引)라 부르는 아이죽이기가 있는데 이게 무슨 일인가. 천지의

도를 거스리는 일"이라고 언급하며 아이를 죽이는 것에 대해 비판·훈계하

였다.

이와 같이 아이죽이는 것을 훈계한 훈계서가 많이 나왔는데, 그중 막부

말기에 나온 『**자손번창입문서**(子孫繁昌手引草)』(작자 불명)에 다음과 같은

표현이 나온다.

> 시골에서는 지역에 따라 가난한 사람에게 아이가 많은 것은 재산에 방해가 된다
> 하여 아이를 낳을 때 입을 막고 엉덩이를 누르고 무릎을 눌러 죽이거나 또는 태
> 어나기 전에 약을 먹어 아이를 유산시키는 것을 아이돌려보내기(子返し) 또는
> 아이죽이기(子間引)라고 한다. 참으로 가슴아픈 일이다. … 대부분의 아이들은
> 축복스럽게도 가족 번창의 근원이다. 많은 아이들 중 총명한 아이는 입신(立身)
> 하여 부모님을 풍족하게 공양한다. 세상에 편안히 은거생활(樂隱居)하는 사람
> 이 많이 존재한다.

여기서는 아이를 죽이는 것을 아이돌려보내기 **고가에시**(子返し)라고 부

르고 있다. 이는 '7세 전까지는 신(神)의 소관'이라는 생각으로 설명되는 경

우가 있다. 즉 당시는 7세까지의 아이는 조상계(祖靈界)와 인간계 어느쪽으

로도 그 소속이 정해져 있지 않아 가령 7살 이전의 아이를 죽였다 하더라도

이는 조상의 혼령 쪽으로 돌려보낸 것에 지나지 않는다고 생각하였다. 야나

---

14) 지금의 오카야마(岡山)현 동북부.

15) 에도시대 막부 직할의 토지를 관할하고 그곳의 민정(民政)을 맡은 지방관.

기다 구니오는 '신의 세계로 돌려 보낸 것'에 지나지 않으며, "아이를 죽인 것은 아니다. 단지 키우지 않는 것으로, 키우는 아이로서 보지 않는 것뿐이다"(「소아생존권의 역사(小兒生存權の歷史)」)고 하였다.

막부와 각 번에서도 아이를 죽이는 것을 묵인하지는 않았다. 연공수납(年功收納)의 기본인 농촌 인구의 유지를 위해서라도 매우 중요한 정책과제였다. 이를 위해서 앞에서 언급한 하야카와 마사노리 대관처럼 민중교화에 개입한다거나 또는 구체적으로 아이죽이기 금지정책과 버려진아이 양육정책을 내기도 하였다. 예를 들면, 지쿠고(筑後)·구루메(久留米)번[16]에서는 여성이 임신을 하면 마을 촌장(庄屋)에게 신고서를 제출하고, 만약 양육이 어려울 경우 출생 후 5세까지 매년 쌀 한 섬(俵)을 수당으로 지급하였다. 마찬가지로 가라쓰(唐津)번[17]에서도 임신한 경우 마을 촌장에게 신고하는 것을 의무화시키고, 출산시 쌀 한 섬, 100일 후에 금 한 푼(分)을 지급하였다. 반대로 아이 죽인 것이 의심되는 경우에는 엄격한 조사를 받았다. 이처럼 임신

〈그림 3-1〉 아이돌려보내기(子返し) 그림
우타가와 구니아키(歌川国明) 작품(1862). 문장 첫머리에 '子かへし'(子返し)라는 표현이 나온다. 아이를 죽인 여성은 내세(來世)에서 엄한 심판을 받는다는 것을 나타냄. (제공: 家鴨文庫)

16) 지금의 후쿠오카(福岡)현 남서부 지방.
17) 지금의 사가(佐賀)현 북서부 지방.

때부터 바로 관리되는 체제가 만들어지고, 각종 수당 등 아이키우기 정책이 추진되었다.

일본이 '아이들의 천국'(모스)으로까지 불릴 만큼 아이를 소중하게 여긴 한편으로 아이를 비교적 간단하게 죽였다는 사실은 키우기로 결정한 아이는 가족과 지역 공동체 안에서 많은 사람들의 협조 하에 소중하게 성장하고, 키우지 않기로 결정한 아이는 아무도 모르게 살해당했다는 것이다. 이러한 배경에는 『자손번창입문서』에도 적절히 기술되어 있듯이, 아이를 부모의 보호자(介護者), 가산(家産)과 가업의 계승자, 또는 단순히 노동력으로서 경제적·실용적 가치에서 보는 아이관이 존재했다고 볼 수 있다. 고다카라(子宝) 즉 소중한 아이란 문자 그대로 경제적 가치를 낳는다는 것에서 나온 생각이다.

또 동심신화의 한편에서 기억해야 할 것이 아동노동이다. 고모리보코(子守奉公)와 뎃치보코(丁稚奉公)로 인한 가혹한 노동과 힘든 생활은 각지의 자장가와 기록을 통해 추측할 수 있다. 메이지 시대에 일본을 탐험한 영국인 이자벨라 버드(Isabella Bird, 1831~1904)는 "6, 7세의 작은 아이가 연약한 갓난아기를 등에 질질 끌고 있는 모습을 보는 것은 항상 고통스러운 일"(『일본 오지기행(日本奧地紀行)』, 1885)이라고 기록하였는데, 이런 광경은 일본 곳곳에서 찾아볼 수 있었다. '아이들의 천국'은 선한 것으로 여겨진 '동심'을 가진 유아(乳幼兒)의 것이었으며, 노동에 종사할 수 있는 나이에 이른 아이에게는 남의 일이 되고 말았다.

4) 아이들과 놀이

프랑스의 사상가 루소(Rousseau)는 "놀이는 아이들의 일"이라 말하고, 아이들의 성장·발달에 놀이가 무엇보다 중요하다고 주장하였다. 중세의 가

요집(歌謠集)『**양진비초(梁塵秘抄)**』(1180년 무렵)를 보면 "놀이를 하기 위해 태어났다. 장난을 하기 위해 태어났다. 놀이를 하고 있는 아이들의 소리를 들으면 나조차도 몸이 들썩거린다"라고 나온다. 아이들에게 있어 놀이가 얼마나 밀접한 것인지를 말하고 있는 내용이다. 아이들 놀이에 주목하여 보면 근세는 어려운 생활 환경이었음에도 불구하고 아이들 놀이 세계에는 커다란 변혁이 온 시대이기도 했다.

막부 말기 일본에 온 영국인 **올콕**(Alcock, 1809~1897)은 자신의 저서 『**대군의 도시(大君の都)**』(1863)에서 "영국에서 근대교육을 위해 아이들로부터 빼앗고 있는 아름다운 점(美點) 하나를 일본의 아이들은 갖고 있다고 나는 말하고 싶다. 즉 일본의 아이들은 자연의 아이로, 그들 나이에 걸맞는 오락을 맘껏 즐기고 있다. 어른인 척 하는 부분이 없다"고 기술하였다. 그는 연날리기(凧あげ), 하네쓰키(羽根つき),[18] 죽마(竹馬)를 하는 모습을 이 책에 기록하였다. 그가 일본의 아이들을 '자연의 아이'라고 찬미한 근거는 아이들이 자신들 나이에 걸맞는 놀이를 즐기고 있으며 결코 어른같은 아이들이 아니었다는 점이다.

올콕의 기술의 배경에는 근세는 중세에 비해 놀이의 내용이 고도화되고 놀이 도구가 현격하게 많이 증가한 점에 있다. 대나무(竹), 나무(木), 직물(布), 종이(紙) 등으로 놀이 도구가 대량으로 생산되어 아이들에게 보급되었던 것이다. 아이들은 계절에 따라 또는 남녀성별에 따라 여러 가지 놀이를 즐겼다. 에도의 경우 1월의 남자아이 놀이라면 **연날리기**(凧あげ)와 **팽이돌리기**(独楽まわし)였다. 여자아이는 **하네쓰키**(羽根つき), **공놀이**(手鞠つき)에 열중하였다. 하늘을 나는 연에도 우키요에(浮世絵)[19]를 그렸으며, 연날

---

18) 정월에 하는 일본의 전통 놀이. 배드민턴과 비슷함.

19) 에도시대에 성행한 서민적 풍속화.

리기가 놀이로서 정착된 것은 근세 이후이다. 또 그림연(絵凧), 글씨연(字凧), 사람 모양연(奴凧) 등 형태와 도안 종류도 늘어나 서민들의 즐거움이 되었다. 아울러 아이들의 성장에 대한 기원을 담아 연을 띄우는 등 육아관행의 성격을 띤 경우도 있었다. 근세에는 고둥(巻貝)을 가공한 팽이(独楽)가 생산되어 '베이고마(貝独楽)'라고 불리웠으며, 이것이 오늘날의 베고마(ベーゴマ)로 이어지게 되었다. 처음에는 아이들이 손으로 직접 만들었는데, 이윽고 상품화되어 보급되어 갔다.

〈그림 3-2〉 아이들의 놀이
우타가와 히로시게(歌川広重)의 '풍류 아이들 놀이(風流をさなあそび)' 작품(天保期). 죽마(竹馬), 연(凧) 등의 놀이에 빠져있는 아이들의 모습이 생생히 그려져 있다.

하네쓰키와 공놀이도 종종 우키요에 그려질 정도로 여자아이들의 대표적 놀이였다. 그 배경에는 각각에 필요한 도구가 민중들 손에 닿을 때까지 생산과 판매가 된 점이 있었다. 그밖에 대표적 실내놀이로서 보급된 주사위놀이(双六遊び) 등 많은 놀이도구가 만들어졌으며, 에도 등 도시부의 소비

인구가 이에 떠받치고 있었다. 놀이도구와 완구를 사용하지 않는 놀이도 발전하였다. 흉내놀이(ごっこ遊び)가 큰 인기를 끌었는데 특히 연극흉내내기 놀이(芝居ごっこ)의 인기가 높았다. 또 오늘날까지도 이어지고 있는 '술래잡기(鬼ごっこ)', '가고메가고메(かごめかごめ)', '덴진사마노호소미치(天神様細道)', '즈이즈이즛코로바시(ずいずいずっころばし)'[20] 등도 모두 근세에 성립되었다.

그밖에 중요한 것으로 그림책(絵本)의 대량 유통이 있다. 지금도 이어지고 있는 옛날 이야기인 '오토기바나시(お伽噺)'의 대부분은 고대와 중세를 기원으로 하는 것이 많은데, 대중화된 것은 근세 이후이다. 18세기 초 오사카(大阪)의 시부카와 기요에몬(渋川清右衛門)이라는 서점에서 23편의 오토기바나시(お伽噺)를 선택하여 **오토기조시(お伽草子)**[21]라는 시리즈로 팔기 시작하였다. 그 중에는 사발메기(鉢かづき), 잇슨보시(一寸法師), 우라시마 타로(浦島太郎) 등도 포함되어 있었다. '오토기조시(お伽草子)'의 뒤를 이어 표지를 빨간 색으로 통일한 **아카혼**(赤本)이 아이들 대상의 그림책으로 판매되었다. 이때 모모타로(桃太郎), 원숭이와 게싸움(猿蟹合戦) 등이 유포되어 아이들 세계를 풍요롭게 하였다. 이러한 그림책 유통의 배경에 종이 등의 생산이 급증한 물질적인 측면과 식자능력의 대중화라는 측면이 있었음을 엿볼 수 있다.

---

20) 이들은 모두 에도시대에 성립된 아이들 놀이 이름. 또는 그 놀이를 하면서 불렀던 노래(わらべ歌).

21) 무로마치시대에서 에도시대에 걸쳐 만들어진 단편 모노가타리(物語)의 총칭. 공상적·교훈적인 동화풍의 작품이 많았다. 특히 에도 중기(1716~1736) 오사카의 시부카와 기요에몬이 그중 23편을 '御伽文庫'라고 이름짓고 간행한 것을 가리키기도 함.

2. 문자문화의 대중화

1) 읽기·쓰기를 하는 민중

19세기 초 일본을 방문한 러시아인 **골로브닌**(Golovnin, 1776~1831)은 일본인의 식자(識字)능력이 높은 것에 대해 감탄하며 "일본의 국민교육에 대해서는 전체로서 다른 나라 국민과 비교하면 일본인은 세계에서 가장 교육수준이 앞선 국민이다. 일본에는 읽기와 쓰기를 모르는 자와 나라의 법률을 모르는 자가 한 사람도 없다"(『日本幽囚記』[1816])고 기록하였다. 마찬가지로 일본의 개국을 강요한 미국의 페리도 일본 거리의 책방에 다양한 책이 놓여 있고 많은 사람들이 책을 구하는 것에 대한 놀라움을 숨기지 않았다. 특히 여성의 식자능력이 보급된 것을 지적하고, 여성들의 독특한 예능(藝事)에 숙달되어 있는 것에 대해서도 아울러 기록하고 있다(『日本遠征記』[1856]). 식자능력은 중세에 어느 정도 보급되었지만 아직 일반 민중에게까지 보급되지는 못했다. 그런 의미에서 근세는 식자의 대중화 시대였다고 할 수 있다.

식자율(識字率)의 추정에 대해서는 몇 가지 연구가 있는데, 비교적 정확도가 높은 연구로 **호적대장**(人別帳, 宗門改帳)을 사용한 것이 있다. 17세기 나가사키(長崎)에서 제작된 초기의 호적대장을 보면 주민 전원이 확인 표시를 각자 이름 아래에 표시했다. 이에 따르면 1634년 나가사키·히라도의 호적대장에 기재된 주민 중, 집이 있는 계층의 경우 26명의 가장(當主) 중 21명(91%)이 가오(花押)를 썼다. 셋집살이를 하는 계층은 그 비율이 38%로 낮았다. 마찬가지로 1635년 교토 롯카쿠(六角)의 호적대장을 보면 집을 가진 계층의 남자 가장 24명 중 19명(79%)이 가오를 썼다. 롯카쿠마을의 경우 가오가 아닌 인감(印鑑)을 찍은 경우도 있었기 때문에 실제로는 그 비율이 조금 더 높을 가능성이 있다. 가오를 쓴 것이 그대로 식자능력이 있다는 것으로 단정할 수는 없지만, 어느 정도 붓글씨 능력이 숙달되지 않으면 가오를 쓸

수 없기 때문에, 비교적 높은 정확도를 가진 식자능력 획득의 증거로 볼 수 있다. 나가사키와 교토의 사례에서 보면 집을 가진 계층의 80~90%는 식자능력이 있었다고 볼 수 있다.

　나가사키와 교토의 조닌에게 있어 문자의 읽기·쓰기와 숫자의 계산은 말하자면 생활의 필수적 요소이기 때문에 식자율이 높게 나타난 것은 당연히 예상할 수 있다. 한편 농촌에서도 시간적으로 늦기는 했지만 식자의 보급이 나타났다. 근세에는 무사의 성하집주(城下集住) 정책에 따라 농촌은 기본적으로 농민들만으로 구성된 사회였다. 연공(貢租), 고시(布達) 또는 소송(訴訟)에 이르기까지 제반 행정사무를 담당한 쇼야(庄屋)와 나누시(名主)층의 경우 업무를 위해 식자능력이 필요했다. 농촌 행정의 안내서로 만들어진 『지방범례록(地方凡例錄)』(大石久敬, 1790년 무렵)에는 쇼야, 나누시 선임의 조건으로 "높은 신분에 걸맞게 산필(算筆)도 갖추어야 한다"고 하였다. 일반 농민의 경우 많은 농서(農書)가 식자 능력과 계산 능력의 습득을 추진한 요인이 되었다. 예를 들면, 초기 농서에 속하는 『백성전기(百姓傳記)』(17세기 후반)에는 "신분·분수(分限)에 걸맞는 습자를 시키고 주판(셈)을 읽히도록" 요구하고 있으며, 『햐쿠쇼부쿠로(百姓囊)』(西川如見, 1721년 무렵)에서도 "농민이라 하더라도 현재의 시세에 따라 각자의 신분에 따라 습자(手習)를 사람에게 신문(尋聞)하고 마음가짐을 올바르게 하여 충효의 뜻을 일으켜 세워야 한다"고 언급하였다.

　농촌의 식자율을 정확한 수치로 나타내는 것은 쉽지 않지만, 남겨진 문서자료를 통해 추측할 수는 있다. 예를 들면, 예수회 선교사 코로스(Couros, 1569~1632)의 징수문서 중 1617년 구마모토(熊本) 아마쿠사(天草)의 고쓰우라(上津浦) 마을과 오야노(大矢野) 마을의 신자에 의한 증언서(證言書)를 보면 문말에 게재된 25명 전원이 쓴 가오를 볼 수 있다. 고쓰우라 마을에서 직무가 명확한 사람만으로 한정하면 쇼야 우메오 시치베(梅尾七兵衛) 이하

기모이리(肝煎) 2명, 소다이(惣代そうだい) 1명, 구미오야[22] 5명 등 전원이 가오를 쓴 것을 알 수 있다. 즉 마을의 최고책임자인 쇼야를 비롯하여 그 보좌직인 구미오야까지 문자 읽기·쓰기 능력을 갖추고 있었다고 볼 수 있다 (松田, 1967)

2) 습자를 권유하는 교훈서

근세 중기에 널리 유포된 교훈서『데라코교훈서(寺子敎訓書)』(1714)를 보면 습자의 의의를 "서필(書筆)의 길(道)은 인간사의 모든 것에 이르는 근원이다. 글을 모르는 자는 맹자(盲者)의 이름을 얻게 되고, 나무·돌·짐승류와 다를 바 없다"고 강조하였다. 이어서 "우리나라(本朝)는 거의 9세·11세부터 수적입학(手跡入學)을 하는 풍속이 있다"와 같이 9세부터 11세 사이에 쓰기와 읽기를 배우는 풍습이 있다고 기록하고 있다. 습자를 권유하는 교훈서가 많았는데, 공통되는 점은 단순히 문자의 읽기·쓰기 능력의 획득에 머무르지 않고 도덕적 측면이 강조되었다는 것이다. 우선 영주에 대한 은혜, 부모에 대한 은혜 그리고 스승에 대한 은혜 등이 열거되어 있으며, 그들의 은혜로 아이들이 존재함을 가르쳤다. 반대로『데라코교훈서』에서 글을 모르는 것을 '나무·돌·짐승류'와 같이 부른 것처럼 식자능력의 획득이 인간인 것의 존재 증명처럼 표현하고 있다.

이처럼 많은 교훈서와 가훈에서 식자·계산능력의 획득을 권장하고 있는데, 그 전제로 '신분·분수에 따라'라는 조건이 있는 점에도 유의해야 할 것이다. '신분에 따라'라는 것은 신분에 걸맞는 능력을 몸에 갖출 필요가 있으며 동시에 신분에 걸맞지 않는 능력을 갖춰서는 안된다는 의미이다. 농촌사회는 의복과 집의 구조·형태 등 여러 생활 장면에서 신분의 차이와 가문

---

22) 일정 사람수에 의해 조직된 모임의 우두머리. 특히 에도시대 고닌구미(五人組: 오호(五戶) 단위로 된 연대 책임을 지게한 자치 조직)의 우두머리.

의 차이를 전제로 하여 성립된 사회이다. 이것은 문화적 능력에 있어서도 마찬가지다. **데나라이주쿠**(手習塾, 寺子屋)에서 배우는 내용도 쇼야·나누시 층의 자제와 일반농민과는 서로 다르며, 그런 차이를 고정화 하려는 사회적 체제도 찾아볼 수 있다. 기초적인 한학을 배운 일반 농민의 자제들에 대해 쇼야·나누시들이 간섭한 에도 찾아볼 수 있다.

이러한 사회적 규제는 남녀의 성차(性差)에도 영향을 주었다. 이케다 에이센(池田英泉, 1790~1848)의 『주종일용조목(主從日用条目)』(1845)을 보면 다음과 같은 내용이 나온다.

- 남자아이의 식목(式目)
- 유년시기부터 습자와 읽기 연습을 하고, 12·13세부터 주산에 힘쓰며 배워야 한다.
- 유예(遊藝)는 신분에 걸맞게 우타이(謡)·이케바나(生花)[23]·다도예법(薄茶点手前) 등은 항상 명심해야 하며, 산겐조루리(三絃浄瑠璃) 기타 예능은 쓸데없다.
- 여자아이의 식목(式目)
- 여자아이는 유년시기부터 습자를 하고, 12·13세부터 바느질을 힘써 배워야 한다.
- 신분에 따라 거문고(琴)·샤미센(三味線)[24]도 명심하면 좋다. 중간 이하의 신분이라면 배우지 않아도 상관 없다. 여유가 있을 경우, 여대학(女大學)[25]등 예의범절에 도움이 되는 책을 읽어야 한다.

이상에서 알 수 있듯이 남녀에 따라 배우는 내용이 서로 다르며, 또 '분수에 걸맞게', '신분에 따라'도 내용에 차이가 있었다. 아울러 학습 내용도 읽기·쓰기와 산술에 머무르지 않고 다양함을 알 수 있다. 그중 하나가 우타이

---

23) 꽃꽂이.
24) 3개의 줄(三弦)이 있는 일본 관악기.
25) 에도시대 중기 이후 여성 교육에 사용된 교훈서. 여기서 대학(大學)은 교육기관인 대학이 아니라 사서오경(四書五經) 중 하나인 대학(大學)을 가리킴.

²⁶⁾다. 우타이는 근세 중기 이후 조닌문화 뿐만 아니라 농촌사회의 사회 기능으로서 지도적 입장에 있는 사람에게는 불가결한 것이었다. 본래 무가문화였던 노(能)와 우타이가 데나라이주쿠를 통해 대중화된 배경에는 ―문자문화가 사회 신분계층의 질서와 밀접하게 관련된 시대에 있어― 대중의 신분에 대한 희망을 신분계층의 상징적 존재가 된 문자문화의 획득으로 스스로를 향하게 한 것이 있다. '분수'와 '신분'에 따라 남자라면 우타이, 이케바나, 다도를 배우고, 여자라면 거문고, 샤미센을 배워야 한다는 의식은 이들 예능이 사교기능으로서 불가결하다는 것을 나타냄과 동시에 '분수'에 걸맞지 않다고 여긴 계층에게는 규제와 부정적 압력이 있었음을 말해주는 것이기도 하다.

그러한 사회적 규제에도 불구하고 문자 학습에 대한 요구는 높아져 갔다. 그 배경에는 **상품경제의 침투**로 인해 일반 농민들도 식자 · 계산능력이 필요하게 된 것을 생각할 수 있다. 또 **농민봉기**(百姓一揆)와 **무라가타소동**(村方騷動)²⁷⁾에서 볼 수 있듯이 일반 농민의 정치적 역량이 향상된 것도 있다. 도호쿠(東北) 각지에서 '시라이와메야스(白岩目安)', '마쓰카와메야스(松川目安)', '하구라메야스(羽倉目安)' 등 봉기 메야스(目安), 즉 소장(訴狀)을 기초로 한 메야스오라이(目安往來)가 교재로 사용되었는데, 이 사실은 민중의 읽기 · 쓰기 학습이 그대로 그들의 정치적 역량형성에 관련되어 있음을 말해준다.

그밖에 근세 후기부터 막부말기에 걸쳐 농촌의 황폐를 직면한 농촌지도층이 데나라이주쿠의 아이들 교육을 통해 농촌재건과 질서유지의 기능을 기대한 적도 있었다. 마을에 스승(師匠)이 될만한 인재가 부족한 경우에는 마을의 지도층이 연명(連名)으로 다른 지역에서 스승을 데려와 고용하기도

---

26) 노가쿠(能樂)에 맞추어 부르는 가사. 요쿄쿠(謠曲).
27) 에도 중기에서 후기에 걸쳐 각지에서 빈번하게 일어난 농민들의 촌정(村政) 개혁운동.

하였다. 신슈(信州) 스와(諏訪)의 세자와(瀬沢) 마을은 1847년 이웃 지역인 고슈(甲州) 고마(巨摩)군 오오무카와(大武川) 마을의 슌스케(俊助)라는 남자를 데나라이주쿠 스승으로 5년간 계약·고용하고 '아이들을 지도(指南)'하기로 하는 약속을 쌍방의 마을사무관끼리 확인하였다. 이 사실을 통해 막부말기 농촌에서 식자능력 획득에 대한 요구가 상당히 높았음을 알 수 있다.

3) 데나라이주쿠의 교육

데나라이주쿠 학습의 기본은 개별학습과 반복학습(드릴학습)이었다. 이를 뒷받침하기 위해 관련된 많은 교재가 만들어졌다. 종류가 많은 것은 교과서인 **오라이모노**(往来物)다. **데이킨오라이**(庭訓往来)와 같이 그 기원이 중세로 거슬러 올라가는 것은 '고오라이(古往来)'라고도 부르는데, 이들은 왕복(往復) 서간체를 취했기 때문에 습자 교재는 일반적으로 '오라이모노'라 불리운다. 근세에 들어 그 종류는 폭발적으로 증가하였다. '이로하', '천자문(千字文)'과 같이 문자를 나열한 것으로부터 '나가시라(名頭)'와 같이 단어를 나열한 것, 또는 **상업왕래**(商賣往來), **농민왕래**(百姓往來), 목수왕래(番匠往來)와 같이 특정 직업에 사용되는 어휘만을 모은 것, 그밖에 '지쓰고쿄(實語敎)', '도지쿄(童子敎)' 등 교훈적 내용으로 구성된 것, **여대학**(女大學)을 제목으로 한 일련의 여성용 교훈서 등 그 종류는 수천 여 종에 이르렀다.

이들 다종다양한 교과서는 지역 상황에 따라 분류되어 사용되었다. 예를 들면, 에도 야마테(山手)의 무가(武家)지역에서는 '상업왕래(商賣往來)'와 산술(算術) 등을 기피하고 '천자문(千字文)'과 '당시선(唐詩選)'을 선호하였다. 반대로 조닌지역에서는 '상업왕래(商賣往來)'가 필수였으며 '목수왕래(番匠往來)' 등 상공업자(職人) 대상의 오라이모노도 사용되었다. 산술을 배우고자 하는 자가 많았던 것은 말할 나위도 없다. 에도 주변의 농촌에서는 '농민왕래' 등이 많이 사용되는 등 각 지역의 취업구조에 맞는 교육내용이 준비되었다.

오라이모노 중에는 에도와 교토의 출판업자에 의해 인쇄되어 전국적으로 유통된 것이 있었던 한편 지방에서 독자적으로 교재를 작성한 것도 많았다. 특히 지리형(地理型) 오라이처럼 각 지역 생활권의 지명을 모은 것도 제작되었는데, 그 대부분은 간본(刊本)이 아닌 직접 손으로 쓴 것(手書) 또는 필사본이었다. 그밖에 지쿠고(筑後)·다누시마루(田主丸, 지금의 久留米市)의 데라코야 스승인 야마다 시게토(山田重遠)의『데나라이칸요키(手習肝要記)』(1848)는 제자들이 자금을 모아 간행한 오라이모노인데, 이러한 기념 출판과 같은 오라이모노와 각 지역의 소재를 교재화한 오라이모노가 각지에서 제작되었다.

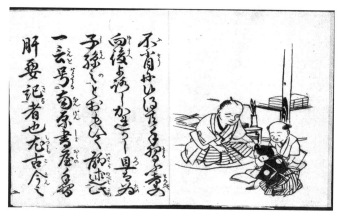

〈그림 3-3〉 데나라이칸요키(手習肝要記)
야마다 시게토(山田重遠) 저(1848). 제자들이 데라코야 스승의 저술을 간행한 것. 학습하는 모습을 그림과 동시에 습자의 중요성을 호소하고 있다.

교수 방법은 기본적으로 개별교수(個別敎授)였다. 많은 생도들을 한 번에 모은 데나라이주쿠라 하더라도 실제로는 **스승**(師匠)이 아이를 한명씩 자신의 자리로 오게 하여 읽기와 쓰기를 가르쳤고, 그후 아이는 자신의 자리에 돌아가 자습을 하든지 또는 스승이 아이가 앉아 있는 곳으로 가서 개인적으로 가르치는 스타일이 취해졌다. 따라서 현대의 교실처럼 책상이 한쪽 방향을 향해 있는 것이 아니라 오히려 서로 마주보며 앉는 경우가 많았다. 능숙한 스승은 아이를 바라보면서 가르치기 위해 문자를 위아래 거꾸로 쓰기('倒書'라고 함)도 가능했다고 한다.

아이들의 학습은 오로지 문자의 읽기·쓰기를 반복하는 반복학습이었다. 근세 초기의 아이 키우기책『소아필용양육초(小兒必用養育草)』(1703)를 보면 "습자 학습은 아침에 10번, 낮에 30번, 저녁에 10번 해야 한다"고 나오며 이와 같이 하루에 50번 교재 학습을 내주었다고 한다. 조금 높은 수준의 한자 학습도 마찬가지였는데, 근세 때 가장 체계적인 교과서였던 **가이바라 에키켄**(貝原益軒)[28]의 『**와조쿠도지쿤**(和俗童子訓)』(1710)을 보면 "책은 빨리 읽어서는 안된다. 매일 반복하여 읽는 것에 힘써야 한다", 구체적으로는 "사서(四書)를 매일 백 자씩 백 번 숙송(熟誦)하여 보지 않고 외우고 쓸 줄 알아야 한다"고 하며 기본적으로 교재인 한문을 통채로 암기할 것을 요구하였다.

〈그림 3-4〉 독서기록
1768년 8세가 된 미네 기쿠지(峰規矩司)의 독서기록. 한 번 읽을 때마다 동그라미를 한 개씩 그렸다.

---

28) 에도 중기의 유학자 겸 박물학자(博物学者), 서민교육가(1630~1714).

히젠(肥前)·가라쓰(唐津)의 한자숙(漢字塾) 희현당(希賢堂)에서 공부한 미네 기쿠지(峰規矩司)의 독서기록인 '독서필록(讀書筆錄)'을 보면, 6세부터 시작한 그는 7세에 대학(大學)과 소학(小學)의 절반 이상을 읽었으며, 8세가 된 1768년에는 9월 4일에서 14일까지 11일간 대학 100번 읽기를 마쳤으며, 15일부터는 논어를 읽기 시작하여 10월 2일까지 50번 읽었다고 나온다. 이처럼 근세의 학습은 철저하게 교재의 암송을 기본으로 하였으며, 이를 통해 고전 세계를 신체화(身體化)하는 것을 목적으로 하였다.

4) 데나라이주쿠의 사제 관계

데나라이주쿠의 사제 관계는 앞서 언급한 '부모-아이'의 의제(擬制)를 예로 들 정도로 중요했다. 야나기다 구니오는 그 예로 '후데-오야(筆-親)'를 들고, 그 대치어로 '후데-코(筆-子)', '후데-무스메(筆-娘)'를 소개하였다('親方子方'). '후데-오야·후데-코' 관계는 반드시 습자의 교수(敎授)관계를 기본으로 한 것만은 아니었지만 어쨌든 읽기·쓰기와 산술을 가르쳐준 스승에 대해 통상의 사회관계 이상으로 강한 연대관계를 맺은 것이었다. 그 연대의 표현이 제자들에 의한 묘비의 건립으로도 나타났다.

간토지방에는 데나라이주쿠 스승의 묘비에 '후데코중(筆子中)', '데나라이코중(手習子中)'이라고 새겨진 것이 많이 있는데, 이같은 묘를 **후데코총(筆子塚)**이라고 부르는 경우가 있다. 그러나 어휘의 용법에서 볼 때 스승이 모셔지는 것이기 때문에 **스승총(師匠塚)**이라 해야 한다는 견해도 있다. 또 북부 규슈 지역에는 '몬테이중(門弟中)'이라고 새겨져 있는 경우가 많으며, 나가노현에는 '후데즈카(筆塚)'로 새겨진 것이 있는 등 그 형태는 다양하다. 여기서는 데나라이주쿠 스승의 묘비를 '스승총(師匠塚)'이라 부르고, 붓(筆)을 공양하기 위한 무덤(塚)을 '후데즈카(筆塚)'라 하여 개념적으로 구별하도록 한다.

〈그림 3-5〉 스승총(師匠塚)

후쿠오카현 우키하시에 위치. 오른쪽의 스승총 대좌에 '門人中'이라는 문자가 보인다. 왼쪽 대좌에는 시중드는 사람들의 이름이 새겨져 있다.

스승총은 일반적으로 대좌(臺座)에 '후데코중', '몬테이중'이라고 새기고 측면에 제자의 이름을 새기는 경우가 많다. 측면과 뒷면에 스승의 사적(事跡)을 기록한 것도 있는데 이는 현재 데라코야 연구에 귀중한 사료로 활용되고 있다. 이들 사료를 통해 스승의 사망년도와 나이를 통해 데라코야 개설시의 대략적 상황을 추정할 수 있다. 또 스승총에 새겨진 제자들의 이름과 마을 이름을 통해 그 데나라이주쿠가 어느 정도 범위의 마을로부터 아이들을 모았는지를 추정할 수 있다. 지역 내에 남겨진 귀중한 사료인 스승총에 새겨진 자료를 수집함으로써 데나라이주쿠의 단독 사료만으로 해명하지 못했던 지역 전체 데나라이주쿠의 동태를 해명할 수 있게 되었다.

3. 제 구실을 하며 자립하는 것

1) 고용살이와 수업

근세 사회에서 직업 기능 향상을 위한 시스템으로 고용살이 뎃치보코 즉, 봉공(奉公)이 있었다. 고용살이에는 상가(商家)의 견습점원 뎃치보코(丁稚奉公), 농가(農家)의 고용살이, 또는 젊은 여성의 예의 습득을 위한 저택 고용살이(御殿奉公)와 무가집 고용살이(お屋敷奉公), 그밖에 어린아이돌보기 고용살이인 고모리보코(子守り奉公) 등 여러 가지가 있었다. 이 중에서 교육시스템으로서 사회에서 인지(認知)된 것이 견습점원 뎃치보코다. 뎃치보코는 상가에서 하는 고용살이기 때문에 기본적 읽기 · 쓰기와 계산능력이 필요했다. 그 때문에 일정한 학습경험이 고용살이의 전제가 되었다. 근세를 대표하는 큰 상가 에치고야(越後屋, 三井家)[29]에서는 '필적, 주판 또는 말하기 등을 시험한다(手跡算盤又は弁舌等疾と吟味可申事)'고 했는데 이와 같이 읽기 · 쓰기, 계산능력과 회화능력을 고용의 조건으로 하였다. 우메무라 가요(梅村佳代)의 연구(1991)에 의하면, 에치고야를 비롯한 이세(伊勢) 상인들의 발상지인 이세의 데리코야 주켄도(壽硯堂)에서는 입문자 642명 중 남자 140명, 여자 19명이 고용살이로 나갔다고 한다. 남자만 놓고 보면 약 30%의 아이가 고용살이로 나갔다. 쓰카모토(塚本)마을로부터의 입문자를 추적 조사해보면, 7, 8세에 입문하여 3~5년간 수학, 10~13세에 수료하여 고용살이로 나가는 경우가 많았다. 주켄도는 이세 상인들에게 고용인을 소개하는 루트로써 기능한 것을 알 수 있다.

자가(自家)를 계승하는 경우는 구체적인 일에 종사하면서 실지(實地)교육을 받는 경우가 많았다. 다음 예는 지쿠고 · 다누시마루의 재향(在鄕) 상

---

29) 미쓰이 다카토시(三井高利)가 1673년 에도 니혼바시(日本橋)에서 개점한 포목점(吳服店). 지금의 미쓰코시(三越) 백화점의 전신.

인 하야시다 쇼스케(林田正助, 1763~1823)의 수행(修行)시절 회고다.

1. 9세부터 습자를 익히고 11세에 이르기까지 아침, 저녁으로 마당 안팎을 청소하고 저녁에는 부처님에 대한 봉사에 정진하는 것을 하루도 빠짐없이 하였다….
1. 12세부터 장사를 익히기 위해 기름통을 등에 업고 마을마다 돌아다니며 기름을 팔고 비가 오는 날에는 볏짚으로 짚신을 만들고….
1. 13세에는 밤마다 주산 연습을 하여 그 해 안에 팔산(八算)을 어느 정도 이해하고….
1. 14세부터 농업을 노모(老母)로부터 잘 배워 깨우치고…, 아침 일찍 해가 뜨기 전에 풀을 베러 나가고 또 논에 나가 김을 메고, 잡초를 뽑고, 조(粟) 풀도 뽑고, 피부는 햇볕에 그을려 다이고쿠사마(大黑樣)처럼 검게 그을리는 것도 개의치 않고, 추울 때는 짚신에 고드름이 생기는 것도 고생으로 생각하지 않고 이와 같이 수업하는 것은 집안 사람 모두 잘 알고 있는 일이다.

'아이를 정직하게 키우는 주의각서(真直正直二育樣心得方覚書)'(하야시다집안(林田家) 문서, 후쿠오카현 구루메시)

하야시다 쇼스케는 9세부터 습자를 시작했고, 12세부터 장사를 익히기 위해 기름통을 메고 마을을 돌아다니며 기름을 팔았고, 비오는 날에는 짚신을 만들었다. 13세부터는 저녁에 주판 연습과 산술을 시작하였다. 14세부터는 농업 실지(實地)학습을 시작하여 새벽부터 제초 등을 위해 논에 나가 등이 햇볕에 탈 정도로 일을 하여 피부가 새까맣게 되었다는 것이다. 하야시타 쇼스케 같은 재향(在鄕) 상인은 농업과 농가경영의 지식이 필수였기 때문에 이같은 수업을 했을 것으로 볼 수 있다. 그후 나가사키의 데쓰야(鐵屋)라는 가게로 고용살이를 갔으며 훗날 분점 설립을 인정받아(暖簾を分ける) '데쓰야(手津屋)'라는 가게 이름으로 구루메번의 경제에 큰 영향을 미칠 정도로 성장하였다.

일반적으로 견습점원 뎃치보코는 어린아이 돌보기 고용살이인 고모리보

코와 더불어 힘든 일의 대명사로 불린다. 지금도 간사이 지방에서는 아이들을 꼼짝 못하게 만드는 협박문구로 '견습 보낸다(丁稚に出すぞ)'라는 말이 사용되고 있을 정도다. 가장 힘든 것은 '참고 견디는' 것이 요구되었다는 것이다. 와키사카 기도(脇坂義堂, ?~1818)의 『소다테구사(撫育草)』(1803)에 나오는 '견습교훈(丁稚教訓)'에 나오는 "참고 견디며 열심히 견습하여 전수받는다"라는 노래는 견습 생활이 힘든 것을 잘 표현하고 있다. 뎃치(丁稚)-데다이(手代い)-반토(番頭)의 순으로 이같은 힘든 수업을 끝마치면 주가(主家)로부터 분가(分家)하여 분점을 차릴 수 있다는 전망만을 바라보고 하는 고용살이라고 볼 수 있다.

2) 여성 교육

근세 사회에서 여성은 인격이 인정되지 않았다. 여성을 위한 오라이모노 『**여대학보상**(女大學寶箱)』(편자 불명, 1716)을 보면 "무릇 여자의 나쁜 병은 온순·순종하지 않는 것, 화내고 원망하는 것, 남을 비방하는 것, 시기 질투하는 것, 지식 수준이 낮은 것이다. 이 다섯 가지 나쁜 병은 10명 중 7, 8명에게 반드시 있다. 따라서 여자는 남자에 미치지 못한다. 스스로 반성하고 경계하여 고쳐야 한다. 그 중에는 지식이 얕아 다섯 가지 모두 일어나는 경우도 있다"고 언급하였다. 아이들 교육에 대해서도 "아이를 키우면서 사랑만 주면 나쁜 습관을 키우게 된다. 만사에 자신을 낮추고 겸손해야 하며 남편에게 순종해야 한다"고 언급하였다. 이러한 여성관은 교육에 있어서도 철저하였다. 가이바라 에키켄(貝原益軒)의 『와조쿠도지쿤(和俗童子訓)』의 일부 '여자를 가르치는 법(教女子法)'은 후에 여자교육의 모델로 여겨졌고, 이 안에 유명한 **삼종칠법**(三從七去)의 가르침이 나온다. 즉 "여자는 따라야 할 것이 세 가지 있는데, 집에서는 아버지의 뜻을 따르고, 시집을 가서는 남편에게 순종하며, 남편이 죽으면 아들의 뜻을 따라야 한다.…여자에게는 칠거

(七去)라 하여 나쁜 일곱 가지가 있다. 하나라도 있으면 남편이 내쫓을 수 있어 칠거(七去)라 한다. 예로부터의 법으로 여자들이 알고 있어야 한다. 첫째, 시부모에게 순종하지 않는 것, 둘째, 아이를 못 낳는 것, 세째, 음란한 것, 넷째, 시기 질투하는 것, 다섯째, 나쁜 질병이 있는 것, 여섯째, 말이 많은 것, 일곱째, 남의 물건을 훔치는 것이다."

이들 교훈서는 항상 남자에 종속되는 여성·여성관으로 일관되어 있으며, 여성의 인격은 전혀 인정하지 않았음을 알 수 있다. 아이 키우기에 있어서도 '어리석'은 어머니는 한정된 역할만 기대되었다. 하물며 '아이를 낳지 못하면 쫓겨난다'는 내용을 통해 집안 후계자를 낳는 것을 무엇보다 중시한 당시의 가족관·여성관을 엿볼 수 있다.

4. 학문의 다양화와 대중화

1) 사숙의 확대와 학문의 흥융

중세 사회에서 학문이란 무엇보다 불교와 깊은 관련이 있다. 학문의 중심은 사원이었으며, 승려는 곧 학자였다. 중세를 대표하는 '학교' 가네자와문고(金沢文庫)와 아시카가학교(足利学校)가 각각 쇼묘지(稱名寺)와 반나지(鑁阿寺)와 밀접한 관계를 갖고 있었던 것이 그 증거다. 그러나 무로마치 후기가 되자 불교사원 안에서 유학 연구가 진행되어 아시카가학교에서도 주자학을 중심으로 교육이 이루어졌다.

1615년 오사카 여름의 진(大阪夏の陣)[30]에 의해 막부의 전국 지배가 확립되고 이후 사회가 안정되자 내세지향의 불교에서 현세의 실천적 도덕을 강

---

30) 1615년 여름 도쿠가와 이에야스(德川家康)가 도요토미 히데요시(豊臣秀吉)를 멸망시킨 전쟁.

조하는 유교, 특히 주자학에 대한 관심이 높아졌다. 주자학은 가마쿠라시대 중·후기 선승(禪僧)에 의해 일본에 소개된 이래 무로마치 후기에 사쓰마 (薩摩)의 사쓰난학파(薩南学派), 도사(土佐)에 가이난학파(海南学派, 南学) 가 성립되는 등 지방으로도 확대되었다. 에도막부 성립 후에는 **후지하라 세 이카**(藤原惺窩, 1561~1619)와 그의 제자 **하야시 라잔**(林羅山, 1583~1657) 등 이 막부의 중심적 지위를 맡았으며, 후에 주자학 이외의 학문을 금하는 **간세 이 이학 금지**(寛政異学の禁)[31] 정책의 추진으로 관학(官學)으로서의 지위를 확립하였다. 근세 주자학의 특징으로는 도덕의 중시, 명분론에서 볼 수 있는 질서관 또는 **격물치지**(格物致知)[32]에 나타나는 인식론 등을 들 수 있는데, 현실사회에 대한 유용성에 있어 불교보다 뛰어난 점이 있어서 불교를 대체 하는 학문으로서 침투되어 갔다.

근세에 들어 학문은 먼저 **사숙**(私塾)을 통해 보급되었다. 사숙이란 일 정한 학식(學識)을 갖고 있으며 관직에 종사하지 않는 자가 스스로의 교육 적 사명감에서 자주적으로 학문을 가르치기 위해 개설한 학사(學舍)로, 주 로 근세에 들어 폭발적으로 개설된 것을 가리킨다. 교육내용·수준으로 인 해 읽기·쓰기·계산을 중심으로 한 데라코야(寺子屋, 手習塾)와는 구별되 며, 또 비슷한 형태를 가진 가숙(家塾)과는 교사가 관직에 있지 않다는 점에 서 구별된다. 운영자(塾主)의 개성이 그대로 교육에 반영되기 때문에 유학, 고쿠가쿠(國學), 양학(洋學), 무예 등 다양한 교육 내용이 있었으며, 교육 방 법도 엄격했고 권위적인 주입식 교육이 있었던 반면 생도(塾生)들의 개성을 중시한 곳 또한 많았다. 입문에 대한 규제 등은 일반적으로 없었으며, 저명 한 곳은 전국에서 입문자가 몰려왔다.

---

31) 1790년(寛政2) 에도막부가 쇼헤이자카학문소에서 주자학 이외의 유학을 금한 것을 가 리킴.
32) 실제 사물의 이치를 연구하여 지식을 완전하게 함. 『대학』에 나오는 말.

우미하라 도오루(海原徹)의 연구(1983)에 의하면, 1780년 무렵까지 개설된 곳은 극히 적었으며, 근세 초기에도 주로 삼도(三都: 江戸・大坂・京都) 등에 한정되어 있었다. 교토 호리카와(堀川)에 있었던 **이토 진사이**(伊藤仁斎, 1627~1705)의 사숙 등이 그 예다. 사숙 개설 경향의 전기(転機)가 된 것은 에도 유시마(湯島)의 공자(孔子) 사당 **세이도**(聖堂)와 하야시 라잔(林羅山)에 의한 **린케주쿠**(林家塾)가 **쇼헤이자카학문소**(昌平坂學問所)로 개조되고, 지방에 번교(藩校)의 개설이 현저해진 18세기말 간세이기(寛政期, 1789~1801년)였다. 이 시기에 각지에 사숙이 급속히 개설되기 시작하였다. 처음에는 번교(藩校)의 보완적 성격을 가진 사숙이 많았는데, 19세기 초중반이 되자 번교와 관계를 맺지 않고 독립한 사숙도 다수 출현하였다. 게다가 대도시와 성곽 주변 도시에서 떨어진 재향촌이나 산간부에도 나타났다. 그 중에는 분고(豊後)・히타(日田)[33]의 **간기엔**(咸宜園)처럼 1805년 개설 이래 메이지(明治) 중기까지 전국에서 약 4,600명의 입문자를 모은 곳도 있었다.

근세 후기에서 막부 말기가 되자 각지에 소규모이지만 개성적인 사숙이 늘어났다. 이들 사숙에서는 여러 가지 학습 동기를 가진 젊은이들이 공부를 하였다. 대부분은 학문을 배우기 위해 왔지만, 근세 후기 사교 기능 중 하나였던 한시와 한문의 습득을 위해 찾아온 사례도 많았다. 간기엔 역시 저명한 한시인(漢詩人) **히로세 단소**(広瀬淡窓, 1782~1856)의 흡인력에 의해 많은 문인이 모인 것으로 알려져 있다.

사숙에는 스승과 제자들 사이에 느슨한 네트워크가 형성된 경우가 있었다. 고정된 숙사(塾舎) 없이 제자들 집을 돌아다니며 지도하는 사람도 있었고 제자들 집을 학습장소로 차례대로 돌아가며 학습회를 개최한 경우도 있는 등 학교라기 보다 써클(동아리) 같은 성격의 것도 있었다. 이러한 사숙의 모습은 근세의 문예(文藝)써클과 비슷하여 학문의 장인 사숙이 근세 문예의

---

33) 지금의 규슈 오이타(大分)현.

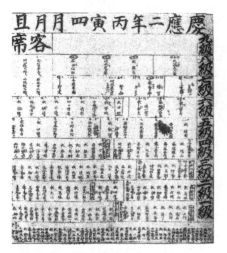

〈그림 3-6〉 간기엔(咸宜園)의 월담평(月旦評)

간기엔은 정기 시험을 거쳐 승급하는 시스템을 구축하고 있었다.

일부로서의 성격도 같이 갖고 있었다고 할 수 있다.

그리고 많은 젊은이들이 이상적인 스승을 찾아 전국을 유학(遊學)하는 경우도 종종 있었다. 무엇을 왜 배우는지를 끊임없이 고민하지 않고서야 이런 유학은 나오기 어렵다. 그런 만큼 '학문'을 배운다고 하는 것은 '배우는' 측의 주체성과 관련된 행위이기도 했다.

아울러 전국 각지로까지 서적이 유통된 것도 주목할만 하다. 근세 중기 이후 서적은 전국 방방곡곡까지 다양한 유통 경로로 침투하게 되었다. 많은 성곽 주변 도시에는 서점이 등장했고, 책을 구하려는 사람들이 몰려들었다. 서점을 접할 기회가 적었던 농촌에서는 대부분 책을 필사(筆寫)해가며 읽었는데, 서적 판매업자가 독자를 방문판매하는 경우도 생겨났다. 또는 간단한 광고(카탈로그)에 의한 주문판매도 이루어졌다. 그중에는 수많은 서적을 수집한 장서가도 있었으며, 지역 지식교류의 중심으로서 기능을 한 곳도 있었다. 이러한 서적유통의 확대를 뒷받침한 것은 민중들의 독서와 학문에 대한 열정이었다.

2) 막부와 각 번의 학교

한편 도쿠가와(德川)막부는 하야시 라잔이 1630년 우에노(上野)에 연 린케주쿠를 막부의 교육기관으로 삼았다. 막부의 이러한 후원을 얻은 린케주쿠는 주자학을 관학의 위치로까지 높이는 역할을 했다. 린케주쿠는 1691년 간다(神田) 유지마의 쇼헤이자카로 이전하고 세이도(聖堂)를 만들었다. 쇼헤이자카(昌平坂)에 있었기 때문에 후에 쇼헤이자카학문소(昌平坂學問所) 또는 **쇼헤이코**(昌平黌)라고 불렸다. 1790년 간세이 이학 금지 정책으로 주자학이 정학(正學)이 되었으며 이를 기회로 린케주쿠는 변질되어 갔다. 1792년부터는 학문 음미(吟味)가 하타모토(旗本)[34]·고게닌(御家人)[35]등 막신(幕臣)으로 15세 이상인 자를 대상으로 3년마다 실시되었다. 이듬해부터는 **소독음미**(素讀吟味)[36]도 시작되었으며, 막부에 의한 학문통제가 실행되어 갔다. 거기에 동반하여 린케주쿠의 학교화가 추진되어 유학자의 인사(人事), 교육내용, 재정 등에 관한 권한을 하야시집안으로부터 빼앗고, 1797년에는 세이도에서 학문소로 그 명칭을 바꿔, 막부의 공영학교(公營學校)가 성립되었다. 19세기 이후에는 막신뿐만 아니라 각 번의 번사(藩士)들에게까지도 문호를 개방하여 각 번교의 교원을 양성하는 역할도 하였다. 메이지유신(明治維新) 이후에는 신정부 관할하에 놓이게 되어 쇼헤이학교(昌平學校), **다이가쿠혼코**(大學本校)와 같이 명칭이 바뀌었다. 이후 1870년(明治3)에 휴교(休校)되었고, 이듬해 폐교(廢校)되었다.

한편 각 번에서는 번사의 자제들을 교육시킬 목적으로 번교를 설립하였다. 1669년 오카야마(岡山)번에 설립된 학교를 시작으로 하여, 그 후 메이지 초년에 이르기까지 전국 각지에 개설되었다. 각 번이 설립한 학교는 유학을 중심으로 교양학문을 배우는 곳, 근세 후기부터 막부말기에 설립된 **의학교**(醫學校), **양학교**(洋學校), **향학**(鄕學) 등으로 크게 나눌 수 있다. 넓은 의미로는 이들 모두가 번교에 속하는데, 좁은 의미로 볼 경우 전자만을 가리킨

---

34) 쇼군 직속 무사 중 쇼군을 만날 수 있는 자격이 있으며, 봉록이 1만석 미만인 무사.

35) 쇼군 직속 무사 중 하타모토 이하의 무사.

36) 에도막부가 직속 무사(直参)의 15세 이하 자제를 대상으로 유시마 세이도에서 치른 소독(素読) 시험. 무사들의 나약함을 막기 위해 1793년에 시작되었으며, 여기에 합격하지 못하면 제구실을 하는 무사로 인정받지 못했다.

다. 좁은 의미의 번교는 1715년까지 불과 10개교에 지나지 않았는데, 18세기 중반 이후 급속히 설립되어 최종적으로는 총 225개교가 되었다. 가장 많이 증가한 시기는 18세기말에서 19세기초까지(1789~1829년)와 1868년 메이지유신 이후 폐번치현(廃藩置県)[37]까지의 두 차례의 시기였다. 모두 번을 둘러싼 상황이 급속도로 악화 내지 변화된 시기와 중복된다.

이시카와 마쓰타로(石川松太郎)의 연구(1978)에 의하면 번교는그 설립 경위에 따라 크게 4가지로 나눌 수 있다.

첫 번째는 강당(講堂)의 공개강의에서 발전한 것으로, 이세사키(伊勢崎)번[38]의 **학습당**(学習堂)과 시바타(新発田)번[39]의 **도학당**(道學堂) 등이 대표적이다. 이들 번교에서는 정기적으로 공개적인 장소에서 번주(藩主)와 번사들을 대상으로 유학자에 의한 강석(講釋)이 이루어졌는데, 그 장소로서 강당이 설치되었고, 다시 여기에 학사(學舍)를 짓게 되었다. 예를 들면, 이세사키번의 번교인 학습당은, 번주만을 위한 강의가 이윽고 중신(重臣)으로, 다시 일반 가신(家臣)으로까지 확대되었으며, 그에 따라 전용 강당이 만들어지게 되었다. 따라서 강당형의 번교 건물은 강당을 중심으로 한 단순한 모양이 많다.

두 번째는 번에서 고용한 유학자가 차린 **가숙**(家塾)이 학교로 발전한 경우다. 구루리(久留里)번[40]의 **산킨주쿠**(三近塾), 이와쓰키(岩槻)번[41]의 **센쿄칸**(遷喬館) 등이 대표적이다. 이들은 가숙이라는 사적인 공간이 발전하여 번교라는 공적인 공간으로 변화한 경우다. 이와쓰키번의 센쿄칸은 유관(儒

---

37) 1871년(明治4) 메이지정부가 중앙집권을 꾀하기 위해 종래의 번(藩)제도를 폐지하고 새로이 전국에 군현(郡縣)제도를 실시한 시책. 이로 인해 같은 해 말 3부 72현이 설치되었다.

38) 지금의 군마(群馬)현.

39) 지금의 니가타(新潟)현.

40) 지금의 지바(千葉)현.

41) 지금의 사이타마(埼玉)현.

官)인 고다마 난카(児玉南珂, 1746~1830)의 가숙을 번교로 바꾼 것인데, 원래 개인의 것이었기 때문에 교원대기실 1개, 응접실 1개, 가르치는 곳(敎場) 2개, 서고 2개와 같이 자그마한 곳이었다.

세 번째는 세이도를 건립하고 **석전**(釋奠, 孔子祭, 또는 釋菜라고 부르기도 함)을 실시하는 과정에 석전에 부수되는 강석의 장소로 설치한 강당이 번교로 발전한 것이다. 그 예로는 사가(佐賀)번의 **고도칸**(弘道館)이 있다. 고도칸은 처음에는 석전을 위한 오니마루성당(鬼丸聖堂) 내에 번사들의 학문소로서 설치한 강당이 그 후 발전하여 번교가 된 것이다.

네 번째는 설립 초기부터 명확한 교육이념과 구상을 갖고 설립한 경우다. 예를 들면, 구마모토(熊本)번의 **지슈칸**(時習館)의 경우 1755년(寶曆4)의 '달문(達文)'을 보면 '지교토리(知行取)[42]의 자제, 고쇼(小姓)[43]의 적자 이상은 대소 신분(知行取ノ子弟中小姓ノ嫡子凡士席以上ハ大小身ノ)'의 차별 없이 지슈칸에 출석시키고 그 중에 '출중한 자'를 중신(重臣)에게 보고하였다. 이는 번교가 인재양성과 더불어 인재선발의 장으로서 역할을 한 것을 나타내는 것이다. 근세 중기 이후 번의 재정과 농촌지배가 막다른 길로 접어드는 상황에서 지도적 인재를 종래의 문벌(門閥)에 의지할 수 없게 된 것이 이러한 번교의 설치로 이어지게 되었다. 설립 시기를 보면, 근세 초기에는 학문을 즐겼던 번주에 의한 학문장려적 색채가 강했는데, 번교가 급증한 18세기 중기에는 번을 둘러싼 위기적 상황에 대한 대응책으로의 색채가 강하다. 또 번교는 원래 번사를 위한 교육의 장이었는데, 막부말기 이후 높아져 가는 위기적 상황 속에 널리 인재를 구하기 위해, 또는 유력농민과 상인을 확보하기 위해 번사 이외의 자들에게도 문호를 개방한 곳도 많았다. 따라서 번교가 공적인 권위를 배경으로 지역의 학문·교육의 중심으로 위치하게 된 지역도

---

42) 지교토리는 봉건시대 녹(祿)을 토지로 받는 사람을 가리킴.

43) 고쇼는 쇼군(小姓) 주변의 잡무를 맡은 사람을 가리킴.

많이 볼 수 있다. 번교는 학문연구라는 점에서 자유도가 높은 사숙에 비해 그 평가가 높지는 않지만, 지역에 있어서 학문·교육의 장이라는 점에서는 번 권력을 배경으로 한 권위성이 높았다. 1871년(明治4)의 폐번치현으로 많은 번교가 폐교되었지만 구 번사들이 갖고 있던 번교에 대한 귀속의식이 작용하여 일부에서는 주로 중등학교에 번교의 명칭을 계속 사용하였다. 후쿠오카의 번교 **슈유칸**(修猷館), 후쿠야마(福山)의 번교 **세이시칸**(誠之館), 요네자와(米沢)의 번교 **고조칸**(興讓館) 등이 여기에 속한다.

3) 향학과 교유소

막부와 각 번은 근세 중기 이후 각지의 민중교화를 위해 향학(鄕學, 鄕校)을 설립하였다. 근세의 향학은 주로 민중을 대상으로 하였고, 교육내용도 읽기·쓰기 등 초보적인 것부터 도덕훈화(道德訓話), 더 나아가 고도의 학문까지 다양했다. 향학은 그 설립 형태에 따라 몇 가지 종류가 있는데, 각 번과 대관(代官)[44]에 의해 설립된 것과 각 번과 대관의 감독과 지원을 일부 받기는 했지만 기본적으로 민간의 유지에 의해 설립된 것으로 크게 나눌 수 있다.

1668년 근세 향교로서 가장 일찍 설립된 오카야마(岡山)번의 **시즈타니학교**(閑谷學校)는 번이 민중교화를 위해 각지에 설립한 데나라이도코로(手習所)[45]를 통합한 것이다. 시즈타니학교는 무사뿐만 아니라 유력한 조닌과 농민 자제들의 입학을 허가하는 등 민정(民政) 안정을 위한 교화 및 인재 양성의 색채가 강했다.

향학과 비슷한 **교유소**(敎諭所)도 각지에 설립되었다. 교유소는 성인을

---

44) 막부 직할지에서 연공수납과 민정(民政)을 담당한 관리.
45) 습자(習字)를 가르친 곳.

대상으로 민중교화를 하기 위한 시설이었는데, 그중에는 글을 가르친 곳도 있었다. 교유소에서는 정기적으로 강화(講話)가 기획되어 도덕과 생활규범을 설명하는 장으로서 기능하였다. 예를 들면, 미마사카 구세[46]의 대관이었던 하야카와 마사토시(早川正紀, 1739~1808)는 구세에 덴가쿠칸(典學館), 또 대관을 병임했던 가사오카(笠岡)에는 게이교칸(敬業館) 그리고 이동(異動)으로 인해 옮긴 구키[47]에 센젠칸(遷善館)을 각각 설립하여 민중 교화에 힘썼다.

민간 유지에 의해 설립된 향학 중에는 비교적 높은 수준의 학문을 가르친 곳도 있었는데, 예를 들면, 오사카 히라노(平野)의 **간스이도**(含翠堂), 같은 오사카의 **가이토쿠도**(懷德堂)처럼 일류 학자를 모신 곳도 있었다. 이러한 향학은 '지역에서 세운(地域立)'이라는 의미가 강하며, 도시에 설립되었어도 향학이라 불린 경우도 있었다. 이같은 향학이 지역 유지에 의해 설립·경영되었다는 점에서 '공공성(公共性)'을 엿볼 수 있다.

한편 1868년 메이지유신 직후부터 1872년 학제발포(學制發布)까지의 기간 중 마을(町村) 단위에 설립된 학교도 향교라고 불렀는데, 지역에 의해 유지(維持)되었다는 점에서 민간 유지(有志)에 의한 이 시기의 향학과 공통점이 있다. 이같은 '공립'적 성격으로 인해, 학제 이후 설립된 소학교(小學校)의 원초적(原初的) 형태라는 설도 있다.

참고문헌

石川松太郎『藩校と寺子屋』(敎育社, 1978年)

海原 徹『近世私塾の研究』(思文閣出版, 1983年)

梅村佳代『日本近世民衆敎育史研究』(梓出版社, 1991年)

---

46) 지금의 오카야마(岡山)현 마니와(真庭)시.

47) 지금의 사이타마(埼玉)현 구키(久喜)시.

太田素子『子寶と子返し―近世農村の家族生活と子育て―』(藤原書店, 2007年)

川村 肇『在村知識人の儒學』(思文閣出版, 2006年)

木村政伸『資料にみる近世教育の發展と展開』(東京法令出版, 1995年)

木村政伸『近世地域教育史の研究』(思文閣出版, 2006年)

鈴木俊幸『江戸の読書熱』(平凡社, 2007年)

辻本雅史『「学び」の復権―模倣と習熟―』(角川書店, 1999年)

松田毅一『近世初期日本關係南蛮史料の研究』(風間書房, 1967年)

八鍬友広『近世民衆の教育と政治参加』(校倉書房, 2001年)

R. ルビンジャー『私塾―近代日本を拓いたプライベート・アカデミー―』(サイマル出版会, 1982年)

R. ルビンジャー, 川村 肇訳『日本人のリテラシー』(柏書房, 2008年)

번교의 복권?

번교는 메이지초기까지 200개 이상 있었지만, 폐번치현 이후 든든한 뒷 방패를 잃게 되어 대부분 폐교의 길을 걷게 되었다. 그러나 번사들의 정신 적 지주였던 번교의 유지를 바라는 기운도 높아 각지에서 여러 운동이 일어 났으며 그 결과 중등학교에서 번교의 이름을 계승하게 되었다. 규슈의 경우 후쿠오카번의 슈유칸고등학교(修猷館高校), 구루메번의 메이젠고등학교(明 善高校), 야나가와(柳川)번의 덴슈칸고등학교(傳習館高校) 등을 들 수 있다. 이들 고등학교의 대부분은 전통교·명문교로서 지역에서 인기가 높다.

그런데 최근에 들어 ㅇㅇ관이라는 이름을 붙인 고등학교의 신설과 개칭 이 각지에서 잇달아 일어나고 있다. 후쿠오카 도요쓰(豊津)에 있는 이쿠토 쿠칸고등학교(育德館高校)도 그중 하나인데, 원래는 오구라(小倉)의 번교인 시에이사이(思永斎)에서 이쿠토쿠칸(德育館), 도요쓰중학교(豊津中學校), 도요쓰고등학교(豊津高校)로 발전한 것이다. 중학교·고등학교의 일관된 교육 추진과 전통교의 부활을 기원하며 명칭 개조 때 학교 명칭으로 '이쿠토 쿠칸(育德館)'을 부활시킨 것이다. 문자 그대로 '번교복권(藩校復權)'이다

이쿠토쿠칸의 경우는 학교의 계보가 이어지지만, 사가(佐賀)현립 지엔칸 고등학교(致遠館高校)의 경우는 그렇지 않다. 원래 사가현의 영어학교(英 學校)였던 지엔칸은 나가사키에 설립된 것으로, 사가에는 존재하지 않았다. 아마도 번의 학교 명칭이 매력적으로 느껴졌을 것으로 추측된다. 마찬가지 로 사가 시내에 위치한 사가번의 번교 고도칸(弘道館)과 비슷한 명칭의 사 립고등학교도 있는데 이 역시 번교의 명칭이 갖는 권위성에 조금이라도 덕 을 보고 싶은 마음에서 명명한 것으로 볼 수 있다.

번교는 사숙에 비해 시대를 이끌어갈 인재를 배출하지 못했지만, 현재의 '번교'는 과연 후세에 어떻게 평가될 것일까?

4장
서양교육정보의 수용과 근대교육의 성립

일본의 교육 근대화에는 서양의 교육정보가 매우 큰 역할을 담당했다. 메이지유신 이후에는 서양 교육정보의 조직적·체계적인 수용이 추진되었는데, 이같은 근대교육제도 형성을 지향하고 이를 뒷받침하는 토양은 이미 에도시대 후반부터 형성되기 시작하였다.

1. 막부·유신시기 근대교육의 태동

1) 양학 연구와 교육의 조직화

양학은 쇄국 이래 서양학술의 총칭으로, 처음에는 네덜란드문헌을 기초로 한 연구를 **난학**(蘭學)이라고 불렀다. 막부말기 서구열강의 군사적 위협이 현실감을 갖고 인식되었으며 그 연구가 본격화되었다. 개항 이후 영국 계통의 영학(英學)과 프랑스 계통의 불학(佛學) 등의 학술이 도입된 후 이들을 포괄한 서양학술을 총칭하는 의미로 **양학**(洋學)이라는 호칭이 사용되었다.

양학은 의학·천문학·약학·화학 등의 자연과학과 병학, 역법(曆法) 등 군사와 관련된 여러 가지 기술 그리고 세계지리와 세계사 등 인문과학의 내용으로 구성되었으며, 실제로 바로 도움이 되는 **실학**으로서 중시되었다. 이들에 대한 연구는 먼저 의학 분야에서 시작되었으며, 점차 다른 자연과학과 인문과학의 영역으로까지 확대되었다. 그리고 막부말기에는 군사과학이 중요한 지위를 차지하게 되었다.

양학을 조직적인 교육기관에서 처음으로 가르친 사람은 의사인 **오쓰키 겐타쿠**(大槻玄沢, 1757~1827)였다. 그는 에도에 난학숙(蘭學塾) 시란도(芝蘭堂)를 열고 이곳에서 네델란드 의학서를 통한 의학지식과 자신의 임상적 지식과 기술을 전수하였다. 즉 그는『란가쿠카이테이(蘭学階梯)』(1788)를 저술하여 자신의 학문 내용을 공개하였는데, 이는 비밀전수의 성격이 강한 일본의 교육전통 속에서 유용한 난학 입문서로 보급되었다. 또 난학의 **오가타 고안**(緒方洪庵, 1810~1863)이 오사카에 연 **데키주쿠**(適塾)와 이토 겐보쿠(伊東玄朴, 1800~1871)가 에도에 연 쇼센도(象先堂)에서는 숙생의 학력에 따라 철저한 실력주의 교육이 진행되었다. 그밖에도 각지에 많은 난학숙이 생겼으며, 이곳에서 문인들이 배출되어 에도 후기 난학 연구와 난학 교육의 확대에 중요한 역할을 담당하였다.

에도 후기에서 메이지 초기에 걸쳐 난학숙 이외에 사숙(私塾)도 많이 개설되었다. 이는 상품화폐경제의 발달과 함께 읽기·쓰기·계산에 대한 서민들의 학습요구가 높아졌고, 거기에 동요하는 막번(幕藩)체제의 와중에 새로운 사회관과 서양의 지식과 기술을 배우려는 기운이 확산되었기 때문이다. 에도 후기의 한학숙(漢學塾)으로는 **호소이 헤이슈**(細井平州, 1728~1801)의 오메이칸(嚶鳴館), **히로세 단소**(広瀬淡窓, 1782~1856)의 간기엔(咸宜園), **요시다 쇼인**(吉田松陰, 1830~1859)의 쇼카손주쿠(松下村塾)가 유명하며, 이곳에서는 독창적인 교육이념을 가진 스승 아래 학습자의 개성을 존중하는 교육이 전개되었다. 양학숙으로는 앞서 언급한 난학숙 이외에 **후쿠자와 유기치**(福沢諭吉, 1834~1901)의 **게이오기주쿠**(慶應義塾)와 **시볼**

트(Siebold)[1]의 나루타키주쿠(鳴滝塾) 등이 있었으며, 이곳에서는 새로운 시대의 요구에 대응하는 교육이 실시되었다. 한편 국학숙(國學塾)인 **모토오리 노리나가**(本居宣長, 1730~1801)의 스즈노야(鈴の屋)에서는 일본의 고전연구를 통해 일본인으로서의 정체성을 추구하였다. 이같은 신분제의 틀에서 벗어나 학문이라는 같은 뜻으로 맺어진 숙생 집단 중 막부말기의 정치적 상황을 배경으로 정치결사적 성격을 띤 집단도 나타났다.

〈그림 4-1〉 데키주쿠(適塾) 평면도. 1층(아래)과 2층(위).
소중히 다뤄진 네덜란드일본어사전 『도후・하루마(Doeff・Halma)』가 보관되어 있어 '도후방'이라고 불리웠다. 내숙생(內塾生)에게는 2층 큰 방에 다다미 1장(약 ½ 평) 정도의 취침 공간이 부여되었으며, 한 달에 한 번 치러지는 회독(會讀)의 성적순에 따라 장소 선택권이 부여되었다.

　막부에 의한 양학교육진흥책도 추진되었다. 1856년 **반쇼와게고요**(蠻書和解御用)를 모체로 하여 서양문헌과 외교문서의 번역 등의 양학연구와 양

---

1) 독일의 의학자 겸 박물학자. 1823년 네덜란드상관(商館)의 의원(醫員)으로 나가사키에 왔으며, 이후 일본의 동물학・지리・역사・언어를 연구하여 일본에 큰 영향을 끼쳤다. 1859년에는 막부의 외사(外事) 고문으로 임명되기도 하였다(1796~1866).

학교육을 담당하는 기관으로 **반쇼시라베쇼**(蕃書調所)가 설립되었다. 반쇼시라베쇼는 1862년 요소시라베쇼(洋書調所), 이듬해에는 **가이세이조**(開成所)로 명칭이 바뀌었는데, 에도시대를 통틀어 가장 큰 규모이자 조직적인 양학 연구교육기관으로서 기능을 하였다. 1863년에는 이가쿠쇼(醫學所)가 설치되었는데, 이때 **폼페**(Pompe)[2]에게 서양의학을 체계적으로 배운 **마쓰모토 료준**(松本良順, 1832~1907)이 소장으로 취임하여 이가쿠쇼의 개혁을 추진하였다. 막부는 그밖에도 강무소(講武所, 陸軍所), 군함조련소(軍艦操鍊所), 어학소(語學所), 광산학교(鑛山學校), 영어연습소(英語稽古所), 프랑스어학전습소(佛國語學傳習所) 등 실학적 지식과 기능을 중시한 양학교육기관을 다수 설치하였다.

각 번에서도 막부의 난학 장려를 따르하며 장려책을 취한 번도 나타났다. 마쓰다이(松代)번과 후쿠이(福井)번에서는 해방(海防)의 필요에 의해 서양식 포술(砲術)을 도입하며 번사들에게 양학 수업을 장려하였다. 사가(佐賀)번에서는 이화학(理化學) 연구와 교육을 위해 난학기숙사(蘭學寮)를 설치하였으며, 그밖에 네덜란드 의학을 가르치는 고세이칸(好生館), 서양포술을 연구하는 세이렌가타(精煉方)를 설치하는 등 적극적으로 난학 교육에 힘을 기울였다. 또 사쓰마(薩摩)번과 조슈(長州)번도 의학ㆍ병학 연구 그리고 난학 교육을 추진하였다. 이와 같이 양학을 어떤 형태로든 번교 교육에 집어넣은 번은 폐번치현(廢藩置縣) 때까지 80개 번에 이른 것으로 알려져 있다. 이와 같이 양학의 실용적 측면이 널리 인정받게 되고, 각종 양학 교육기관의 보급과 더불어 교육내용과 방법의 근대화도 점차 본 궤도에 오르게 되었다.

---

2) 네덜란드의 군의(軍醫). 1857년(安政4) 해군전습소(海軍傳習所) 의무관으로 일본에 왔으며, 그후 나가사키의 요조쇼(養生所)에서 서양의학을 가르쳤다(1829~1908).

2) 서양식 학교교육의 도입

막부 유신기에 들어 양학의 융성과 긴박한 정치상황을 배경으로 서양문명의 발전과 인재양성의 관계가 주목받게 되자 학제(學制)개혁의 모델이 중국에서 서양으로 전환하게 되었으며, 서양 교육정보의 수용이 활발하게 되었다. 한적(漢籍)의 번역을 통해 외국사정을 연구하는 '이정탐색(夷情探索)'은 18세기말 이후 지속되었으며, 난학의 본격적인 연구와 함께 네덜란드 문헌의 번역을 통해 서양의 교육 정보가 들어오게 되었다. 과학의 연구와 교육에 주목하여 서양의 대학에서 논구(論究)된 것과 난학자에 의한 러시아 연구가 다수 저술되기도 하였다. 즉 효도르대제(大帝)가 근대화 정책의 일환으로 실시한 교육진흥정책과 자선적(慈善的) 복지제도 등이 『호쿠사이분(北槎異聞)』(篠本竹堂)과 『호쿠사분랴쿠(北槎聞略)』(桂川甫周), 『간카이이분(環海異聞)』(大槻玄沢) 등을 통해 소개되었다. 1830년대가 되자 난학자뿐만 아니라 막부와 각 번에서도 서양 교육정보를 주목하기 시작하였다. 『요치시랴쿠(輿地誌略)』(青木林宗)와 『외국사정서(外國事情書)』(渡辺崋山)에는 서양 교육정보가 상세하게 소개되었으며, 서양 열강의 근대화를 뒷받침하는 인재 양성제도로서의 학교정보가 담겨져 있었다. 그밖에 막부의 해방 의식이 높아진 것을 배경으로 유포된 책으로 『곤요즈시키(坤輿圖識)』(箕作省吾)와 『곤요즈시키호(坤輿圖識補)』(同), 『핫코쓰시(八鑛通誌)』(箕作阮甫) 등이 있다.

막부 말기가 되자 위에 언급한 서적에 의한 정보 이외에 서양에 파견된 사절과 유학생이 가지고 돌아온 정보도 유용하게 작용되었다. 예를 들면, 1860년(萬延元年) 막부가 파견한 **만엔미국파견사절단**(萬延遣米使節團)은 단계별 학교와 맹학교·농학교 등의 교육시설, 고아원 등의 복지시설을 시찰하였는데, 이때 수행한 후쿠자와 유기치가 쓴『서양사정(西洋事情)』[3]은 문명의 발전과 교육제도의 발달 관계를 논한 내용이 담겨져 있으며, 당시 계몽서로 널리 읽혀졌다. 또한 막부에 의해 미국 · 유럽 · 러시아로 가는 사절과 함께 파견된 유학생들에 의해 군사학 · 의학 · 사회과학 · 조선(造船)에 관한 새로운 지식과 기술이 들어오게 되었다. 한편 각 번의 유학생 파견은 해외도항금지시대[4] 때부터 밀항(密航)이라는 형태로 이루어지고 있었다. 1863년에는 조슈(長州)번의 이노우에 가오루(井上馨),[5] 야마오 요조(山尾庸三),[6] 이토 히로부미(伊藤博文)[7] 등 5명, 1865년에는 사쓰마(薩摩)번의 **모리 아리노리**(森有礼), 고다이 도모아쓰(五代友厚) 등 18명이 영국으로 밀항한 것을 비롯하여 후쿠이(福井)번과 구마모토(熊本)번에서도 유학생을 유럽과 미국으로 파견하였다.

이상과 같이 에도시대에 여러 경로를 통해 서양의 교육정보가 일본에 들어오게 되었다.

메이지유신기에는 이같은 토대 위에 근대 교육제도 수립의 모델로 삼을 만한 유럽과 미국의 교육제도 관련서적이 번역되고 다수 출판되었다. 대표적인 것으로 후쿠자와 유키치의『서양사정』외에 오바타 진자부로(小幡

---

3) 서양 각국의 역사 · 제도 · 문물 등 서양사회의 문명을 소개한 후쿠자와 유키치의 저서로, 당시 일본인들에게 서양세계 이해를 위한 입문서로 베스트셀러가 되었다. 1866년에서 1870년에 걸쳐 총 3편이 간행됨.

4) 가톨릭교 등 서양 종교의 금교를 위해 에도막부가 내린 쇄국령의 하나. 1633년(寬永10) 공문서를 소지한 주인선(朱印船) 이외에는 해외 도항을 금하였으며 1635년에는 일본배의 해외도항을 전면적으로 금하고 이미 해외에 나가 있는 일본인의 귀국도 금하였다. 해외도항금지령(海外渡航禁止令).

5) 조슈번 출신으로, 토막(討幕)운동에 참여. 메이지유신 이후 외무상 · 농림상 · 내무상 · 대장상 등을 역임(1835~1915).

6) 조슈번 출신으로 영국에서 공업을 배운 후 귀국하여 공학 관련 주요 요직을 맡음. 법제국(法制局)의 초대 장관을 맡았으며, 후에 도쿄대학 공학부의 전신이 되는 공학료(工學寮)를 설립하기도 하였다(1837~1917).

7) 조슈번 출신으로, 토막운동 및 메이지유신에 참여한 공신(功臣). 메이지정부에서 수상 등 역임(1841~1909).

甚三郎, 1846~1873)의『서양학교규범(西洋學校規範)』, 우치다 마사오(内田政雄, 1838~1876)의『네덜란드학제(和蘭學制)』, 사자와 다로(佐澤太郎, 1838~1896)의『프랑스학제(佛國學制)』등이 있으며, 이들 번역서는 학제 개혁에 있어 구체적인 자료로 활용되었다.

1855년 나가사키의 **해군전습소**(海軍傳習所)에서 네덜란드 해군에 의한 조직적이고 계획적인 교육실천이 시작되었다. 즉 이곳을 통해 네덜란드 문헌에 의한 서양학술을 네덜란드인 전문가로부터 직접 배웠다는 점에 의의가 있으며, 특히 학리(學理)와 실천이 결합된 교육과정과 시간표, 일제(一齊)수업, 흑판 등 기존에는 없던 교구가 사용된 점은 일본의 근대학교 교육방식의 최초의 실시로 주목할 만하다.

또한 1857년에는 나가사키의 요조쇼(養生所)에서 폼페에 의한 서양의학교육이 시작되었으며, 메이지 첫 해에는 오사카세이미쿄쿠(大阪舎密局)에서 네덜란드인에 의해 서양식 이화학(理化學)교육이 시작하였다. 그밖에 육군소(陸軍所, 旧 講武所)에서는 프랑스인 교사, 해군소(海軍所, 旧 軍艦操錬所)에서는 영국인 교사에 의한 전습이 있었으며, 요코하마영학소(横浜英学所), 프랑스어학소(仏国語学所), 하코다테(函館)의 광산학교(鉱山学校), 나가사키(長崎)의 어학소(語学所)에서도 외국인 교사에 의한 수업이 이루어지는 등 서양학술을 서양인에게 직접 배울 기회가 점차 확산되었다.

2. 근대 교육제도의 성립과 전개

메이지유신 이후 전국의 부(府)와 현(県)의 교육을 총괄하는 행정기능을 담당한 다이가쿠(大學)는 1871년(明治4) 폐번치현이 실시된 후 폐지되었다. 같은 해 교육행정의 중앙관청으로 창설된 문부성(文部省)의 최대 과제는 하루라도 빨리 근대학제(近代學制)를 제정하는 것이었다. 문부대보(文部大輔) **에토 신페이**(江藤新平, 1834~1874)와 뒤를 이은 문부경(文部卿) **오키 다카토**(大木喬任, 1832~1899) 밑에서 학제안(學制案) 작성 작업을 담당한 학제조사관(學制取調掛)의 대부분은 양학자였으며, 네델란드학제(和蘭學制)와 프랑스학제(佛國學制)를 비롯한 유럽과 미국의 학제를 조사·참고하여 초안을 작성하였다.

1) 학제의 이념과 실시

학제가 지향한 교육이념은 1872년(明治5) 9월(음력 8월)에 발포한 태정관포고(太政官布告) 제214호 **학제포고서**(學制布告書)에서 볼 수 있다. 즉 첫 번째로 **학문은 입신(立身)의 재본(財本)**이라는 입신출세적(立身出世的) 교육관, 두 번째는 교육에 있어서의 사민평등(四民平等)으로, 모든 국민에게 평등한 교육의 기회를 부여한다는 것, 세 번째는 일상 생활에 필요한 기초학력의 습득에서 출발하여 근대과학을 중심으로 하는 학문을 일으켜야 한다는 실리주의적 학문관이 그 내용이다.

학제포고서를 누가 작성했는지는 확실치 않지만, 이같은 개명적(開明的) 교육이념이 만들어진 배경에는 메이지 신정부가 등용한 양학자들에 의한 계몽활동이 있었을 것으로 생각할 수 있다. 예를 들면, 후쿠자와 유기치는 자신의 저서 **『학문의 권장**(学問のすすめ, 1872~1876)』에서 본질적으로 평등해야 할 인간에게 현실적으로 경제적 지위·사회적 지위 등의 차이가 있는 것은 학문의 유무에 있으며, 모든 인간은 학문을 함으로써 **입신출세**의 길이 열린다고 언급하였다. 또 '사람들 일상에 가까운 실학(人間普通日用に近き實學)'을 장려한 점도 학제포고서의 내용과 거의 유사하다. 양쪽 모두 서양의 과학지식과 기술을 내용으로 하는 실학의 학습을 매개로 하는 것으로, 개인의 입신출세와 국가의 부강이 밀접하게 결부되어 있다고 할 수 있다.

1872년 8월 학제의 본문이라고 할 수 있는 문부성포달(文部省布達) 제13호 별책이 출판되었는데, 이 안에 근대적 교육체제가 제시되었다.

즉 지방교육 행정단위로서 **학구제**(學區制)를 채용하고, 전국을 8개의 **대학구**(大學區)로 나누고 각 대학구에 대학(大學)을 한 개씩 두고, 다시 그 밑을 32개의 **중학구**(中學區)로 나누었다. 또 각 중학구에는 중학교(中學校)를 한 개씩 두고, 다시 그 밑에 210개의 **소학구**(小學區)를 두고 거기에 소학교를 한 개씩 두는 것으로 했다. 이와 같이 하여 전국에 8개의 대학교, 256개의 중학교, 53,760개의 소학교를 설치할 계획이었다. 학구는 학교 설치와 경비 부담의 기초 단위로 볼 수 있으며, 인구 약 600명에 한 개의 소학교를 설치ㆍ유지하는 것이 적당하다고 본 것 같다.

그러나 학제의 구상은 비현실적인 계획이었다. 실제 소학교 설치 상황을 보면 하나의 소학구는 계획보다 꽤 넓거나 복수의 소학구가 연합하여 하나의 소학교를 설치ㆍ유지한 경우가 많았으며, 문부성도 이같은 상황을 묵인할 수 밖에 없었다. 교육 행정기관으로 대학구에 설치하기로 된 독학국(督學局)은 실제로는 문부성 내에 설치되었으며 1887년에 폐지되었다. 여러 개의 소학구의 교육 행정사무를 통합적으로 담당한 학구담당관(學區取締)은 구호장(區戶長) 등 일반행정직이 겸무하는 경우가 많았으며, 그를 보좌하는 학교감사(學校監事)나 학교간사(學校世話役) 등 보조직을 두는 곳도 있었다. 이와 같이 당초 학제가 내건 교육행정과 일반행정의 분리 원칙은 실시과정에서 붕괴되고 말았다.

학제는 단선형(單線型) 학교체계를 구상하고, 학교 종류를 **대학**(大學), **중학**(中學), **소학**(小學)의 3등으로 구분하였다. 소학교는 상ㆍ하등 2등의 **심상소학**(尋常小學)을 원칙으로 하였으며, 입학 연령은 6살 그리고 6개월 진급의 8급 4년 과정이었다. 심상소학 이외에 수예(手藝)를 가르치는 **여아소학**(女兒小學), 벽촌의 농민들에게 교칙을 생략하고 가르치는 **촌락소학**(村落

小學), 가난한 자의 자녀를 입학시키는 **빈인소학**(貧人小學, 기부에 의한 인혜학교[仁惠學校]), 취학연령 미만자에게 예비교육을 하는 **유치소학**(幼稚小學), 장애가 있는 사람을 모은 **폐인소학**(廢人小學) 등을 인정하였다. 또 상·하 2등의 중학교 이외에 공업학교, 통역(通辯)학교 등 실업 관련의 학교 설치도 언급하고 있다.

학자금(學資金)은 대학과 관립사범대학교 등 문부성 직할학교 이외에는 수업료가 주요 재원이었는데, 소학교 수업료는 일인당 50전(錢)으로 정해졌다. 1877년 공학비(公學費) 재정비율을 보면 학구 내 집금(集金)이 40%, 기부금이 11%, 문부성 위탁금이 8%, 수업료가 6%로 되어 있어 실제로는 수업료 수입이 많지 않음을 알 수 있다. 또 실제로 징수한 수업료는 한 달에 한 사람당 1~3전으로 알려져 있으며, 받지 않는 경우도 있었다고 한다. 학구 내 집금에는 호별 할당(戶別割), 면적당 할당(反別割), 사람수 할당(人頭割) 등이 있었으며, 징수액은 대강 수입에 준해서 정했다.

새로운 학교의 교육내용은 후술(제4절)하는 바와 같이 자연과학 등 서양의 실학이 주류였다. 소학교에서도 지리·물리학(究理)·기하(幾何)·박물(博物)·화학(化學)·생물 등의 기초를 가르치도록 되어 있었는데, 그 내용은 서민들의 생활과는 너무 동떨어진 것이었다. 이와 같이 서민들이 학교에 대해 느끼는 거리감과 감정, 비싼 수업료와 학구 내 집금에 대한 반감은 아이들을 취학시키는 것에 대한 주저와 수업료의 미지급 등으로 나타나게 되었다.

또한 서민들의 저항은 폭동화되기도 하여 각지에서 **학교를 파괴**(學校打ち壞し)하는 경우도 있었다. 특히 1876년 토지수익세(地租) 개정에 반발하여 농민 1만 명이 봉기를 일으킨 이세(伊勢)폭동의 경우 70개 이상의 소학교가 소실·파괴되었다. 이 폭동은 미에(三重)현, 아이치(愛知)현, 기후(岐阜)현까지 확산되어 조사를 받은 자가 20만 명, 처벌을 받은 자가 5만 명을 넘

은 것으로 알려져 있다. 이와 같은 학교파괴는 학교 교육을 부정하는 자들뿐만 아니라 정부의 개화(開化)정책 전체에 대한 불만을 배경으로 하는 경우도 많았다.

2) 교육령의 발표와 개정

서양의 학교제도를 모델로 하여 장대한 구상을 갖고 실시된 **학제**는 출발 당시부터 현실적 개혁을 해야 하는 상황을 맞게 되었다. 1878년 **삼신법**(三新法)[8]의 제정으로 종래의 행정구인 정촌(町村)이 부활되었고, 지방의회(議會)가 개설되고 정촌자치제(自治制)가 시작되자 정촌립소학교(町村立小學校)의 설립과 유지는 각구(各區) 정촌의 협의비에 의해 이루어지게 되었다.

한편 문부성 내부에서는 학제 실시 직후부터 근대 교육제도를 정착시키기 위해 유럽과 미국의 교육행정제도에 대한 연구를 시작하였다. 미국의 교육을 시찰한 문부대보 **다나카 후지마로**(田中不二麿, 1845~1909)는 미국의 지방분권적 교육행정을 모범으로 하여 문부성 독학감(督學監)인 **머레이**(Murray)와 함께 일본교육령안(日本敎育令案)을 작성하였다. 그러나 이 안은 다나카 후지마로의 의도와는 정반대로 메이지정부에 의해 대폭 수정되어 1879년(明治12) 9월 **교육령**(敎育令)으로 공포되었다.

교육령은, 소학교는 6세부터 14세까지의 학령기(學齡期) 중 16개월간 취학하면 되고, 공립소학교의 수업일수를 년 4개월 이상으로 규정하였다. 학구제는 폐지되었고 공립소학교는 정촌 또는 여러 정촌의 연합에 의해 설치하도록 바뀌었다. 공립소학교를 대신하는 사립소학교의 설치를 허가하였으며, 학교 설치가 어려운 곳은 교원이 순회하며 수업하는 방식을 취하였다. 또한 학교 이외의 곳에서 보통교육을 받는 것도 인정하였다. 이와 같이

---

8) 1878년에 시행된 군구정촌편제법(郡區町村編制法)·부현회규칙(府縣會規則)·지방세규칙(地方稅規則)의 총칭으로, 근대 일본 최초의 통일적 지방행재정제도.

큰 폭에서 자유화를 취함으로써 교육령은 **자유교육령**(自由敎育令)이라고도 불리웠으며, 동시에 교육의 현실화를 꾀했다는 성격도 갖고 있다. 학구담당관 대신 만들어진 학무위원(學務委員)은 주민의 선거에 의해 선출되어 지방의 교육행정을 담당하는 등 지역의 실정을 반영하기 위해 교육의 지방분권화가 지향되었다. 자유민권운동의 이론적 지도자이며 자유교육론을 전개한 **우에키 에모리**(植木枝盛)[9]는 교육령의 본질을 받아들이고 이를 높게 평가하였다. 그는 교육이 통제되고 사상과 가치관이 한결같이 강제되는 것을 두려워 하였다.

교육령의 성립 과정에 정부 내부의 복고파(復古派)와 개명파(開明派)의 큰 대립이 존재하였다. 메이지천황의 측근 **모토다 나가자네**(元田永孚)[10]는 유교주의를 기본으로 하는 도덕교육을 학교교육의 중심으로 해야 한다는 메이지천황의 근본방침을 기초(起草)하고, 이를 **교학성지**(敎學聖旨)로서 제시하였다. '교학성지'의 취지는 후에 교육칙어(敎育勅語)의 기본이 됨과 동시에 그 성립은 공교육에 있어서 덕육(德育)의 방침과 내용, 방법을 포함하여 메이지 10년대~20년대 초반의 덕육 논쟁의 계기가 되기도 하였다. 이에 대해 이토 히로부미, **이노우에 고와시**(井上毅)[11] 등 개명파 관료들은 **교육의**(敎育議)를 천황에서 상주(上奏)하여 부국강병을 위해서는 과학 교수들을 중심으로 하는 것이 필요하며 유학을 장려하면 유신 이전으로 돌아가는 것이 된다고 주장하며 복고파를 강하게 비판하였다. 이 비판의 배경에는 당시 높아진 자유민권운동에 대한 정부의 위기감이 있었다. 교육령이 자유주의적이고 지방분권적인 내용으로 된 배경에 자유민권운동에 민중이 동조하는 것을 방지하고 그 저항을 회유하려는 의도가 있었던 것으로 볼 수 있다.

---

9) 정치가, 자유민권론자. 이타가키 다이스케(板垣退助)와 함께 국회 개설을 위해 힘씀(1857~1892).
10) 유학자, 교육가. 메이지천황의 시강(侍講)으로 교육칙어의 기초에 참여함(1818~1891).
11) 정치가. 제국헌법과 교육칙어 · 군인칙유의 기초에 참여함(1843~1895).

그러나 교육령으로 인해 국민들이 학교를 멀리 하는 경향이 점차 높아지고 취학률이 낮아지는 등의 상황이 나타나자 지방관 등으로부터 이를 개정해야 한다는 요구가 나오게 되었고, 결국 공포된지 1년 3개월만인 1880년 12월 교육령은 개정되었다. 이때 개정된 교육령은 일반적으로 **제2차 교육령**(第2次敎育令)이라 불린다.

개정의 요점은 자유방임이라는 비판을 받은 제1차 교육령에 비해, 학교의 설치와 취학의 의무를 엄격하게 규정하고, 문부성과 부지사현령(府知事縣令)의 통괄감독의 권한을 강화한 점 등이다. 또 소학교 과정은 3년 이상 8년 이하, 년간 수업일수는 32주 이상으로 규정하고, 학교는 거의 상시 수업하는 것으로 하였다. 소학교 교칙(敎則)은 **수신**(修身)을 학과의 필두(筆頭)로 두었으며, 문부경이 반포한 **소학교교칙강령**(小學校敎則綱領)을 기본으로 하여 부지사현령이 정하고 문부경의 허가를 받는 것으로 하였다. 또한 학무위원의 선출은 부지사현령의 임명으로 변경되었다.

제2차 교육령 공포 후 '취학독촉규칙기초심득(就學督促規則起草心得)', '소학교교칙강령', '중학교교칙대강(中學校敎則大綱)', '사범학교교칙대강(師範學校敎則大綱)' 등의 관련 법령이 정비되었으며, 부와 현에서 제정하는 여러 규칙의 기준도 제시되었다.

3) 학교령의 제정과 모리 아리노리의 교육정책

1886년(明治19) 3월에서 4월에 걸쳐 이른바 학교령(學校令, 諸學校令이라고도 함)이 공포되었다. 학교령은 **제국대학령**(帝國大學令), **사범학교령**(師範學校令), **소학교령**(小學校令), **중학교령**(中學校令)의 총칭으로, 이로 인해 처음으로 학교가 종류별로 법규로 정해지고 국민교육에 있어서 각 학교의 역할이 명확해졌다.

학교령을 공포한 사람은 1885년 12월 내각제도 성립 후 초대 문부대신으로 취임한 모리 아리노리(森有礼, 1847~1889)였다. 그의 사상과 교육정책에 대해 살펴보면 다음과 같다.

　모리는 사쓰마번 출신으로, 번교인 조시칸(造士館), 양학교인 가이세이조에서 공부를 하고 1865년(慶應元年) 사쓰마번 파견으로 런던대학에서 유학 생활을 하였다. 1867년에는 미국으로 건너가 기독교 스웨덴 보루그파의 하리스의 교단(敎團)에 들어갔으며, 사회개량주의적 사상의 영향을 받았다.

　1868년(明治元年) 귀국하여 주로 외교관으로 활약했는데, 일본의 교육과 문화 문제에도 깊은 관심을 가졌다. 예를 들면, 미국 소변무사(少弁務使) 시절 일본교육의 개선에 대한 조사·연구라는 특명을 받았을 때 미국의 각계 지식인 15명에게 일본의 교육에 관한 질문장을 보내고 그 답신을 묶어『**일본의 교육**(Educational in Japan)』이라는 제목으로 워싱턴에서 출판을 하기도 하였다. 교육령 공포에 있어 중요한 역할을 한 학감 머레이는 이 시기의 답신이 인연이 되어 일본으로 초빙된 것으로 알려져 있다. 이처럼 외교관으로서 세계적 시각에서 일본의 교육을 고찰한 모리 아리노리는 헌법 조사를 위해 독일과 오스트리아에서 유학 중이던 **이토 히로부미**와 프랑스 파리에서 우연히 만나게 되었는데 이것이 하나의 계기가 되어 그후 자신의 재능을 발휘할 수 있게 되었다. 즉 1884년 이토 히로부미의 요청으로 문부성에 들어갔으며, 이듬해 이토 내각의 문부대신으로 취임하게 되었다.

〈그림 4-2〉 모리 아리노리(森有礼)
1889년 2월 11일, 대일본제국헌법이 발포된 날 국수주의자에 의해 살해되었다. 당시 그의 나이 41세.

　유럽과 미국에서 기독교의 사상적 영향을 받은 모리 아리노리는 유교주의적 사회관을 부정하였으며 근대적 통일국가의 확립을 지향하고 '여러 학교를 유지하는 것이 결국 국가를 위하는 것'이라는 입장에서 국가주의 교육체제의 확립에 힘을 쏟았다. 그는 교육행정의 목적을 국가에 귀결시킴과 동시에 국민교육제도의 목적을 '애국심 배양'으로 하였다. 애국심은 자율적인 개인이 갖는 기능적인 애국심으로, 이때 그 함양 방법으로 군대식(兵式)체조와 학교의식을 도입하였다. 국가를 위한 교육이라는 관점에서 그는 **교육과 학문을 구별**하여 생각했는데, 이로 인해 학문의 성과가 초등교육의 내용에 반영되지 않는다는 중대한 문제를 불러일으켰다. 그리고 이같은 학교교육의 이중 구조는 근대 일본 학교구조의 기본적 틀이 되었다.

모리 아리노리가 4개의 학교령을 통해 체계화하려 했던 국민교육제도를 살펴보면 다음과 같다.

그는 먼저 1886년 3월 2일 제국대학령을 공포하고 제국대학을 국가의 필요에 따른 학술과 기예(技藝)를 가르치고 연구하는 기관으로서 자리매김 하였다(제국대학의 성립과 역할에 대해서는 다음 3절을 참고). 이어서 공포된 소학교령에서는 소학교를 보통교육의 심상(尋常)과 고등(高等)으로 나누고, 심상소학교(尋常小學校) 설치가 어려운 지방에는 소학간이과(小學簡易科) 설치가 가능토록 하였다. 또한 소학교 교육을 받을 수 있도록 관련 내용을 보호자의 의무로서 법령상으로 명확하게 했는데, 의무 년한에 대한 언급이 없어 이를 통해 의무교육제도가 성립되었다고 보기는 어렵다. 또한 소학교령에는 수업료 징수가 원칙으로 되어 있으며, 취학은 국민의 의무라는 그의 의무교육관 또한 반영되어 있었다.

중학교도 심상과 고등으로 나누고, 이 중 수학 년한이 4년인 **심상중학교**(尋常中學校)는 고등소학교(高等小學校) 2년 수료자를 그 입학자격으로 하였다. 심상중학교는 공립과 사립으로 할 수 있으며, 이 중 공립중학교는 각부와 현에 1개교로 제한하였다. **고등중학교**(高等中學校)는 제국대학 입학을 위한 예비교육과 의학·법학 등 고등전문교육의 성격을 갖고 있었는데, 관립중학교가 전국에 5개교, 사립중학교는 야마구치(山口)와 가고시마(薩摩)에 2개교가 설치되었다.

그가 중요시한 **사범학교**(師範學校) 역시 심상과 고등 두 종류가 있었다. 부와 현에 설치되어 소학교 교원을 양성하는 심상사범학교(尋常師範學校)는 17세 이상 20세 이하이며 고등소학교(高等小學校) 졸업 이상의 학력을 가진 자를 입학자격으로 하였으며, 수업 년한은 4년이었다. 단 여자 사범학교는 별도로 하여 15세 이상을 대상으로 하고 수업 년한은 3년이었다. 한편 중등교육 단계 이상의 학교교원 양성을 목적으로 하는 **고등사범학교**(高等師範學校)는 도쿄에 1개교가 설치되었으며, 이후 1902년에 히로시마고등사범학교(広島高等師範学校), 1890년에 도쿄여자고등사범학교(東京女子高等師範學校), 1908년에는 나라여자고등사범학교(奈良女子高等師範學校)가 각각 설치되었다.

모리 아리노리의 사범학교 운영에 있어 첫 번째 특징은 사범학교령 제1조에 나오듯이 '순양(順良)', '신애(信愛)', '위중(威重)'이라는 이른바 **삼기질**(三氣質)을 학생이 갖추길 요구했다는 점이다. 이 세 가지 기질은 이후 오랫동안 이른바 **사범학교타입**(師範タイプ)으로 전통시되어 왔다. 법령 안에 바람직한 교사상을 언급한 것을 통해 그가 인물 중시의 교육관을 갖고 있었던 것을 알 수 있다. 부국강병적 내셔널리즘을 주장한 그가 이를 교사들에게 요구한 것은 천황제 국가주의를 뒷받침하는 신민(臣民)의 육성에 힘을 다하며 헌신몰아(獻身沒我)하기 위함이었다. 두 번째로 주목할 것은 사범학교에 **군대식 체조**(兵式體操)를 도입한 것이다. 그 목적은 세 가지 기질의 단련에 있었는데, 기숙사 생활에서 복장에 이르기까지 철저한 군대화가 시도되었으며 엄격한 규제가 이어졌다.

이와 같이 국가를 위한 학교 교육이 어떠해야 하는지를 항상 고민한 그는 학생들의 국가 의식 함양을 위해 천황과 황후의 초상사진인 '**어진영**(御眞影)'을 학교에 내려 보내고 국가 경축일인 기원절(紀元節, 神武天皇의 卽位日)과 천장절(天長節, 天皇誕生日), 설날(元旦)에 그 배례식(拜禮式)을 실시할 것 그리고 그때 '기원절가(紀元節歌)', '천장절가(天長節歌)' 등을 연주할 것을 장려하였다. 단 그는 이들 행위는 자발적인 것이 바람직하다고 생각하여 강제적 수단을 동원하지는 않았다.

그는 국수주의자에 의해 암살되어 자신의 뜻을 펼치지 못한 채 세상을 떠났지만 그에 의해 이루어진 근대학교의 기본적 체계 확립은 큰 의미가 있다고 할 수 있으며, 이후 그가 지향한 국가주의 교육은 점차 견고한 체제를 갖추어 가게 되었다.

3. 고용외국인의 고용과 중등·고등교육의 성립

1) 전문교육기관의 성립

제1절에서 언급한 바와 같이 서양 교육정보의 수용은 이미 막부 말기에 시작되었으며, 교육의 근대화는 전문교육부터 시작되었다고 볼 수 있다. 1872년에 반포한 '학제'를 통해 처음으로 서양식 고등교육제도가 도입되었다. 이듬해에 학제 두 편이 추가되었는데, 이에 따르면 '외국교사를 통해 가르치는 고상(高尙)한 학교'를 전문학교(專門學校)로 하며, 정부는 근대화를 담당할 인재를 양성하기 위해 각 성(省)이 전문적으로 관리하는 학교를 다수 설립하였다. 1877년에는 52개의 전문학교가 있었는데, 대표적인 것으로 문부성(文部省)의 **도쿄대학**(東京大學), 공부성(工部省)의 **공부대학교**(工部大學校), 사법성(司法省)의 **법학교**(法學校), 내무성(內務省)의 **고마바농학교**(駒場農學校), 개척사(開拓使)의 **삿포로농학교**(札幌農學校), 육군성(陸軍

省)의 **사관학교**(士官學校), 해군성(海軍省)의 **병학교**(兵學校) 등을 들 수 있다. 그밖에 공립인 의학교(醫學校) · **상법강습소**(商法講習所) 그리고 사립인 게이오기주쿠(慶応義塾) · 미쓰이상선학교(三井商船學校) 등도 있었다.

메이지유신 이후 서양의 학예(學藝) 도입에 큰 공헌을 한 것은 다수의 **고용외국인**(御雇外国人)이었다. 그들이 메이지 시대(1868~1912년)에 어느 정도 일본에 왔는지 정확한 수는 알기 어렵지만, 대강 3~4천 명 정도 일본에 온 것으로 알려져 있다. 또 그중 교육과 관련된 외국인 교사만 족히 수 백명은 넘는 것으로 알려져 있다. **고용교사**의 수를 전문교육 부분에 한정해서 보면, 다음 〈표 4-1〉과 같이 169명이 고용된 것을 알 수 있는데, 그중 80%가 메이지 전기에 집중되어 있다. 메이지 후기가 되면 외국인교사에 대한 의존에서 탈피하여 점차 자립해가는 경향이 있음을 알 수 있다. 169명의 고용교사를 국적별로 보면 가장 그 수가 많은 나라는 독일 그리고 이어서 영국, 미국, 프랑스의 순이다. 한편 중등교육 이하의 학교단계에서는 영국인과 미국인이 다수를 차지했다.

〈표 4-1〉 고용교사 부문별 · 국적별 일람

국적 부문	독일	영국	미국	프랑스	스위스	호주	덴마크	이탈리아	네덜란드	캐나다	벨기에	러시아	합계
인문과학	17	20	15	10	2	1	1	1	·		·	1	68
사회과학	7	3	6	4	1	·	·	·	·	·	1	·	22
자연과학	39	15	13	9	·	·	·	·	1	1	·	1	79
계	63	38	34	23	3	1	1	1	1	1	1	·	169
백분율(%)	37.2	22.5	20.1	13.6	1.8	0.6	0.6	0.6	0.6	0.6	0.6	0.6	100

숫자는 관립 대학 또는 대학 정도의 학교에 고용된 고용 교사의 숫자로, 즉 최고 레벨의 지식인 수를 말함. 단 국적과 일본에 온 다음 이력이 확실한 자만을 고려한 숫자임.

고용교사가 일본에 온 동기는 일본에 대한 관심과 기독교 선교를 목적으로 한 경우도 있었지만, 그들의 가장 큰 관심은 급여였다. 일본 정부에 '고용'되면 높은 급여를 받을 수 있다는 것이 막부 말기부터 외국인들 사이에서 소문이 나있었다. 메이지시대에 들어서도 높은 급여는 지속되었기 때문에 ―습기가 많고 치안이 좋지 않은 일본임에도 불구하고― 도래하는 외국인은 줄지 않았다. 문부성에서 1872년에 정한 고용교사의 급여 기준을 보면 예과(豫科)에 해당하는 어학(語學)교사의 월급은 150~200엔, 전문학(專門學, 醫科·法科·理科)교사는 300~400엔 그리고 최고액은 교장(教頭)으로 500~600엔으로 되어 있었다. 대학남교(大學南校)의 **훌벡**(Verbeck)[12]에게는 최고액인 600엔이 지급되었는데, 이는 당시 도쿄의 토지를 500엔으로 16필(反)이나 살 수 있었고 소학교 교사의 월급이 10엔 정도였던 것을 고려하면 파격적인 대우였다고 볼 수 있다.

전문 교육의 필요를 인식하고 이를 위해 학교 설립을 계획한 일본정부는 학문영역에 따라 각각 최고 수준의 모델을 채용하기 위해 '나라 선별'을 실시하였다. 1870년 무렵에는 유학생 파견을 위해 서양 각국의 전문학(專門學) 장점 분야에 대한 조사가 실시되었다. 외국인 고용도 이에 준하여 이루어졌는데 예를 들면, 의학은 독일, 공학은 영국, 법학은 프랑스, 농학은 미국, 미술은 이탈리아 등을 기본으로 하였으며, 대학동교(大學東校, 후에 東京大學醫學部)에는 호프만(Hoffmann)과 발츠(Balz), 공부대학교에는 다이어(Dyer), 사법성의 명법료학교(明法寮學校)에는 **보아소나드**(Boissonade),[13] 삿포로농학교에는 **클라크**(Clark),[14] 도쿄대학 및 도쿄미술학교(東京美術學

12) 미국의 네덜란드 개혁파교회 선교사 겸 교육가. 1859년 일본에 들어와 독일의학 등의 채용을 일본정부에 건의함(1830~1898).

13) 프랑스의 법학자. 1873년 법제 정비를 위해 일본정부의 고문으로 초빙되어 민법과 형법을 기초함(1825~1910).

14) 미국의 화학자 겸 교육가. 홋카이도개척사(北海道開拓使)로 초빙되어 1876년 일본에 옴. 삿포로농학교의 교장으로 있었으며, 기독교 사상에 근거한 훈육은 우치무라 간조(內村鑑三)

校)에는 **훼놀로사**(Fenollosa)[15]와 같은 저명한 학자들을 각각 초빙하였다.

2) 중등교육기관의 성립

학제 이전에 메이지정부가 취한 중등교육정책은 고등전문교육과는 대조적으로 각 지방의 자주성과 사적인 교육활동에 맡기는 것이었다. 메이지유신 이후 각 번을 중심으로 이루어진 중학교와 양학교의 자주적 경영은 폐번치현 이후에는 어렵게 되었으며, 대부분 사숙의 형태로 이어지게 되었다.

학제 반포로 중등교육은 '소학교를 거친 학생들에게 보통 학과를 가르치는' 상하 2등(等)의 중학교 이외에 공업학교, 상업학교, 통역학교, 서민학교 등이 담당하기로 되어 있었다. 하등중학(下等中學)은 14~16세, 상등중학(上等中學)은 17~19세를 대상으로 하며, 다시 각각 6등급으로 나뉘어졌다. 이 중 가장 낮은 6급부터 6개월마다 시험을 치러 1급까지 진급하는 것으로 되어 있었다.

학제는 8개의 대학구를 각각 32개의 중학구로 나누고, 다시 각각에 중학교를 1개교씩 전국에 총 256개교의 중학교를 설립하는 것으로 규정되었다. 그러나 이들 중학교를 정식으로 설립하는 것은 어려웠기 때문에, 규정에 맞지 않는 변칙중학교와 가숙, 사숙도 인정하며 보급을 꾀하였다. 문부성은 대체로 학제기에 중등교육에 대한 적극적인 장려정책을 강구한 것은 거의 없었으며, 따라서 그 정비는 늦을 수 밖에 없었다.

여자의 경우, 학제에서는 소학교의 한 종류로 여아소학(女兒小學)을 인정했는데, 그 이상의 학교 단계에 대해서는 아무런 규정이 없었다. 이는 당시

와 니토베 이나조(新渡戶稻造) 등에게 큰 영향을 끼쳤다(1826~1886).

15) 미국의 철학자 겸 미술연구가. 1878년 일본에 와 도쿄대학에서 철학을 강의하는 한편 일본 미술에 대해 연구를 함. 제자인 오카쿠라 덴신(岡倉天心)과 함께 미술학교를 창립하였으며 일본화의 부흥에 힘을 쏟았다(1853~1908).

여자가 학교에서 교육받는 것에 대한 요구가 낮았음을 나타낸다. 이런 와중에 여자들의 교육에 대해 필요성을 호소한 사람이 있었는데, 바로 문부성 독학감인 머레이였다. 그는 문부성에 제출한 '신보(申報)'에서 여자 교육의 필요성과 함께 여자 교육 진흥의 구체적인 정책으로 여자교원양성이 급선무라고 지적하였다. 그 결과 1875년에 도쿄여자사범학교(東京女子師範學校)가 개교했으며, 이후 일본 최초의 여자교원 양성의 중심으로서 성장하였다.

또 당시 여자 교육의 진흥에 큰 역할을 한 것은 기독교해금(1872년)을 배경으로 각지에 설립된 미선계통의 여학교였다. 1880년까지 설립된 학교로 키더(Kidder)의 훼리스여학원(フェリス女学院) 이외에 고베에이와여학원(神戸英和女学院), 도시샤여학교(同志社女学校), 바이카여학교(梅花女学校), 갓스이여학교(活水女学校), 바이코여학원(梅光女学院), 부리텐여학교(ブリテン女学校) 등이 있다. 이들 학교는 개인 주택을 사용한 곳도 많았는데, 그 규모는 작았지만 영어교육을 중심으로 한 기독교적 인격교육을 하여 후에 부인 지위향상의 기초를 마련하였다. 메이지시대 전기 일본의 여자 중등교육은 이러한 사숙이 중심이 되어 추진되었다.

3) 중등·고등 교육기관의 정비

제1차 교육령과 제2차 교육령 모두 '대학은 법학·이학·의학·문학 등 전문과를 가르치는 곳'으로 규정한 만큼 대학법령이라 불릴만한 것은 존재하지 않았다. 이 규정에 해당하는 학교는 오직 도쿄대학 하나로, **도쿄대학예비문**(東京大學豫備門)이 대학과 직결되는 유일한 예비교육기관이었다. 도쿄대학은 당초 법(法)·이(理)·문(文)·의(醫)의 각 학부가 독립된 관리 조직으로 운영되었는데, 1881년 통일적 직제 및 사무장정(事務章程)이 제정되어 4개의 학부를 총괄하는 총리(總理)가 설치되었다. 초대 총리로 **가토 히로**

유키(加藤弘之)[16] 그리고 총리보(補)로 **하마오 아라타**(浜尾新)[17]가 각각 임명되었는데, 이들의 노력에 의해 1897년에 국한문학과(和漢文學科), 1892년에는 문학부에 고전강습과(古典講習科)가 각각 설치되었고, 또 1890년에는 대학원의 선각인 학사연구과(學士硏究科)가 설치되는 등 서양의 여러 과학에 이어 전통적 학문의 연구도 충실하게 되었다.

문부성 소관의 대학 이외에 공업기술의 고등교육에 큰 역할을 한 것은 공부성의 공부대학교였다. 공부대학교는 토목 · 기계 · 조선 · 전기 · 건축 · 응용화학 · 광산 · 야금 등 여러 분야에서 많은 졸업생을 배출하였으며, 그 규모는 도쿄대학 이학부(理學部)를 능가했다. 농업 교육의 경우 고마바농학교와 도쿄삼림학교(東京森林學校)에서는 유럽식 농업교육, 삿포로농학교에서는 미국식 농업교육이 각각 이루어졌다. 의학 분야에서는 한방의학이 쇠퇴하고 독일의학의 도쿄대학 의학부(醫學部)를 중심으로 서양의학의 진흥이 꾀해졌다. 법학 교육의 경우 도쿄법학교(東京法學校) · 전수학교(專修學校) · 메이지법률학교(明治法律學校) · 영국법률학교(英吉利法律學校) · 도쿄전문학교(東京專門學校, 후에 早稻田大學) 등 사립대학이 잇달아 설립되었다. 그밖에 이학교육에 특색을 가진 도쿄물리학교(東京物理學校)와 귀족들의 교육기관으로서 각슈인(學習院)이 창설되었다.

자유민권운동이 고양(高揚)된 시기에 대학 안팎에서 학생들에 의한 정담(政談)연설 등 정치활동이 많아졌으며, 도쿄대학 학위수여 거부 사건과 같은 반항운동이 일어났다. 그러나 '메이지14년의 정변'[18]이후 정권이 안정되

---

16) 철학자이자 교육가. 처음에는 천부인권(天賦人權)과 자유평등을 주장했으나 후에 들어 사회진화론을 주장하며 평등설에 반대함. 도쿄대학총장 · 제국학사원장(帝國學士院長) · 국어조사위원회장 등을 역임(1836~1916).

17) 교육행정가. 귀족원의원 · 도쿄대학총장 · 추밀원(樞密院)의장 등을 역임(1849~1925).

18) 1881년(明治14) 10월 개척사(開拓使) 관유물(官有物) 불하(拂下)의 중지, 10년후 국회 개설의 공약, 참의(參議) 오쿠마 시게노부(大隈重信)과의 추방을 내용으로 한 정변. 이로 인해 사쓰마 · 조슈 번벌(藩閥) 체제가 굳건해 졌고 입헌제국가로의 길이 확정되었다.

자 독일과 오스트리아에서 헌법조사를 마치고 귀국한 이토 히로부미는 학교와 학문에 있어서도 반정부적 행동에 대해 경계를 강화해 나갔다. 그의 뜻을 받아들인 모리 아리노리는 제국대학령을 제정하고 국가관료의 양성기관으로 **제국대학**(帝國大學)을 탄생시켰다. 문부성 이외의 각종 관립고등교육기관은 삿포로농학교를 제외하고 모두 제국대학에 합병되었으며, 이후 문부성의 직할대학으로서 정비·확충되어 갔다.

한편 중등교육에 관한 시책은 교육령 시기에 들어서도 적극적으로 전개되지는 못했다. 문부성연보(年報)에 의하면 1879년 관공사립(官公私立)을 합쳐 784개교였던 중학교가 이듬해 187개교로 급감하였다. 이는 교육령 및 개정교육령에 '중학교는 고등한 보통학과를 가르치는 곳'이라는 규정밖에 없었기 때문에 설치상황과 수업년한, 교과목 등이 지방에 따라 다양했으며, 제2차 교육령 이후에는 내용이 정비되지 않은 학교가 각종학교로 취급받았기 때문이다.

중학교의 교육목적이 처음 구체적으로 나온 것은 1881년에 제출된 **중학교교칙대강**(中學校敎則大綱)이었다. 그 내용을 보면 중학교 졸업 후 '중인(中人) 이상의 업무에 취업'하기 위함과 '고등학교에 입학'하기 위해 필요한 학과를 가르친다는 두 가지 목적이 명시되어 있었는데 중등 교육제도의 확립은 국가 기준이 명확하게 나오는 1886년의 중학교령 공포 이후로 봐야 할 것이다.

여자 중등교육기관에 대해 살펴보면 1882년 도쿄여자사범학교 부속고등여학교가 창설되었으며 여기에 여자 중등교육의 방책이 명시되었다. 이 학교의 수업년한은 5년으로, 하등 3년·고등 2년의 여학과로 구성되었으며, 소학교 과정 6년 수료를 입학조건으로 하였다. 그 후 여자중등학교(女子中等學校)에 고등여학교(高等女學校)의 명칭이 사용되어 남자 중등교육과는 다른 형태로 여자 중등교육의 기본방침이 결정되었다.

4. 소학교의 보급과 아이들 생활의 변화

1) 학교에 갈 수 없었던 아이들

학제가 공포된 후 바로 많은 아이들이 학교에 다닌 것은 아니다. 학제기의 소학교는 첫째, 교육내용이 민중들의 생활과 동떨어져 있었으며, 둘째, 근대적 교육내용과 방법을 이해한 교원이 부족했고, 셋째, 수업료의 부담이 컸던 이유 등으로 **취학률**이 높지 않았다.

〈표 4-2〉 메이지 전기의 취학률(단위: %)

	남자	여자	평균		남자	여자	평균
1873년	39.9	15.1	28.1	1882년	64.6	31.0	50.7
1874	46.2	17.2	32.3	1883	67.2	33.6	53.1
1875	50.8	18.7	35.4	1884	67.0	33.3	53.0
1876	54.2	21.0	38.3	1885	65.8	32.1	49.6
1877	56.0	22.5	40.0	1886	62.0	29.0	46.3
1878	57.6	23.5	41.3	1887	60.3	28.3	45.0
1879	58.2	22.6	41.2	1888	63.0	30.2	47.4
1880	58.7	21.9	41.1	1889	64.3	30.5	48.2
1881	60.0	24.7	45.5	1890	65.1	31.3	48.9

제2차 교육령의 법적규제 강화로 취학상황은 향상되었다. 그러나 1882년 무렵부터 심각한 경제불황의 영향을 받아 취학률은 1883년을 정점으로 하락되었다.

〈표 4-2〉는 메이지전기 학령(學齡) 아동의 취학률을 나타낸다. 1877년 (明治10)까지의 취학률은 평균 40% 이하로, 특히 여자아이의 취학률이 낮았다. 이는 취학하지 않는 것이 경제적인 이유뿐만 아니라, 여자아이는 남자아이와 다른 교육이 필요하다는 근세적(近世的) 여자교육관이 존재하고 있었음을 나타내는 것이다. 예를 들면, 유복한 가정의 사례를 보면, 남자아이는 학교에 보냈지만 여자아이는 보내지 않는 경우가 적지 않았는데, 이와 같이 여자는 학교에 보낼 필요가 없다는 생각이 뿌리 깊었다.

취학률을 상승시키는 것은 학제 반포 직후부터 메이지정부의 과제였다. 이를 위해 문부성은 부현청(府縣廳)→군사무소(郡役所)→마을사무소(町村 役場)→학구(學區)의 순으로 행정적 압력을 가하는 등 강력한 **취학독촉**(독 려)을 꾀하였다. 그 결과 전국적으로 치열한 취학률 상승 경쟁이 전개되어 각 관청에서는 조금이라도 수치를 올리기 위해 여러 노력을 기울였다.

독촉은 먼저 지방관(地方官)이 민중에게 제시한 고유(告諭)·설유(說喩) 등의 방법으로 했는데, 처음에는 학제포고서의 내용을 쉽게 알린 것이 많았 다. 또한 부와 현에서는 독촉업무를 규칙으로 정하여 학구담당자와 학교관 리자, 교원들을 통해 아이를 학교에 보내지 않는 부모들을 설득케 하였다. 지방에 따라서는 경찰이 취학하지 않는 아이를 단속하는 예도 있었다. 그밖 에 기부금을 모은다거나 휴일과 야간에 학교 수업을 한다거나 또는 마을의 유흥행사를 금지하고 그 비용으로 학교를 유지한다거나 우등생을 표창하는 등의 여러 수단이 취해졌다. 또 취학률이 낮은 학교의 교기(校旗)를 검정색 으로 한다든지 취학한 아이들에게 〈그림 4-3〉과 같은 **취학표**(就學標, 就學 牌)를 달게 하여 취학하지 않은 아이와 구별하는 등의 차별도 있었다.

학제 실시 초기 학교의 건설·유지에 필요한 막대한 경비의 부담과 고 액의 수업료는 민중들의 교육행정에 대한 저항을 불러일으켰다. 특히 마

을의 아이들은 풀을 벤 다거나 뽕잎을 딴다거 나 또는 더 어린아이를 돌보거나 가축을 키우 는 일 등에 힘을 보태는 중요한 노동력이었기에 때문에 아이를 학교에 보내면 그만큼 노동력

〈그림 4-3〉 취학표(就學標)
뱃지처럼 가슴에 달게 하였는데, 안쪽에 학생 이름을 새겼다. 그밖에 증시(鑑札)나 비녀 등을 배포한 학교도 있었다.

이 감소될 수밖에 없었다. 그러나 취학 독촉이 강화되자, 학동보호회 · 아동취학장려회 등으로 불린 취학 원조단체가 조직되어 노동과 가사노동 때문에 취학할 수 없는 아이들을 위해 야간과 농한기, 휴일 등에 학교를 여는 '야학급', '특별학급' 그리고 어린아이를 돌보는 아이가 유아를 동반하여 통학하는 **고모리학교**(子守學校)가 생기게 되어 —국민교화정책의 일환이기는 했지만— 집안 일도 도와야 하는 아이들의 취학 기회는 증가해 갔다.

이와 같이 각종 취학장려정책이 철저해짐에 따라 지방자치체에서는 취학불능의 사유를 신고한 보호자에게 취학유예(猶豫)를 인정하였다. 즉 1886년 소학교령에서 '질병이나 가계곤란, 기타 어쩔 수 없는 사고'로 인해 취학할 수 없는 경우에는 부지사 현령으로 취학 유예를 허가할 수 있도록 하는 등 처음으로 취학유예에 관한 규정을 정하였다. 1890년 **제2차 소학령**(第2次小學校令)에서는 취학 면제가 규정되었다.

메이지정부가 국민개학(國民皆學)을 지향하고 급격한 취학률 상승을 꾀한 것은 구미 열강에게 일본의 근대화를 어필하기 위함으로, 그 배경에는 당시 중요했던 불평등조약의 개정 실현이라는 것이 있었다. 이와 같이 국가부강을 위한 근대교육의 정비와 보급의 뒷면에서 심신의 장애와 가난에 허덕이는 약자의 교육권은 박탈되어 갔다.

2) 통학하는 아이들

앞에서 언급한 바와 같이 실제로 학제기에 소학교에 다닌 아이들은 학령아동의 절반도 되지 않았다. 여기서는 소학교를 다닌 아이들의 생활은 어떠했는지 그 변화를 살펴보도록 한다.

학제가 반포되자 문부성에 의한 '교육의 근대화 = 서양화' 정책이 반영되어 각지에 가이치학교(開智學校, 칼럼 참조)로 대표되는 의양풍(擬洋風) 건축의 소학교 교사가 건축되었다. 그러나 이러한 훌륭한 교사는 특별한 것으로, 대부분은 이전까지의 데나라이주쿠와 사숙을 소학교로 재편한 것이었다. 1875년(明治8)의 상황을 보면 신축 교사를 사용한 소학교는 18%로, 나머지 82% 중 40%는 사원, 33%는 민가, 9%는 관청·회사·신사·창고·기존의 관저(藩邸) 등을 빌려 사용하였다. 농촌의 소규모 소학교 중에는 마굿간의 2층을 빌려 수업을 한 곳도 있었으며, 그 실태는 데나라이주쿠(手習塾)와 거의 차이가 없는 곳이 많았다.

소학교가 생김으로써 교육과 관련된 사물의 명칭이나 수업의 형태가 크게 변화하였다. 즉 교육기관의 명칭이 '데나라이주쿠·데라코야(寺子屋)'에서 '소학교(小學校)'로 바뀌었으며, '스승(師匠)과 데라코(寺子)'도 '교사(教師)와 생도(生徒)'로 불리게 되었다. 데나라이주쿠에서 진행된 '개별지도'는 학교가 시작되자 지금도 보급되어 있는 '일제수업(一齊教授)'의 형태로 바뀌게 되었다. 사용하는 서적은 '오라이모노(往來物)'라 불리던 것에서 '교과서(教科書)'로 그리고 교재와 교구도 '붓(筆)과 종이(紙)'에서 **석필(石筆)과 석반(石盤)**'으로 바뀌었다.

〈그림 4-4〉 석반(石盤)과 석필(石筆)

점판암(粘板岩)을 잘라 만든 석반과 납석(蠟石)을 갈아 만든 석필. 석필로 쓴 글씨와 그림은 니시키유리(錦ビ一ド口)나 종이로 만든 석판지우개로 닦아 지웠다.

이러한 변화는 문부성에서 사범학교에 고용한 미국인 **스콧**(Scott)[19]이 제공한 정보를 통해 미국의 소학교 교육을 모방한 것에서 유래한다. 당시

---

19) 미국인 교육가. 모리 아리노리 등의 권유로 일본에 들어와 난코(南校)에서 영어와 보통학을 가르쳤다. 이후 도쿄사범학교에서 미국에서 가져온 교재와 교구를 사용하는 등 미국의 교육법을 도입하였다(1843~1922).

문부성에는 지방을 순회하며 '다다미 위에서 수업은 안 된다, 반드시 서양관(西洋館)이어야 한다 그리고 건물 안에 책상과 의자를 넣어야 한다'고 장려한 관리도 있었다.

〈그림 4-5〉 수업 풍경(敎授之圖)

교사와 생도 모두 옷차림이 좋으며, 일본식 복장과 서양식 복장을 한 생도들이 보인다. 수입품으로 보이는 뚜껑을 여는 큰 책상을 사용하고 있다. 전통적인 것과 새로운 것이 섞여 있는 것이 인상적이다.

〈그림 4-5〉는 메이지 초기의 수업풍경이다. 이 그림을 보면 학생수가 적으며, 남녀가 각기 다른 방에서 그리고 모두 의자에 앉아 있으며, 교사는 '연어그림(連語圖)'을 지시봉으로 가리치면서 수업을 하고 있고 학생들은 석필과 석반을 사용하고 있는 것을 알 수 있다.

학교를 다닌 아이들이 배운 내용은 어떤 것이었을까? 학제에 나오는 하등소학(下等小學)의 교과는 '철자(綴字)·습자(習字)·단어(單語)·회화(會話)·독본(讀本)·수신(修身)·편지(書牘)·문법(文法)·산술(算術)·양생법(養生法)·지학대의(地學大意)·이학대의(理學大意)·체술(体術)·창가(唱歌)'였다. 단 창가는 '당분간은 뺀다'고 하였다. 상등소학(上等小學)에는 다시 '사학대의(史學大意)·기하학괘도대의(幾何學掛圖大意)·박물학대의(博物學大意)·화학대의(化學大意)'가 추가되었으며, '외국어학 일이(一二)·기부법(記簿法)·도화(圖畵)·천구학(天球學)'을 지역 상황에 따라 추가할 수 있다고 하였다. 문부성은 이들을 가르치기 위한 실시 규칙인 '소학교칙(小學敎則)'을 정하고 각 급에서 다루는 내용과 방법을 상세히 나타냈다. 문부성 소학교칙의 주요 특징은 자연과학과 수학의 내용을 중시하여 전체 수업시간의 40%를 배정한 점이다. 또 외국의 지식과 시민도덕의 수용을 지향한다는 특징도 있었다. 그러나 과목이 번잡하고 그 수준이 높아 일반 소학교에서 시행되기는 어려웠다. 실제로 대다수 소학교에 보급된 것은 도쿄사범학교가 스콧의 조언과 실험에 의해 작성한 '소학교칙(小學敎則)'이었다. 사범학교가 1873년(明治6) 5월에 제정한 소학교칙의 교과는 다음과 같다.

- 하등소학···독서(讀物)·산술(算術)·습자(習字)·받아쓰기(書取)·작문(作文)·문답(問答)·복독(復讀)·각과 복습(諸科復習)·체조(體操)
- 상등소학···독서(讀物)·산술(算術)·습자(習字)·윤강(輪講)·암기(暗記)·작문(作文)·괘도(掛圖)·각과 복습(諸科溫習)·체조(體操)

이 교칙의 특색은 첫째, 지리·역사·수신·물리·화학 등의 내용을 다루는 '독서(讀物)'라는 종합적 내용의 과목, 둘째, 독서에서 다루는 내용을 문답의 형식으로 가르치는 **문답**(問答)이라는 과목을 둔 부분이다. 전체 커리큘럼은 단순하고 알기 쉽게 정리되어 있었다.

이들 내용을 가르치기 위한 교과서로는 『**윌슨·리더**』 등 미국에서 널리 사용된 교과서를 번역한 교과서가 사용되었다.[20] 또 스콧이 도입한 교

---

20) 예를 들면, 문부성에서 편찬한 『소학독복(小学読本)』 1권(1873)은 『윌슨·리더』의 번역본이었다.

수법은 페스탈로치주의의 직관교수(直觀教授)를 기본으로 하는 것으로, 그 교재로서 많은 괘도가 사용되었다. 스콧이 소개한 **구체적인 실례**(object lessons)는 당시 **서물지교**(庶物指敎)로 번역되어 오관(五官), 즉 다섯 개의 감각 기관인 눈·귀·코·혀·피부를 동원하며 실물을 접하는 수업이 장려되었다. 사범학교의 소학교칙에 나오는 문답과는 이 서물지교를 진행하는 시간이었다.

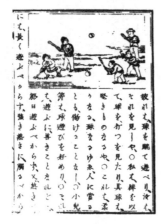

〈그림 4-6〉윌슨 리더와 『소학독본(小學讀本)』

『소학독본』의 삽화에는 방망이(배트)를 든 복수의 사람이 그려져 있다. 이와 같이 '야구(野球)'를 이해하지 못하는 번역자에 의한 어이없는 직역이 교과서에 그대로 쓰였다.

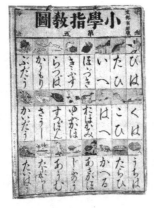

〈그림 4-7〉괘도(「小學指敎圖」)

세로 열(列)에 같은 문자로 끝나는 단어나 같은 문자가 들어가는 단어가 나열되어 있다. '문답(問答)' 수업에서 교사가 지시봉으로 가리키며 질문하고 생도가 대답하는 데 사용한 교재.

취학률이 높아짐에 따라 통학하는 아이의 수가 증가했으며, 사람들의 생활도 서서히 변화하기 시작하였다. 에도시대에 있어서 서민들의 경우 학습을 언제 시작하는지 언제 끝내는지는 모두 자유였다. 예를 들면, 몇 살에 데나라이주쿠에 입문할지와 언제 그만둘지 등은 아이의 집안 사정에 달려있었다. 매일 통학하는 아이가 있는가 하면 그렇지 않은 아이도 있었고, 집안일이 바쁠 때에는 장기 결석하는 아이도 있었다. 이것은 민중에게 있어 매우 중요한 것으로, 무엇보다 중심에 있었던 것은 그들의 생활이었기 때문이다. 아이들은 시간이 될 때 데나라이주쿠에 다닌 것이며, 각자의 생활에 맞춰가며 학습한 것이다.

그런데 소학교가 보급되자 아이들의 생활은 학교를 중심으로 변하게 되었다. 아침에 일어나 학교에 가야 했기 때문에 노는 것이나 집안의 일은 수업이 끝난 다음이나 휴일에나 해야 했다. 부모와 아이 모두 학교 수업시간에 따라 기상시간을 바꾸게 되었고, 가족 행사는 학교 일정에 맞춰 계획하는 등 아이들뿐만 아니라 어른들까지 학교 일정에 맞춰가며 생활을 하게 되었다. 이리하여 근대의 아이들은 각자의 생활에서 벗어난 학교라는 사회에서, 국민으로서 공통된 교육내용을 학습받게 되었다.

참고문헌

石川松『太郎藩校と寺子屋』(教育社, 1978年)

石附実『近代日本の海外留学史』(ミネルヴァ書房, 1972年)

井上久雄『学制論考』(風間書房, 1963年)

尾形裕康『西洋教育移入の方途』(講談社, 1961年)

笠井助治『近代藩校の総合的研究』(吉川弘文館, 1960年)

片桐芳雄『自由民権期教育史研究－近代公教育と民衆―』(東京大学出版会, 1990年)

佐藤秀夫『学校ことはじめ事典』(小学館, 1987年)

仲新編『富国強兵下の子ども』(日本子どもの歴史5)(第一法規, 1977年)

日本近代教育史事典編集委員会編『日本近代教育史事典』(平凡社, 1971年)

沼田次郎『洋学』(吉川弘文館, 1989年)

橋本美保『明治初期におけるアメリカ教育情報受容の研究』(風間書房, 1998年)

三好信浩『日本教育の開国―外国教師と近代日本―』(福村出版, 1986年)

三好信浩・岩田高明「江戸時代における西洋教育情報の受容」『広島大学教育学部紀
　　要』第34號(1986年)

文部省編『学制百年史』(帝国地方行政学会, 1972年)

중요문화재 가이치학교와 근대의 학교건축

가이치학교(開智學校)는 1873년(明治6) 현재의 나가노(長野)현 마쓰모토(松本)시에서 개교하였다. 현존하는 교사는 1876년(明治9)에 세워진 당시의 형태에 가깝게 복원·이축(移築)한 것으로, 1961년 메이지 초기의 학교건축으로는 처음으로 국가 중요문화재로 지정되었다. 건축 양식은 도쿄대학의 전신 중의 하나인 가이세이각코(開成學校)를 참고로 하였으며 일본식과 서양식을 혼합한 의양풍(擬洋風)이다. 나무로 된 문짝에는 용이 새겨져 있으며, 유리 장식·팔각 기둥의 높은 누각이 갖춰진 호화스러운 중앙복도식(中廊下式) 소학교 교사이다. 건축에 들어간 경비는 1만1128엔에 달했는데 ―당시 현미 한 가마가 5엔이었기 때문에― 이는 현재의 가치로 환산하면 수억 엔에 해당된다. 건축자금의 70%는 주민의 기부에 의해 마련되었는데, 이를 통해 이 지방의 주민들의 학교에 대한 기대와 열의를 짐작할 수 있다.

중요문화재 가이치학교

메이지 전기에는 이와 같이 막대한 건축비를 들여 만든 서양풍의 학교가 각지에 건축되었는데, 가이치학교 이외에도 이와시나학교(岩科學校, 静岡県), 무쓰자와소학교(睦澤小學校, 山梨県), 미쓰카이도소학교(水海道小學校, 茨城県) 등의 학교 유적은 지금도 당시의 모습을 전하고 있다.

그러나 서양식의 학교건축은 비용이 지나치게 많이 드는 점, 중앙복도식의 교실 배치가 일본의 기후와 풍토에 적절치 않은 점 등의 문제 때문에 전국적으로 보급되지는 못했다. 대신 복도의 한쪽 편에 교실을 설치한 이른바 하모니카형(한쪽편 복도식) 학교가 많이 건축되었다. 지금 사람들이 연상하는 '교실'의 이미지는 메이지시대 이후 거의 변화가 없었던 것이다. 이는 메이지 20년대 문부성에서 내놓은 학교건축에 관한 기준(1891년 소학교설비준칙과 심상중학교설비규칙 등)이 1945년 이후에도 이어졌기 때문이다. 전국에 보급된 이 건축방식은 기준이 충족되면 건축 위생의 면에서 아이들 활동에 적합한 것이었다. 그러나 의무교육 취학률이 증가한 19세기 말에는 적은 비용으로 많은 학생들을 관리하기 쉬운 점이 중시되어 군대 막사와 같은 표준 사양의 교사에 많은 아이들을 채워넣고 일제수업을 하는 것이 일반화되었다.

현재는 교육관과 교육방법의 변화에 맞추어 틀에 박힌 듯한 기제품(旣製品) 건물에 아이들을 집어넣는 것에서 탈피하여 아이들의 활동을 중심에 두고 건물을 만드는 주문품(注文品)으로 학교건축이 바뀌어 가고 있다.

5장
천황제 교육체제의 확립과 전개

대일본제국헌법(大日本帝國憲法)과 교육칙어(敎育勅語)의 발포는 일본이 근대국가로서의 모습을 국내외에 나타낸 것이다. 이 장에서는 이를 바탕으로 초등교육・중등교육・실업교육・고등교육과 학교제도가 확충・정비되는 과정 그리고 홋카이도(北海道)・오키나와(沖縄)와 같은 '내지(內地)'와 타이완(臺灣)・조선(朝鮮)과 같은 '외지(外地)' 즉 식민지를 교육의 측면에서 지배해가는 과정을 살펴보도록 한다.

1. 천황제 교육체제의 확립

1) 대일본제국헌법과 교육칙어의 발포

1889년 2월 **대일본제국헌법**(大日本帝國憲法)이 발포되었다. 제1조에 '대일본제국은 만세일계(萬歳一系)의 천황이 이를 통치하고', 제3조에 '천황은 신성하여 침범해서는 안된다'고 규정한 이 헌법은 근대국가의 길을 걷기 시작한 일본이 천황이 통치하는 국가라는 것을 명확히 제시한 것이다. 천황의 통치는 이 헌법의 조항을 근거로 하고, 제국의회에 의해 입법된 법률에 의해 이루어진다. 그러나 이 헌법에는 교육에 관한 조항은 존재하지 않았다. 교육은 제9조에 '천황은 (중략) 공공의 안녕과 질서를 보호 유지하고 신민의 행복을 증진하기 위해 필요한 명령을 내리며 또는 내리게 한다'라는 규정을 근거로 하여 천황의 명령 즉 의회가 입법하는 법률이 아닌 칙령(勅令)을 기본으로 하여 이루어지게 되었다. 즉 교육에 관한 기본적인 규정은 'ㅇㅇ법'이 아니라 'ㅇㅇ령'으로 규정되었다.

대일본제국헌법이 국가의 통치권을 천황에게 부여한 것이라고 한다면, 이듬해인 1890년 10월 30일에 발포된 **교육에 관한 칙어**(敎育勅語)는 천황의 통치하에서의 국민의 정신과 도덕을 통일시키려 한 것이었다.

교육칙어는 일반적으로 세 개의 단락으로 나눌 수 있는데, '짐이 생각건 대 황조황종(皇祖皇宗)이 나라를 열어 굉원(宏遠)한 덕을 세움이 심후(深厚)하도다'라고 시작되는 첫 번째 단락에서는 먼저 천황 자신의 조상이 나라를 세우고 동시에 충효를 기본으로 하는 국민의 '덕'도 만들었다고 하였다. 그리고 이 덕을 기초로 전 국민이 마음을 하나로 하여 실제 생활에서 여러 가지로 실천하는 것 그리고 이와 같은 실천을 할 수 있는 국민을 만드는 것이 일본의 가장 훌륭한 부분이며 또 교육의 기본이라고 언급하고 있다. 이어서 '우리 신민(爾臣民)' 이하의 두 번째 단락에서는 '부모에게 효도하고 형제에 게 우애하며, 부부가 서로 화목하고 붕우(朋友)가 서로 신뢰하며'는 가족도 덕에서부터 '공익에 널리 이바지하고 세상의 의무를 넓히며, 언제나 국헌(國 憲)을 무겁게 여겨 국법을 준수해야 한다'는 사회도덕에 이르기까지 국민에 게 요구되는 구체적 덕목을 열거하였다. 그리고 마지막으로 '일단 국가에 위급한 일이 생길 경우에는 의용(義勇)을 다하여 공(公)을 위해 봉사함으로써 천지와 더불어 무궁(無窮)할 황운(皇運)을 부익(扶翼)해야 한다'와 같이 비상시에는 자신을 버리고 천황과 운명을 같이 해야 할 것을 요구하고 있다. 그리고 이어지는 세 번째 단락에서 천황의 조상에 의해 전해진 위의 가르침이 고금동서 모든 시대와 모든 나라와 지역에 통용된다는 사실을 강조하고, 이를 기본으로 하여 국민의 '덕을 하나로' 할 것을 재차 요구하고 있다.

〈그림 5-1〉 국가와 천황에 대한 충성

1892년 출판된 소학교 1학년용 수신(修身)교과서. 스에마쓰 겐초(末松謙澄)의 『修身入門』 제33과. 저자는 후쿠오카현 출신으로 신문기자를 거쳐 정치가가 되었으며, 많은 저술과 함께 다방면에서 활약하였다.

칙령 발포 이듬해인 1891년 1월 9일 제일고등중학교(第一高等中學校) 시업식에서 일어난 **우치무라간조불경 사건**(内村鑑三不敬事件)은 이를 가장 잘 상징하는 사건이었다. 이 학교의 위탁교사였던 우치무라 간조[1]는 교육칙어 봉독식에서 천황 친필의 서명(署名)에 허리를 굽혀 공손히 경례하지 않은 것이 '불경(不敬)'한 것으로 몰려 결국 교단에서 쫓겨나게 되었다. 이외에 1911년에 일어난 **남북조정윤문제**(南北朝正閏問題)도 동일한 사건이다. 이

---

1) 종교가 겸 평론가. 삿포로농학교 출신으로 교회적 기독교에 대해 무교회 기독교를 주장하였다(1861~1930).

는 국정(國定)교과서 『심상소학일본역사(尋常小學日本歷史)』의 남북조(南北朝) 관련 부분을 두 조정이 분립했다는 객관적인 사실로 기술한 것이 남조를 정통으로 해야 한다는 세력으로부터 강한 항의를 받아 편수관(編修官)이 어쩔 수 없이 휴직을 해야만 했던 사건이다. 이와 같이 '덕을 세운' 천황의 정통성은 물론이거니와 그 권위를 조금이라도 침범할 가능성이 있는 일에 대해서는 여러 차례 강한 압력이 가해졌다.

2) 소학교령의 개정

칙령이 발포된 1890년 10월 모리 아리노리 문부장관 아래서 제정된 소학교령이 전면적으로 개정되어 새로운 소학교령(第2次小學校令)이 공포되었다. 그 제1조에 보면 '소학교는 아동들의 신체발달에 유의하고 도덕교육과 국민교육의 기초 및 그 생활에 필수적인 보통 지식과 기능을 가르치는 것을 근본 취지로 한다'와 같이 소학교의 설치 목적이 종래의 교육법령에 비해 상세히 기록되어 있으며, 소학교는 '도덕교육'과 '국민교육' 그리고 '생활에 필수적인 보통 지식과 기능'을 가르치는 것을 목적으로 하고 있다. 그리고 이듬해 1891년에 정해진 소학교교칙대강에서는 '지식기능'에 대해 '덕성의 함양'이 교육에서 가장 중시돼야 한다고 지적하고, 도덕교육과 국민교육에 관한 사항이 모든 교과에 의해 교육되도록 배려해야 한다고 하였다. 특히 그 중심을 담당할 교과는 수신(修身)이며, 그 교육은 '교육에 관한 칙어의 취지'에 근거하도록 되었다. 그리고 '존왕애국의 지기(志氣)를 키우는' 것과 '국가에 대한 책무의 대요'를 지시한 것, '사회의 제재(制裁)와 염치'를 중시해야함을 알게 하는 것 등 보다 상세히 그 내용을 규정하였다.

〈그림 5-2〉 학교의식에서의 칙어봉독(勅語奉讀)

히가시쿠제 미치토미(東久世通禧) 편,『교정심상소학교수신서(校訂尋常小學校修身書)』(1892) 1권
제14과. 1권은 1학년용으로 중간까지 그림만으로 구성되었고 이를 교사가 보면서 설명하였다. 저자
는 천황을 지지하는 쪽의 정치가였다.

이와 같이 대일본제국헌법과 교육칙어의 발포에 의해 천황과 국가에 대
한 충성을 국민에게 요구하는 교육체제가 확립되었는데, 그 성격을 가장 상
징적으로 보여주는 것은 제2차 소학교령에 근거하여 제정된 **소학교축일대**
제일의식규정(小學校祝日大祭日儀式規程)이다. 여기에 보면 2월 11일 기
원절(紀元節), 11월 3일 천장절(天長節), 1월 3일 원시제(元始祭), 10월 17일
간나메제(神嘗祭) 그리고 11월 23일의 니이나메제(新嘗祭)에는 ① 교장·
교원·생도들은 천황과 황후의 사진 '어진영'에 허리를 굽혀 공손히 경례를
하고 만세를 부를 것, ② 교장 또는 교원이 교육칙어를 '봉독(奉讀)' 할 것,
③ 교장 또는 교원이 칙어의 취지에 의거하여 이 날의 유래에 대해 연설하
고 '충군애국의 지기를 함양하도록'할 것, ④ 교장·교원·생도들은 이 날에
맞는 창가를 합창할 것으로 되어 있었다. 또 1월 30일 고메이천황제(孝明天

皇祭), 춘분(春分)날의 춘계황령절(春季皇靈祭), 4월 3일 진무천황제(神武天皇祭), 추분(秋分)날의 추계황령절(秋季皇靈祭)에는 상기의 ③과 ④를 그리고 1월 1일에는 ①, ④를 시행할 것, 또 시정촌장과 학사(學事)와 관련된 시정촌의 관리 그리고 생도들의 부모와 친척 그밖에 시정촌의 주민들도 참가할 수 있게 하였다. 또 이때 생도에게는 다과 등을 줘도 되며, 이들을 단순하고 지겨운 의식에 참석시키는 것 말고 체조장이나 야외에서 **유희체조**(遊戲體操) 등을 하게 하여 '생도들의 심정을 쾌활하게 하'도록 배려할 것 등 의식 방법에 대한 내용을 구체적이고 상세하게 규정하였다. 이러한 배려는 소학교교칙대강의 수신 항목에 나와 있듯이 '존왕애국의 지기'를 단순히 지식으로서 뿐만 아니라 생도들 내면에 '침윤훈염(浸潤薫染)'되도록 하는 방법을 중시했기 때문이다. 그런데 이와 같이 1년에 10회에 걸친 의식은 너무 빈번하여 형식화되었으며, 결국 2년후 기원절·천장절·1월 1일 등 이른바 **삼대절**(三大節)로 한정하게 되었다. 또 그만큼 각각의 의식은 엄숙하게 치를 것이 요구되었다.

심상소학교는 단순히 다음 대를 책임질 아이들 교육뿐 아니라 학교의식에 부모·친척을 비롯하여 지역 주민의 참석이 기대되었듯이 천황 중심의 국가주의를 지역에 침투시키는 첨병으로서의 기능도 갖고 있었다.

3) 시제·정촌제와 소학교의 설치

제2차 소학교령 제정의 보다 직접적인 계기는 1888년에 공포된 **시제**(市制)·**정촌제**(町村制)에 대한 대응이었다. 제25조에 '각 시와 정촌에 있어서 그 지역 내의 학령 아동들을 취학시키는 데 필요한 심상소학교를 설치한다'와 같이 시제·정촌제에 의해 지방행정제도의 기초단위가 된 각 시정촌이 공립소학교 설치의 주체가 되었다. 즉 수업년한 3년(또는 4년)의 심상소학교 설치가 의무화되었다. 이는 동시에 시정촌이 시설·설비와 교원의 급여, 기타 심상소학교를 설립 유지하는 비용을 부담하는 것을 의미했다. 재정능력이 부족한 정촌에서는 공동으로 학교를 유지하기 위해 정촌조합 설립을 인정하기도 했지만, 이후 소학교는 시정촌을 단위로 하는 지방조직에 의해 유지되는 '지역의 학교'로서의 성격을 갖게 되었다.

소학교가 **심상소학교**(尋常小學校)와 **고등소학교**(高等小學校) 두 종류로 나뉜 것은 제1차 소학교령과 차이는 없지만, 제1차 소학교령에서 인정된 소학간이과(小學簡易科)는 폐지되었고 대신 심상소학교는 3년제와 4년제의 두 과정 그리고 고등소학교는 2년제·3년제·4년제의 세 과정이 각 시정촌의 상황에 따라 설치할 수 있게 되었다. 그러나 실제로는 심상소학교는 4년제가 90% 이상, 고등소학교는 4년제가 80% 이상을 차지하였다. 3년제 심상소학교가 많이 설치된 곳은 히로시마·니가타·홋카이도·후쿠오카·후쿠이 등이었는데, 이는 제1차 소학교령의 소학간이과의 설치 상황을 계승한 것으로 볼 수 있다. 이윽고 3년제를 설치한 학교는 전국적으로 1,000교 이하로 감소하게 되었다. 한편 고등소학교 설치 숫자는 심상소학교에 대비하여 1895년에는 약 1/7, 1899년에는 약 1/5에 머물렀다. 이는 심상소학교의 보급을 우선시 하고 고등소학교는 가급적 완전한 형태로 설치하려고 한 문부성과 부현 당국의 방침에 의한 것이었다. 그럼에도 불구하고 고등소학교의 수는 1895년에서 1899년에 걸쳐 1.5배 증가하였으며, 게다가 4년제 과정이 차지하는 비율이 90% 가까이 되었다.

이런 상황은 국민들이 학교교육에 대한 기대가 높았음을 나타내는 것으로 볼 수 있다.

그러나 심상소학교의 대부분은 한 학교 한 학급의 이른바 **단급학교**(單級學校)로, 한 개 학년으로 한 개 학급을 편제하는 것이 어려운 학교가 많았다. 단급학교는 4년제 심상소학교의 경우 총 학교수 대비 비율이 1895년 35.7%,

1899년 31.1%였다. 한편 한 학교에서 네 학급 이상의 학급을 편제할 수 있는 학교는 1895년 19.2%, 1899년 25.4%에 지나지 않았다. 또 당시 한 학교당 교원 수는 전국 평균으로 2~3명에 지나지 않았다.

이와 같이 교육칙어에 의한 천황중심 국가주의적 교육이념의 명확화와 그 이념 실현을 위한 제2차 소학교령에 의한 제도적 틀은 확립되었지만, 그 실태를 보면 이를 실현하기 위한 사회적 조건이 충분치 않았다. 그러나 국민의 학교교육에 대한 기대는 이 조건을 착실히 맞추어 갔다.

2. 소학교 교육의 실태

1) 학급에 의한 교육

제2차 소학교령 실시 이전의 소학교와 이 시기의 소학교를 구별하는 데 있어 학급제의 실시는 주목할 만하다. **학급**(學級)이라는 단어는 제1차 소학교령의 **소학교 학과 및 그 정도**(小学校ノ学科及其程度)에 등장하는데, 이 의미내용이 법제상 확정된 것은 제2차 소학교령 실시를 위한 규칙의 하나인 **학급편제 등에 관한 규칙**(学級編制等ニ関スル規則)에서였다. 문부성은 그 설명 문서에서 당시까지의 등급제와의 차이점에 대해 다음과 같이 언급하였다.

'학급이라는 것은 해당 학과 한 명의 정교원에 의해 한 교실에서 동시에 수업을 받는 아동 집단을 가리키는 것으로 종전의 1년급, 2년급처럼 등급을 말하는 것은 아니다.'

아동을 진급시험이라는 학력을 통해 편제한 등급제에 비해, 학급제는 아동의 인원(심상소학교 70명, 고등소학교 60명)을 기준으로 하여 편제하였다. 아동의 인원을 기준으로 한 것은 무엇보다도 경제적 이유와 관련이 있다. 예를 들면, 학력과 나이차가 있는 아동이라 할지라도 이를 무시하고 인원수를 기준으로 집단화하는 편이 교실수 및 교원수에 있어서도 줄일 수 있으므로 그만큼 경비는 들지 않는다. 이른바 학년학급제(學年學級制)를 편제할 수 있었던 학교는 이때까지 소수였으며, 단급학교와 **복식학급**(複式學級)을 갖춘 것이 당시 심상소학교의 일반적 모습이었다.

〈그림 5-3〉 학급 풍경

1900년 보급사(普及舍)에서 발행한 『신편수신교전(新編修身教典)』 심상소학교용 1권 제1과. 제3차 소학교령에 따른 교과서. 이후 교과서는 국정(國定)으로 바뀜.

학급제는 이와 같이 경제적인 이유에서 도입된 것이기는 했지만 동시에 확립되어 가는 천황 중심의 국가주의 교육이념을 실현하기 위해 오히려 효과적인 방법으로 여겨졌다.

엄격한 시험 결과에 따라 진급이 결정되는 등급제에 비해, 생도 인원을 기준으로 하는 학급제는 진급시험의 결과가 반드시 명확하게 학급 편제에 반영되지는 않았다. 이는 아동을 나이와 학력차에 의해 개별적으로 다루는 것이 어렵기는 하지만, 집단성을 중시한 훈육에 있어서는 오히려 적합한 것으로 생각되었다. 이 무렵 많이 볼 수 있었던 **단급학교론**의 경우 다양한 아동들이 한 학급에 편제되어 생도들 상호 간에 관계가 친밀해지고 가족주의적 협조 정신이 양성된다는 주장까지도 나왔다.

졸업과 진급을 위한 시험의 의미도 종래와는 차이가 있었다. 소학교 교칙 대강 제21조는 '소학교에서 아동의 학업을 시험하는 것은 오로지 학업의 진보와 이해도를 검정하여 가르치는 데 참고로 하며 또는 졸업 인정을 목적으로 한다'로 되어있다. 이와 같이 시험의 목적이 '가르치는 데 있어 참고를 제공'하는 데 있으며, 졸업과 진급의 인정에 있어서는 '단순히 한 번의 시험에 의하지 않고 평소의 품행과 학업을 헤아리는' 것이 요구되었다. 인재 선발을 위해 우수한 학력을 가진 아동을 선발하는 것을 목적으로 하고 시험을 통해 경쟁심을 고무시키는 것이 아니라 오히려 아동 상호 간의 가족주의적 협조를 중시하고, 이를 통해 천황 중심의 국가주의 기반을 형성하고 국민 통합을 꾀하려는 것이 지향되었다.

2) 소풍, 운동회, 전람회

원래 제2차 소학교령 제1조 목적에 있는 '생활에 필수인 보통 지식과 기능'을 국민에게 가르치고 그중에서 유능한 인재를 선발하는 것은 일본뿐 아니라 일반적으로 근대국가의 학교교육에서 기대된 중요한 목적이었다. 많은 국민들이 아이를 학교에 입학시킨 것도 이를 기대해서였다고도 볼 수 있다. 그러나 동시에 국민통합을 위하여 학력에 의한 치열한 경쟁을 배제하고 가족주의적 협조관계를 형성한 것은 종래의 촌락공동체 의식의 연장선상에서 받아들일 수 있는 것으로, 당시까지 대다수의 국민들이 원하는 것이기도 하였다. 학교의식 이외에 **소풍**(遠足) · **운동회**(運動會) · **학예회**(學藝會) · **전람회**(展覽

會) 등 다채롭게 전개된 학교행사는 서양의 소학교에서는 그다지 찾기 어려운 것으로, 일본 학교교육의 특징을 나타내는 것으로 발전해갔다.

〈그림 5-4〉 소학교고등과 소풍(遠足) 기념사진

1895년 3월 기후현 다지미심상고등소학교(多治見尋常高等小學校)의 소풍 기념사진. 장소는 학교에서 약 25킬로미터 떨어진 현재의 나고야시 오조네(大曾根)의 절. 학생들은 모두 남학생으로 전 노정을 걸어서 행진했으며 목총을 휴대한 점도 주목할만 하다.

소풍(遠足)은 처음에는 원족운동(遠足運動)이라고도 불렸으며, 모리 아리노리가 제창한 군대식(兵式)체조의 영향 또한 받아 점차 확산되었다. 예를 들면, 아이치(愛知)현 가리야(刈谷町) 마을 가리야심상소학교(刈谷尋常小學校)의 학교일지를 보면 1888년 5월 졸업소풍의 모습에 대해 '오늘 본교 졸업생 19명을 이끌고 야쓰하시(八橋) 마을에 소풍을 갔다. 오전 10시에 교문을 나와 생도들은 모두 나무총을 손에 들고 배낭을 등에 짊어지고 갔다. 활기차고 늠름한 군가 소리에 길가 사람들의 차탄(嗟歎)이 끊이지 않았다'고 나온다. 나무총과 배낭을 둘러메고 군가를 부르면서 가는 소풍은 마치 군대 훈련 그 자체였다. 이 소풍은 편도 약 10킬로미터, 왕복 약 20킬로미터의 거리를 길가의 명소와 고적 등을 견학하고, 마지막에는 마쓰리(祭)가 진행 중이던 신사(神社)를 참배하고 오후 6시에 학교로 돌아오는 것이었다. 소풍(遠足)은 문자그대로 먼(遠) 곳까지 발(足)로 걸어 가서 학습상 의의가 있는 곳을 견학하는 것이 일반적이었다.

소풍과 함께 운동회(運動會)도 보급되었다. 당시 소학교는 넓은 교정이 없는 것이 일반적이었기 때문에, 운동회는 소풍과 병행하여 강가나 들과 같이 넓은 장소까지 이동하여 그곳에서 운동회를 개최하는 경우가 많았다. 또한 학교뿐만 아니라 여러 학교가 연합하여 개최하는 경우도 많았다. 예를 들면, 1898년 아이치현 미나미시타라군(南設樂郡) 제일부락심상소학교(第一部落尋常小學校) 가을운동회의 경우 다음과 같다.

'지난 10월 29일 미나미시타라군 제일부락심상소학교 생도 무려 600명이 같은 군 지아키(千秋) 마을에서 가을운동회를 거행하였다. 당일 오전 10시 각 학교 교기가 펄럭이며 운동장에 들어오자 준비가 끝났다. 생도들은 따뜻한 물과 차를 마시고 잠시 휴식을 취하다가 11시에 호령에 맞춰 남녀 생도들이 각 중대를 편성하고 중대장이 이를 인솔 지휘하여 유희가 시작되었다. 즉 남자 생도는 먼저 깃발빼앗기 경주, 여자 생도는 공던지기 경기를 진행했는데 생도들 모두 용기 왕성했다. 승자는 승리를 자랑하고 패자는 참분함이 얼굴에 넘쳐 대장(隊長)이 제어에 힘들어 했다'(『愛知縣敎育史』, p. 150).

원래는 군대식 훈련 요소를 갖고 있었던 운동회였는데 점차 경기 요소를 갖추게 되었고 지역 주민도 참여하게 되어 지역의 커다란 이벤트로 정착되어 갔다.

전람회(展覽會)는 천장절 등에 습자(習字)·도화(圖畵)·수공(手工) 등 평소의 학습 성과를 전시하고, 부모들에게 공개하는 장으로 서서히 보급되어 갔다.

이와 같이 교실 안으로 한정하지 않는 다양한 교육활동은 일본의 소학교 교육의 특질을 나타내는 것이다. 일본의 소학교는 지식·기능의 교육 뿐아니라 훈육에도 힘을 기울였으며, 인간 형성의 전체를 담당하는 장으로서 발전해 갔다.

이처럼 소학교는 점차 지역주민들 속으로 수용되어 갔다. 그러나 남녀의 격차는 여전히 컸다. 즉 여자아이의 취학률은 1899년에 거우 60%에 근접했으며, 학령 아동의 총 인원 중 실제로 학교에 통학한 아동의 비율을 나타내는 통학률은 남녀 평균으로 50%를 넘지 못했다.

3. 실업교육의 진흥

1) 실업보습학교 규정

대일본제국헌법이 발포된 1889년은 신바시(新橋)와 고베(神戶) 사이의 도카이도선(東海道線) 철도가 개통된 해이기도 했다. 철도·통신 등의 건설과 정비가 진행되었고, 경제활동도 점차 활발하게 전개되어 갔다. 특히 1894년에 일어난 일본과 청나라의 전쟁을 전후로 하여 섬유산업 부문을 중심으로 방직업 등이 현저히 발달하여, 1897년에는 면사(綿絲) 수출이 수입보다 많아지게 되었다.

한편 중공업 부문의 발전은 더뎠지만, 청일전쟁 10년 후에 일어난 러일전쟁(日露戰爭)을 계기로 급속도로 발전하게 되었다.

이와 같은 자본주의의 발전은 공업뿐만 아니라 교통·운수·금융·무역·광산업 등 다방면의 기업활동을 활성화시켜 중등교육 이상 또는 실업교육을 받은 인재를 필요로 하게 되었다.

실업교육(實業敎育)의 진흥은 1893년 문부대신에 취임한 **이노우에 고와**

시가 심혈을 기울인 정책 중 하나였다. 이노우에 고와시가 문부대신에 취임한지 반 년 여가 지나 **실업보습학교규정**(實業補習學校規程)이 공포되었다. 실업보습학교는 심상소학교를 마친 아동에게 '심상교육을 보충·복습(溫習)하여 그들이 장래에 종사할 생업을 좀 더 가치있게 하기' 위한 학교였다. 수업년한은 3년 이내였으며, 일요일·야간 또는 계절에 한정된 수업도 인정하였다. 또 여기서는 소학교의 보충학습인 보통교과(普通教科)와 실업(實業)과 연관된 과목을 가르치도록 하였다. 당초 소학교의 한 종류였던 실업보습학교는 1899년 실업학교령(實業學校令)에 의해 실업학교의 한 종류로 자리매김하였다. 처음에는 그다지 보급되지 못했지만 1902년 지역 실정에 맞게 설치할 수 있도록 규정을 유연하게 고침으로써 이듬해에 걸쳐 학교수와 생도수가 모두 두 배로 증가했으며, 그후 순조롭게 보급되어 갔다.

실업보습학교는 농업·상업·공업·수산업 등 실업과 관련된 학교였는데, 대부분은 농업보습학교였다. 실업보습학교는 시설·인원 등에 있어 부족함이 많았지만 지역에 뿌리를 내린 학교로서 착실하게 수용되어 갔다.

1894년에는 농업기술 습득의 장을 정비하기 위한 간이농학교규정(簡易農學校規程)과 공업기술자 양성의 교육기관을 설치하기 위한 도제학교규정(徒弟學校規程)이 공포되었다. 후자는 일본의 공업진흥에 이바지하기 위해 만들어졌는데, 실제로는 염직·도자기·칠기 등 종래의 소공업 기술자를 육성하는 교육기관에 머물고 말았다.

이와 같은 상황하에서 1894년 제국의회(帝國議會)에서 가결·시행된 **실업교육비국고보조법**(實業教育費國庫補助法)은 실업교육 발전에 큰 역할을 하였다. 이어서 1899년에는 실업학교령이 공포되었다.

2) 실업학교령의 공포

실업학교령은 제1조에 '실업학교는 공업·농업·상업 등 실업에 종사하

는 자에게 필요한 교육을 하는 것을 목적으로 한다'고 규정하고, 제2조에서
는 실업학교의 종류를 공업학교·농업학교·상업학교·상선학교(商船學
校)·실업보습학교 다섯 종류로 하고, 농업학교 안에는 잠업(蠶業)·삼림·
수의(獸醫)·수산과 관련된 학교를, 공업학교에 안에는 도제학교를 넣는 것
으로 하였다. 다시 농업·상업·상선과 관련된 학교는 갑을(甲乙) 두 종류
로 나누고, 공업학교와 갑종의 농업·수산·상업·상선과 관련된 학교의
입학자격은 14세 이상, 4년제 고등소학교를 졸업하거나 동등의 자격을 가진
자 그리고 수업년한은 3년으로 하였다. 을종의 농업·상업·상선과 관련된
학교와 도제학교의 입학자격은 10세 이상, 4년제 심상소학교 졸업 이상이
며, 수업년한은 3년 이내로 하였다. 이와 같이 실업학교는 크게 갑종과 을종
두 가지로 나뉘었다. 공업학교를 포함한 **갑종실업학교**(甲種實業學校)는 고
등소학교 2년을 수료하고 입학하여 5년을 수업년한으로 하는 중학교와 비
슷한 수준으로 자리매김하였으며, **을종실업학교**(乙種實業學校)는 갑종보다
약간 낮은 정도의 학교로 인식되었다. 물론 전일제(全日制)가 아니었던 실
업보습학교보다는 시설과 설비 모두 충실한 학교였다.

실업교육비 국고보조법은 그후 여러 차례에 걸친 개정을 통해 보조 금액
이 증가하였으며, 이에 따라 실업학교의 수도 급속히 증가하였다. 즉 실업학
교령 공포 다음 해인 1900년에 146개였던 것이 1915년에는 3.75배나 증가하
였다. 생도수는 1900년 1만8578명에서 1915년에는 5.05배로 증가하여, 학교
숫자 이상으로 증가 현상을 보였다.

단 이와 같은 현저한 증가도 내실을 검토해보면 '발달의 불균형'이라는 사
실이 있었던 것도 고려해야 할 것이다.

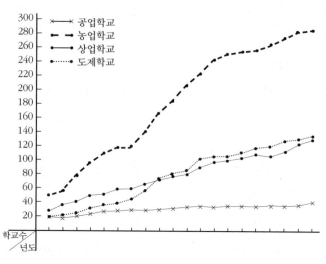

300 ×—× 공업학교
280 ▪--▪ 농업학교
260 •—• 상업학교
240 •····• 도제학교
220
200
180
160
140
120
100
80
60
40
20

학교수 /
년도

〈그림 5-5〉 학교 종류별 실업학교수의 년도별 추이

농업학교수의 신장률은 높은데 반해, 공업학교수는 정체상태다. 당시의 산업구조와 주민
들 요구를 충실히 반영한 결과.

〈그림 5-5〉에서 알 수 있듯이, 산업 종류별로 볼 때 가장 현저히 증가한
것은 농업학교였다. 1900년에 57개였던 것이 1915년에는 4.6배나 증가하였
으며, 생도수에 있어서는 그 증가폭이 더 현저했다. 그 다음으로 증가폭이
현저했던 것은 도제학교였다. 학교 수에서는 농업학교에 미치지 못했지만
신장률은 오히려 이를 상회하였다. 또 상업학교도 건실한 신장세를 보였으
며, 공업학교의 증가율은 다른 학교에 비해 상대적으로 낮았다.

생도수에 주목해보면, 1910년 모든 실업학교 총 생도수 중 농업학교 생도
수와 상업학교 생도수가 차지하는 비율이 각각 38.3%와 36.0%로 나타나 생
도수에 있어서 70% 이상을 농업학교와 상업학교의 학생이 차지했음을 알
수 있다.

한편 갑을 종별로 농업학교를 보면 1900년의 경우 학교수는 갑종 쪽이 많
았지만 1905년에는 완전히 역전되었으며, 1915년에는 을종이 갑종의 두 배

이상 되었다. 갑종농업학교 쪽이 학교 규모가 컸기 때문에 생도수는 학교수 만큼 현저하지는 않았지만 그래도 1900년 갑종농업학교의 생도수가 을종농업학교의 2.7배였는데, 1915년에는 반대로 을종 생도수가 갑종 생도수의 1.5배가 되었다. 이처럼 학교수와 학생수 모두 갑종보다 을종을 중심으로 증가한 것은 농업학교뿐 아니라 실업학교 전체의 상황이기도 하였다. 즉 1915년 을종실업학교의 생도수는 총 생도수의 절반을 차지할 정도로 증가했다.

실업학교의 보급은 무엇보다도 농업학교에 있어서, 게다가 갑종에 비해 교육정도가 낮고 규모도 작은 을종농업학교의 보급에 의한 것이었다. 동시에 지방의 소공업에 종사하는 기술자를 육성하는 도제학교의 증가도 현저했는데, 이는 지역의 산업구조를 충실히 반영한 것이었다. 근대공업기술의 기초를 가르치는 공업학교의 보급이 그다지 높지 않았던 것은 공업을 중심으로 하는 일본의 산업 발전이 아직 그 단계까지 도달하지 못했음을 의미한다.

이는 실업보습학교의 보급과정과 궤를 같이 하는 것이었다.

4. 중등교육의 확충

1) 남자의 중학교, 여자의 고등여학교

심상중학교는 모리 아리노리 문부대신에 의해 공포된 중학교령하에서 한 개 부현에 한 개 학교로 제한되었는데, 시제·정촌제에 의한 지방제도가 정비됨에 따라 1891년 중학교령이 개정되어 그 제한이 폐지되었다. 군시정촌(郡市町村)에서도 공립 심상중학교를 설치할 수 있게 된 것이다. 이는 대도시에 가서 사립학교에 입학하려는 생도의 증가를 억제하고 지방에서도 중등교육을 받을 수 있도록 하여 그 인재를 지방 발전을 위해 확보하기 위한 조치이기도 했다. 이와 같은 지방의 중등교육 진흥책은 1893년 이노우에 고와시의 문부대신 취임 이후 더욱 강화되었다.

그리고 1891년 중학교령 개정에 의해 고등여학교(高等女學校)가 심상중학교의 한 종류로 인정받게 되어 여자 중등교육기관이 법제상 처음으로 명문화되었다. 1895년에는 고등여학교 규정이 제정되어 그 내용이 보다 구체적으로 규정되었다. 입학자격은 4년제 심상소학교 졸업 정도, 수업년한은 6년으로, 지역 특성에 따라 1년을 단축할 수도 있었다. 남자가 입학하는 심상중학교의 경우 수업년한이 5년, 입학자격이 고등소학교 2년 수료 정도였으므로, 고등여학교는 심상중학교보다 그 위치가 낮았다고 할 수 있다. 과목에 있어서도 재봉(裁縫)시간이 가장 많았으며, 이수(理數)계통의 과목과 외국어의 비중이 남자에 비해 적었다.

실제로 이들 중학교가 증가한 것은 청나라와의 전쟁 이후였다. 물론 그래도 그 절대수 자체는 적었다. 청일전쟁 후인 1895년의 경우 심상중학교의 수는 전국적으로 공립 79개교, 사립 17개교에 지나지 않았다. 또한 공립 중에서 군립(郡立)과 정촌립(町村立)의 학교는 모두 합해 7개교에 지나지 않았으며, 나머지는 도부현립(道府縣立)이었다.

애초 중등교육의 목적이 상급학교 진학을 위한 **진학예비교육**(進學豫備敎育)을 맡는 것인지, 아니면 사회의 중견 역할을 담당하는 인재양성을 위한 완성교육을 맡는 것인지는 지금도 겪고 있는 과제다. 심상중학교는 이 두 가지 목적이 기대되었는데, 실제로는 점차 진학예비교육기관으로서의 역할을 하게 되었다. 이로 인해 학력에 의한 경쟁이 심해지게 되었으며, 진급하지 못하고 중도 퇴학하는 자가 많이 나타나게 되었다. 예를 들면, 1900년 관공립중학교 입학자의 졸업률이 증가하기는 했지만 46% 정도였으며, 50%를 넘은 것은 3년 후인 1903년이었다. 게다가 이 시기 공립 심상중학교 졸업생 중 상급학교에 진학하는 자는 50% 정도에 지나지 않았다. 즉 심상중학교는 상급학교 진학예비교육기관이 되었는데, 동시에 입학자의 절반은 중퇴하여 졸업 가능한 생도의 다시 절반, 즉 입학자의 1/4 정도가 겨우 상급학교에 진학하는 것이 당시의 현실이었다. 이노우에 고와시 문무대신이 '지방의 필요에 따라 오로지 실업에 종사하고자 하는 자에게 적절한 교육을 실시하기' 위해 실과중학교(實科中學校)를 설치한 것과 실업에 도움이 되는 과목 설치를 인정한 것도 이와 같은 사태를 개선하기 위함이었지만, 이들 조치는 거의 실행되지 못했다.

고등여학교의 수는 심상중학교에 비해 훨씬 적었다. 1895년의 학교수는 전국적으로 관공립이 9개교, 사립이 6개교에 지나지 않았으며, 재적 인원은 같은 연령 여자 전체의 0.16%였다. 즉 1,000명 중 1~2명만이 진학한 것으로, 극히 제한된 가정의 자녀만이 통학이 가능했던 것이다. 교육내용에 있어서는 영어 등 서양과 관련된 교과에 힘을 쏟는 경우 이와 반대로 일본어와 한문 등 일본적인 교과에 힘을 쏟는 경우 또는 다수의 교과를 가르치거나 제한된 교과를 가르치는 등 다양했다. 이런 와중에 사립 기독교주의 여학교가 점차 증가했는데, 거꾸로 국가적 관점에서 **현모양처교육**(良妻賢母教育)이 필요하다는 의견도 많았다. 1899년에 고등여학교령이 공포된 것도 이와 같은 동향에 대한 정부측의 대응이라고 할 수 있다.

1899년은 일본의 중등교육제도사에 있어서 중요한 해였다. 중학교령이 전면적으로 개정되었고, 고등여학교령과 실업학교령이 공포되었기 때문이다. 남자의 중학교, 여자의 고등여학교 그리고 실업학교 세 종류가 각각 독립된 법령에 의해 규정되었으며, 태평양전쟁 전(戰前)까지의 중등교육제도의 세 가지 기본 축이 갖추어진 해였다.

2) 중학교 교육

중학교령 제1조를 보면 '남자에게 필요한 고등보통교육을 하는 것을 목적으로 한다'와 같이 남자를 위한 교육기관임을 명확히 규정하고 있다. 그리고 제2조에서 각 도부현은 한 개교 이상의 중학교를 설치해야 하며 문부대신은 필요한 경우 증설을 명할 수 있다고 규정하였다. 또 군시정촌이 설치하는 것도 인정하였다. 이 규정에 근거하여 각 부현에서는 지역의 요구에 따라 차례로 중학교 증설을 계획하게 되었으며, 공립중학교는 1895년 79개교, 1900년 183개교, 1905년 226개교와 같이 비약적으로 증가하였다. 사립중학교도 1895년 16개교에서 1900년 34개교, 1905년 43개교로 증가하였다.

지방각지를 포함한 중학교 진학 희망자의 증가는 공립중학교의 비약적 증가를 초래하였다. 이와 같은 중학교 입학지원자의 증가는 입시배율을 서서히 끌어올려 **입학난관교**(入學難關校)를 낳게 하였다. 이때 최고 난관으로 불린 도쿄부립제일중학교(東京府立第一中學校)의 입시배율은 6~9배를 넘었다. 부립제일중학교가 최고 난관학교였던 것은 엘리트코스로 약속되었던 제일고등학교(第一高等學校)의 입학자가 많았기 때문이었다. 또 사립중학교 중에서도 고등학교의 진학예비학교화되는 학교가 나타났다.

이와 같이 이전보다 한층 진학예비교육기관으로서의 성격을 확실히 갖기 시작한 중학교의 경우 이전과 마찬가지로 **중도퇴학**(中途退學)하는 자 또한 많았다.

〈표 5-1〉은 군마현립(群馬縣立) 마에바시(前橋)중학교의 경우인데, 표를 보면 졸업률은 겨우 30~40%였으며, 50%를 넘은 것은 1911년 이후였다. 게다가 한 번도 낙제하지 않고 순조롭게 졸업한 자의 비율은 더 적었다.

이 표에서 또 한 가지 주목할 것은 중퇴 이유다. 학력부진이 이유인 '낙제' 이외에 '가사(家事)'와 '병'이 적지 않았다. '가사'를 경제적 이유 때문으로 본다면 그야말로 이 시기의 중학교는 학력·건강·경제력이 갖춰지지 않으면 수학이 곤란한 곳이었으며, 젊고 우수한 인재를 인정사정 없이 선별하여 도태시킨 곳이기도 했다.

〈표 5-1〉 마에바시 중학교의 졸업률과 중퇴 이유(1905~1911년)

졸업년차	입학생수 (A)	중퇴이유						중퇴율 (B/A)	졸업생			졸업률 (C/A)
		권고	질병	낙제	가사	전학	소계 (B)		바로졸업	낙제포함	소계 (C)	
1905	129명	2	7	35	32	4	80	62.0	39	10	49	38.0
1906	115	0	10	26	25	2	63	54.8	34	18	52	45.2
1907	113	1	7	25	27	11	71	62.8	28	14	42	37.2
1908	134	16	5	25	24	4	74	55.2	50	10	60	44.8
1909	125	28	8	19	18	10	83	66.4	34	8	42	33.6
1910	108	4	6	25	18	9	62	57.4	42	4	46	42.6
1911	111	3	8	15	20	8	54	48.6	48	9	57	51.4

단 이와 같은 상황은 중학교 교육의 일부에 지나지 않았다. 중학교는 진학예비교육기관으로서의 성격을 확실히 갖고 있었지만 중학교의 양적인 확대는 당연히 상급학교로의 진학 기회를 상대적으로 좁게 만들었다. 진학하고자 하는 학교에 대한 희망자가 많은 고등학교나 고등상업학교·고등공업학교 등의 입학정원은 증가하지 않았음에도 불구하고 중학교의 양적인 확대로 생도수가 증가한 것은 상급학교 진학이 점차 좁은 문이 됨과 동시에 진학을 포기하는 자를 늘게 하였다.

1900년의 중학교 졸업자 중 진학한 자는 2,227명, 취직한 자는 609명이었는데, 10년 후인 1909년에는 진학자가 4,552명인데 반해 취직자는 3,086명이었다. 10년 사이에 진학자는 약 2배 증가한데 반해 취직자는 그 이상인 약 5배 증가하였다. 바꿔 말해 1900년에는 진학자가 취직자의 약 3.7배였는데 반해 10년 후에는 약 1.5배로 그 수가 좁혀져 갔다.

이는 중학교의 양적 확대로 인해 상급학교 진학자가 많은 난관교가 있는 한편 진학자보다 오히려 취직하는 자가 많은 학교가 생긴 것을 의미한다. **학교간격차**(學校間格差)의 탄생 그리고 중학교의 서열화라고 불린만 한 현상이 나타난 것이다. 한편 이로 인해 지역사회의 중견 인재를 육성한다는 중학교제도 창설의 소기의 목적 중 한 가지가 결과적으로 달성되기도 하였다.

3) 고등여학교 교육

고등여학교령 제1조에는 '여자에게 필요한 고등보통교육을 하는 것을 목적으로 한다'와 같이 그 목적이 규정되어 있다. 이는 중학교령 제1조의 '남자'를 '여자'로 바꿔 넣었을 뿐 같은 문장이다. 입학자격은 12세 이상이며 고등소학교 제2학년의 과정을 수료한 자로, 이 역시 중학교와 마찬가지였다. 그러나 수업연한이 4년인 점은 중학교보다 1년 짧으며, 다시 지역의 상황에 따라 1년 단축할 수 있다고 규정하였다. 또 중학교와 마찬가지로 각 도부현의 설치를 의무화하였으며, 군시정촌립(郡市町村立)의 고등여학교가 이를 대신할 수 있다고 규정하였다. 남자가 입학하는 중학교에 비해 법률상 다소 소극적인 자세로 볼 수 있다. 그러나 앞서 언급하였듯이 1895년 관공립 9개교, 사립 6개교였던 고등여학교는 고등여학교령 공포 후인 1900년에 관공립 45개교, 사립 7개교, 1905년에는 관공립 89개교, 사립 11개교, 1910년에는 관공립 146개교, 사립 47개교와 같이 점차 그 설치수를 늘려갔는데, 그래도 중학교 설치수에 비하면 상당히 낮은 수치였다. 실제로 각 부현에는 중학교 설치에 있어서는 적극성을 보인 반면 고등여학교의 경우에는 소극적 자세를 보인 지역이 많았다. 이는 현의회(縣議會)의 찬성을 얻기가 어려웠기 때문이다. 이와 같은 상황을 타개하기 위해 다음 대의 국가를 짊어질 아이들 육성을 위해서는 집에서 이들을 양육하는 유능한 여성이 필요하다는 이른바 **현모양처론**(良妻賢母論)이 국가적 견지에서 주장되었다. 그러나 실제로 고등여학교에 입학하는 자는 중학교 이상의 이른바 '좋은 집안 자녀'가 많았으며 게다가 농업이나 상업이 아닌 사족(士族)출신의 관리·은행원·의사 등 상급 화이트칼라이거나 부친이 전문직에 있는 가정의 여자아이가 많았다. 따라서 졸업 후 가정으로 돌아가 '현모양처' 준비를 하는 자는 절반 정도였으며, 다시 상급 학교에 진학하는 자도 적지 않았다.

〈그림 5-6〉 고등여학교의 생도들

1902년 기후(岐阜)현 고등여학교의 생도들. 기후현 이나신사(伊奈神社)의 돌계단에
서 찍은 사진의 일부를 확대한 것. 부유한 가정의 딸들이다.

이런 와중에 재봉과 같은 '가정에 관한 학과목'을 중심으로 하는, 약간 수
준이 낮은 **실과고등여학교**(實科高等女學校)의 창설이 구상되었다. 1910년
고등여학교령 개정에 의해 탄생된 실과고등여학교는 나이 12세 이상이며,
수업연한은 심상소학교 졸업 정도의 자가 대상인 경우는 4년 그리고 고등소
학교 제1학년 수료 정도를 대상으로 한 경우는 3년, 고등소학교 제2학년 수
료 정도를 대상으로 한 경우는 2년으로 각각 달리하였다. 모든 수업시수의
절반 이상은 재봉과(裁縫科) 또는 이를 포함한 가사과(家事科)였다. 그리고
이와 같은 실과고등여학교는 주로 현청소재지와 같은 곳에 설치된 고등여
학교와 달리 그 이외의 지역을 중심으로 설치한 경우가 많았다.

5. 의무교육제도의 확립과 고등교육의 확대

1) 제3차 소학교령의 공포

이와 같이 실업교육과 중등교육이 발달할 수 있었던 기반에는 소학교 교육제도의 발달이 있었다. 1890년 제2차 소학교령에 의해 기본적인 골격이 만들어진 일본의 소학교제도는 —남녀의 격차는 있었지만— 착실히 발달을 거듭해 갔는데, 즉 1900년 소학교령(**제3차 소학교령**)을 통해 **수업료미징수**(授業料非徵收)의 원칙이 명확해졌고 이로 인해 일본에서 처음으로 4년제 **의무교육제도**(義務敎育制度)가 확립되었다. 이로 인해 시정촌의 학교설치의 의무, 보호자에 대한 아동 취학의 의무, 수업료 미징수와 같은 국가에 대한 취학보장의 의무 등 의무교육제도에서 필요한 3가지 조건이 갖추어지게 되었다.

제3차 소학교령 제1조에 소학교 교육의 목적이 규정되었는데, 이는 제2차 소학교령과 동일한 내용으로 그 목적을 그대로 계승하는 것이었다. 심상소학교의 수업년한은 그때까지의 3년제가 폐지되고 4년제로 통일되었다. 고등소학교의 수업년한은 2년제·3년제·4년제 3종류였는데, 특히 2년제 고등소학교 설치가 장려되었다. 그리고 이를 심상소학교와 한 곳에 나란히 만들어 심상고등소학교라고 불렀는데, 이는 장래의 6년제 의무교육 실현에 대한 포석이었다. 그러나 3년제 고등소학교는 감소한데 반해 4년제 고등소학교는 여전히 가장 많았으며 마찬가지로 일반소학교와 한 곳에 나란히 만들어 심상고등소학교라고 불렀다. 즉 4·2제가 아닌 4·4제의 심상고등소학교가 숫적으로 가장 많았으며 심상고등소학교의 80% 이상을 차지하였다. 이는 4년제 고등소학교에 대한 기대가 여전히 높았기 때문이다.

교육내용은 소학교령 공포와 함께 제정된 소학교령 시행규칙에 상세히 규정하였다. 특히 개정사항 중 **국어과**(國語科)의 성립이 상징하듯, 교육내

용의 정리·통합을 꾀한 점이 주목할 만하다. 국어과는 종래의 독서·작문·습자의 세 가지를 통합한 것으로, 이 세 가지는 국어과 안에서 읽는법(読み方)·글짓기(綴り方)·쓰는법(書き方)으로 나타났다. 글짓기의 경우 이 분야의 전문교과서가 없었는데, 이것을 통해 후에 이른바 글짓기교육운동(綴方教育運動) 전개의 기반이 되기도 하였다. 또 심상소학교에서 사용하는 한자를 1,200자 이내로 제한하고, 가나(假名)의 자체(字體)도 일음일자(一音一字)를 기본으로 하고 여기에 포함되지 않은 자체인 이른바 **헨타이가나**(變體假名)는 학교교육현장에서 배제하였다. 아울러 당시까지의 가나표기법을 개정하여 '太郎'를 'タロー', '学校'를 'ガッコー'와 같이 표기하는 이른바 **보비키가나표기법**(棒引き仮名づかい)을 채용하는 등 대담한 시도를 꾀

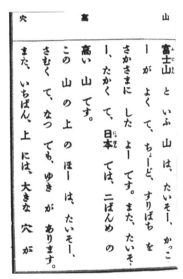

〈그림 5-7〉 보비키가나표기법
국정교과서인 『심상소학독본(尋常小學讀本)』 4. 「たいそー」, 「かっこー」, 「ちょーど」는 「タイサウ」, 「カッカウ」, 「チャウド」에 비하면 아이들이 훨씬 이해하기 쉽다. 그러나 이 야심적인 시도는 귀족원 등의 반대로 인해 1908년에 폐지되었다.

하였다. 그러나 이와 같은 야심찬 국어개혁은 귀족원(貴族院) 등의 반대 때문에 후에 가나문자의 일음일자체 채용 이외에는 다시 개정되었는데, 어쨌든 국어교육의 근대화를 꾀한 시도로서 주목할 만하다.

동시에 매주 수업시간수를 심상소학교는 30시간에서 28시간, 고등소학교는 36시간에서 30시간으로 줄이고, 각 학년 수료 또는 졸업 때 시행한 시험을 모두 폐지하고 '아동 평소의 성적을 고사(考査)'하는 것으로 바꾸었다. 물론 이로 인해 학급에서 시험이 완전히 사라진 것은 아니었지만 아동들의 부담을 줄이는 획기적인 조치였다.

다음으로 주목할 것은 이들 소학교교육의 근대화라고 불리는 조치가 동시에 국가지배의 강화 분위기 밑에서 진행되었다는 점이다. 소학교의 교육내용은 제2차 소학교령에서는 문부성 제정의 소학교교칙대강을 기본으로하여 각 부현의 부현지사가 해당 지역의 소학교교칙을 정하고 문부대신의 허가를 받는 것이었는데 반해, 제3차 소학교령에서는 '소학교교칙 및 소학교편제에 관한 규정은 문부대신이 이를 정한다'고 규정하였다. 또 교과서도 종래에는 문부성이 검정(檢定)한 교과서를 채용했는데, 이 무렵부터 문부성이 직접 편찬한 것을 중시하게 되었다. 즉 1903년에 전년에 일어난 이른바 **교과서의옥 사건**(教科書疑獄事件)을 절호의 계기로 삼아 **국정교과서제도**(國定教科書制度)가 확립되었다.

취학(就學)에 대해서는 학령 아동보호자는 '학령아동을 취학시킬 의무를 갖는다'고 명기하였다. '취학시킬 의무가 있는 것으로 한다'라는 기존의 표현보다 좀 더 강한 표현이다. 그리고 취학의무의 면제와 유예의 조건을 명확히 하여 '간질, 뇌질환 또는 불구(不具), 폐질(廢疾)'의 경우는 면제, '병약 또는 발육부진'의 경우는 유예, '빈곤'의 경우는 상황에 따라 면제 또는 유예로 하였다. 수업료원칙 폐지의 규정과 함께 취학 독촉의 방법이 한층 강화되었으며, 이를 통해 일본의 의무교육제도는 확립되었다. 한편 상기의 대상에 심신에 장애를 가진 아이와 빈곤한 아이들이 배제된 사실에도 주의해야 할 것이다. 아동노동은 1911년 **공장법**(工場法) 제정으로 제한되기는 했지만 여전히 어쩔 수 없이 일에 종사하여 취학하지 못한 상태로 방치된 아이들도 적지 않았다(6장 참조).

그러나 러일전쟁을 전후로 하여 일본의 산업화는 급속히 발전하였으며, 여기에 동반하여 사회 · 문화의 대중화 물결이 농촌에까지 미치게 되어 최소한의 읽기 · 쓰기 · 계산을 습득하기 위해 대부분의 아이들이 소학교에 취학하게 되었다. 남녀의 격차는 급속도로 좁아졌으며, 취학률과 함께 진급률·졸업률도 조금씩 높아져 갔다. 이리하여 1907년에는 **의무교육년한이 연장**되어 심상소학교는 6년제가 되었으며 그 위에 2년제를 본체(本體)로 한 3년제도 인정하는 고등소학교가 설치되었다.

이와 같은 취학증가는 소학교 교육의 모습도 바꾸었다. 취학증가에 따라 한 학교당 아동수가 증가하여 종래의 단급학교(單級學校)와 복식학급(複式學級)을 감소시켜 한 학년에 한 학급 이상을 편제하는 것이 가능해졌다. 학급은 같은 나이의 아동으로 편제하게 되어 학급의 일체감을 형성하는 것이 전보다 한결 쉬워졌다. 학급회(學級會)가 열리게 되어, 학급 담임을 중심으로 하는 **학급왕국**(學級王國)이 성립되는 기반이 만들어졌다. 다양한 아동들이 입학함에 따라 교사는 아동들에게 더욱 주의를 하게 되어 아동 개개인의 **개성**(個性)에 대한 관심이 높아졌다. 이리하여 신교육운동 전개의 제도적 조건이 서서히 갖춰지게 되었다.

2) 고등교육의 확대 —고등학교령·전문학교령의 공포

심상중학교와 함께 중학교령에 규정되어 있던 고등중학교는 1894년 **고등학교령**(高等學校令) 공포에 의해 **고등학교**(高等學校)로 개칭되어 독립된 법령하에 놓이게 되었다. 새로이 설치된 고등학교는 결과적으로 제국대학으로 이어지는 3년제 예비교육기관으로서의 성격을 갖게 되어, 일본의 엘리트 양성의 단계로 확실히 자리를 잡아갔다. 일고(一高, 도쿄)·이고(二高, 센다이)·삼고(三高, 교토)·사고(四高, 가나자와)·오고(五高, 구마모토) 이외에 육고(六高, 오카야마)·칠고(七高, 가고시마)·팔고(八高, 나고야)와 같은 **관립 넘버스쿨**이 설치되었으며, **기숙사자치**(寮自治) 아래 제국대학의 진학이 보장된 이른바 **구제고교**(舊制高校)의 교육이 전개되었다. 대학령이 공포된 같은 해인 1918년에는 새로운 고등학교령이 공포되어 관립 이외의 공립·사립 고등학교가 인정되었다. 물론 남자만이 이들 학교에 입학할 수 있었다.

1903년에는 **전문학교령**(專門學校令)이 공포되었다. 전문학교는 제국대학·고등학교와 달리 '고등의 학술·기예를 가르치는' 3년제 교육기관이었다. 동시에 실업학교령이 개정되어 관립을 중심으로 실업전문학교가 설치되었다. 전문학교는 법령이 시행된 1903년에 관립으로 의학 5개교, 농림 2개교, 공업 3개교, 상업 2개교 및 도쿄외국어학교(東京外國語學校), 도쿄음악학교(東京音樂學校), 도쿄미술학교(東京美術學校)가 설치되었으며 공립으로 의학 3개교, 상업 1개교, 사립으로 법경제계 11개교, 문학계 8개교, 종교계 7개교, 의치약계 2개교, 농업계 1개교 등 총 47개교가 설치되었다. 사립으로는 게이오(慶應)·와세다(早稻田)·메이지(明治)·호세이(法政)를 비롯해 그 후에 많은 학교가 대학으로 발전하여 오늘에 이르고 있다.

〈그림 5-8〉 콧대가 높은 일본 여자대학생들

만화가 나카지마 로쿠로(中島六郎)의 작품. 대학에 들어갈 수 있는 여성은 분명 이럴 것이라고 생각한 세상 사람들의 생각이 잘 표현되어 있다. 이처럼 여대생은 보기드문 존재였다.

또 전문학교령에서는 여자전문학교도 인정하였다. 최초의 여자전문학교(女專)로서 **나루세 진조**(成瀬仁蔵)[2]가 1901년에 설립한 니혼여자대학교(日本女子大學校)와 **쓰다 우메코**(津田梅子)[3]가 1900년에 설립한 여자영학숙(女子英學塾)이 이때 인가를 받았다. 여자들의 고등교육기관으로 '대학'의 설립을 목적으로 한 나루세 진조는 남자를 위한 사립대학 조차도 인정하지

---

2) 교육가. 미국 유학 중 여자고등교육기관 설립에 뜻을 갖게 되어 이후 니혼여자대학교를 창립하는 등 여자교육에 헌신함(1858~1919).

3) 교육가. 1871년(明治4) 일본 최초 여자유학생의 한 사람으로 미국에 건너갔으며, 귀국 후 여자영학숙을 설립하는 등 여자교육에 헌신함(1864~1929).

않던 시대에 전문학교로 인가를 받아 '여자대학교(女子大學校)'라고 칭하였지만 정식으로 여자대학(大學)이 인정을 받게 된 것은 1945년 이후이다.

　도쿄에만 있던 제국대학은 1897년 교토제국대학(京都帝国大学), 1907년 도호쿠제국대학(東北帝国大学), 1911년 규슈제국대학(九州帝国大学)과 같이 잇달아 신설되었다.

6. '일본'의 영토 확정·확대와 식민지 교육

1) 홋카이도와 오키나와

　대일본제국헌법과 교육칙어 아래 근대일본의 학교교육은 초등교육에서 중등교육, 실업교육에서 고등교육으로 순조롭게 보급·확대되어 갔는데, 이 과정은 동시에 '일본'의 영토가 확정·확대되고 그곳에 사는 사람들을 '국민'화시키는 과정이기도 했다.

　메이지유신 직후인 1869년, 메이지정부에서는 에조지(蝦夷地)를 **홋카이도(北海道)**라 칭하기로 하고 직할관청으로 개척사(開拓使)를 두고 적극적으로 '개척'에 착수하였다. 그러나 '개척'은 이곳에 선주(先主)하던 아이누민족의 생활과 문화를 파괴하고 '일본화'하는 것이기도 했다. '개척'으로 아이누 사람들은 토지와 생업을 빼앗기고 강제이주를 당하게 되었다. 근대적 통치의 기반이 되는 호적편성의 과정에서 일본식 성(姓)의 사용이 요구되었으며, 일본어의 습득이 장려되었다.

　러시아와 체결한 가라후토·지시마교환조약(樺太·千島交換条約)에 따라 가라후토의 아이누인들이 강제로 이주된 쓰이시카리(対雁, 지금의 江別市)에 1877년 개척사가 교육소(教育所)를 설치한 것을 시작으로 이후 1880년대에 걸쳐 개척지역에 아이누 아동을 위한 **아이누학교(アイヌ学校)**가 설치되고 취학이 장려되었다.

'개척'의 진행은 이윽고 아이누 '보호'론을 부상시켰다. 1899년 **홋카이도 구토인보호법**(北海道旧土人保護法)이 공포되고, 국비(國費)에 의한 특설아이누학교(特設ｱｲﾇ学校) 설치가 정해졌다('구토인[旧土人]'은 1878년 개척사에 의해 정해진 행정상의 아이누 호칭). 이를 근거로 1901년 **구토인아동교육규정**(旧土人兒童敎育規程)이 공포되었다. 4년의 수업년한과 교과목 등 전년도에 공포된 제3차 소학교령과 거의 비슷했지만, 아이누 아동은 다른 아동과 '별학(別學)'을 원칙으로 하였고, 아이누어 사용을 금지하는 등 철저한 동화교육이 이루어졌다.

이후 아이누 아동의 취학률 증가와 함께 1922년에 구토인아동교육규정은 폐지되었으며, 점차 특설아이누학교도 폐지되고 일반 공립소학교로 이관 또는 통합되었다.

또한 홋카이도 구토인보호법이 폐지된 것은 1997년 7월 '아이누사람들의 민족으로서의 긍지를 존중하는 사회의 실현 지향'을 목적으로 제정된 아이누문화진흥법(ｱｲﾇ文化振興法)에 의해서였다.

오키나와(沖縄)현은 1879년 **류큐처분**(琉球処分)에 의해 설치되었다.

류큐는 원래 15세기 전반에 류큐열도를 지배한 왕국이었다. 류큐는 1609년 사쓰마(薩摩)번의 침략으로 인해 사쓰마번의 지배하에 놓였으며, 동시에 명나라(후에 청나라)의 책봉(冊封)을 받았다. 류큐처분은 이와 같은 류큐왕국을 해체하고 청나라와의 외교를 단절시킴과 동시에 군사적 위협을 통해 강제로 일본의 영토에 편입시킨 것이다.

이와 같은 배경하에 설치된 오키나와현에는 표준어(標準語)와 단발(斷髮)을 비롯한 일본적 언어풍속을 보급시키는 한편 당분간 '구관습(舊習)'의 존속에도 배려해야만 했다. 새로이 설치된 소학교의 취학률은 본토에 비해 극단적으로 낮아 1880년대 중반까지 5%에도 미치지 못했으며 특히 여자의 취학률은 1886년에 들어서도 1%이하였다.

청일전쟁의 승리는 이같은 상황에 큰 변화를 가져왔다. 일본정부는 오키나와의 일본귀속(歸屬)을 둘러싼 청나라의 동향을 걱정할 필요가 없었으며 또한 류큐처분에 대한 류큐 구지배층의 저항 또한 사라졌기 때문이다. 취학률도 청나라와의 전쟁 후인 1896년에 30%를 넘었으며 다시 10년후에는 90%를 넘는 등 급상승하여 본토와 거의 차이가 없게 되었다.

일본정부도 종래의 방침을 바꾸어 적극적인 '구관습' 개혁에 착수하였다. 토지정리사업과 지방제도개혁이 추진되었고, 1898년에는 본토에 준하여 징병령(徵兵令)이 시행되었다. 학교교육의 보급은 징병제 실시와 표리(表裏)의 관계에 있었다. 유능한 병사를 확보하기 위해서는 일본국민으로서 천황에 충의(忠義)를 다하는 신민(臣民)을 키우는 교육이 필요했다. 표준어의 교육과 여자아동의 복장을 류큐 전통복장에서 일본 전통복장으로의 변경하는 등 풍속 · 생활습관의 전면적 개량이 학교를 중심으로 전개되었다.

홋카이도와 오키나와는 모두 대일본제국헌법 공포 이전에 일본의 영토였다는 의미에서 **내지**(內地)였다. 그리고 일본은 청나라와의 전쟁에서 승리함으로 처음으로 '외지(外地)' 즉 식민지를 갖게 되었다. 즉 1895년 청일강화조약(日淸講和條約)을 통해 타이완(臺灣)을 영유(領有)하게 되었다.

2) 타이완의 식민지화와 교육

첫 식민지인 타이완의 통치방법을 둘러싸고 일본의 입장은 두 가지였다. 즉 홋카이도와 오키나와처럼 내지에 준하는 통치를 하는 '내지연장주의(內地延長主義)'와 내지와는 다른 통치를 하는 '특별통치주의(特別統治主義, 植民地主義)'였다. 타이완 통치 초기에 민정장관(民政長官)으로 행정을 담당한 고토 신페이(後藤新平)는 후자의 입장을 취했는데, 이는 식민지 지배의 어려움을 강하게 인식했기 때문이다.

이에 비해 초대 학무부장(學務部長)에 취임한 **이자와 슈지**(伊沢修二)[4]는 오히려 전자의 입장을 취했다. 그는 타이페이에 '시잔간학당(芝山巖學堂)'을 세워 일본어교육을 시작하였으며, 그후에는 수업료를 징수하지 않고 관비(官費)에 의한 국어전습소(國語傳習所)를 설치하였다. 국어전습소는 1897년 12월까지 타이완 전국에 총 16개소가 설치되었다. 그러나 시잔간학당 개설 반년후인 1896년 설날에 이곳에서 근무하던 일본인교사 6명이 항일유격대에 의해 살해된 **시잔간 사건**(芝山巖事件)이 말해주듯, 일본의 타이완통치에 대한 현지의 반발은 강했다. 이자와의 뜻과는 반대로 일본어의 보급은 그다지 효과를 올리지 못했다.

그러나 각종 행정에 있어서 내지와 다른 특별통치(차별)를 시행하면서 교육에 있어서는 문화적 통합(동화)을 지향하는 이른바 '동화(同化)에 의한 차별(差別)'은 그 후 조선을 포함한 일본의 식민지 지배의 기본방침이었다.

1898년 **공학교령**(公學校令)이 발포되고, 일본적(籍) 아동이 다니는 소학교와는 별도로 8세 이상 14세 미만의 타이완적 아동을 대상으로 일본국민으로서의 덕성의 함양과 일본어 습숙(習熟)을 목적으로 하는 6년제 공학교가 설치되었다. 그후 공학교 규칙의 개정이 시행되었지만 취학률은 좀처럼 오르지 않았다. 전통적 사숙인 서방(書房)이 뿌리 깊게 지지를 얻고 있었기 때문이었다.

1919년에는 **타이완교육령**(臺灣敎育令)이 공포되어 6년제 공학교로 이어지는 중등교육기관인 고등보통학교와 여자고등보통학교가 설치되었으며, 이외에 사범학교 · 실업학교 등이 일본인과는 다른 계통으로 체계화되었다. 또 1922년에는 **제2차 타이완교육령**(第2次臺灣敎育令)이 공포되어 일본인과 타이완인의 학교체계가 통합되어 이른바 '일본타이완공학(內台共學)' 제도

---

4) 근대 일본교육의 개척자. 미국 유학에서 돌아와 음악교육에 공헌함. 문부성 편집국장을 역임하였고, 국가교육사(國家敎育社)를 결성함(1851~1917).

가 성립되었다. 그러나 초등교육 단계는 '국어를 상용(常用)하는 자'를 대상으로 하는 소학교와 '국어를 상용하지 않는 자'를 대상으로 하는 공학교가 분리되어 사실상 일본인과 타이완인은 따로 공부하였다. 중등교육 이상은 공학(共學)이었지만 일본어로 교육을 진행했기 때문에 일본인에게 압도적으로 유리했다.

그밖에 카오샨족(高砂族)으로 불린 선주민에 대한 교육은 위와는 별도로 번인공학교(蕃人公學校)와 경찰관에 의한 **번동교육소**(蕃童敎育所)에서 이루어졌다.

3) 조선의 식민지화와 교육

조선의 식민지화 과정은 타이완과는 몇 가지 점에서 중요한 차이가 있다. 타이완 점유는 청나라와의 전쟁 승리로 인해 예상외로 주어진 것인데 반해 조선의 식민지화는 메이지 초기의 정한론(征韓論)을 시작으로 강화도 사건에 의한 조일수호조규(日朝修好條規)의 강요, 러일전쟁 후 3차례에 걸친 한일협약(韓日協約)에 의한 한국의 보호국화(保護國化) 등의 과정을 거쳐 1910년 **한일병합조약**(日韓倂合條約)에 의해 강행되었다. 또 타이완이 청나라의 일부였던데 반해 조선은 전 국토를 지배하에 넣는 형태로 추진되었다. 일본에 있어서 조선은 지리적으로 가장 가깝고 군사적으로도 타이완과는 비교할 수 없을 정도로 중요한 위치를 차지하고 있었지만, 동시에 양국은 예로부터의 역사적 관계를 갖고 있었으며 일본은 오히려 조선의 문화를 많이 배워 왔다. 그와 같은 조선을 식민지로 지배하기 위해 일본은 타이완에서의 경험을 최대한 살리려 하였다.

한국을 합병한 일본은 대한제국(大韓帝國, 韓國)이라는 국호를 조선(朝鮮)으로 바꾸었으며, 조선총독부(朝鮮總督府)를 설치하고 합병 이듬해인 1911년에는 **제1차 조선교육령**(第1次朝鮮敎育令)을 공포하였다. 제1조에서

제3조에 걸쳐 조선인의 교육은 일본인과 다른 체계로 진행하며, 교육칙어의 취지에 따른다 그리고 '시세(時勢) 및 민도(民度)에 적합'하게 한다 등의 기본방침을 제시하였는데, 이는 1919년의 타이완교육령과 거의 같은 내용이다. 타이완 영유 후 25년 넘게 지나 명문화한 기본방침을 조선의 경우 병합 직후부터 실시한 것을 통해 일본 정부의 조선지배에 대한 강한 자세를 엿볼 수 있다. 교육칙어에 따른다는 '동화(同化, 國民統合)' 그리고 시세와 조선인의 생활이나 문화 수준의 정도에 적합하게 한다는 이유에 의한 '차별(差別)'이라는 두 가지 기본방침이 처음부터 일관된 것이다.

초등교육기관으로는 수업년한 4년, 입학년령 8세 이상인 **보통학교**(普通學校)와 그 위에 해당하는 남자 4년·여자 3년의 고등보통학교가 설치되었다. 보통학교에는 조선어·한문 과목도 있었지만, 국어(일본어) 수업이 가장 많은 시간을 차지하였다.

1919년 3·1 독립운동 등 조선인민의 강한 저항에 직면한 일본은 무단정치(武斷政治)에서 문화정치(文化政治)로 방침을 전환하였으며, 1922년에 **제2차 조선교육령**(第2次朝鮮教育令)을 발표하였다. '내선공학(內鮮共學·일본조선공학)'을 의도하여 같은 날 공포된 제2차 타이완교육령과 마찬가지로 조선인과 조선거주 일본인의 교육을 같은 규정에 따르도록 하며, '국어를 상용하는 자'를 대상으로 하는 소학교·중학교·고등여학교 그리고 '상용하지 않는 자'를 대상으로 하는 보통학교·고등보통학교를 각각 설치하였다. 이들 학교의 입학자격·수업년한은 동일했지만 국어의 '상용' 유무로 구별한 것은 일본인과 조선인의 차별을 표면상 호도한 것에 지나지 않았다. 또 초등교육 단계에서만 별학(別學)이었던 타이완과 비교하면 중등보통교육 단계에서도 사실상 '내선(內鮮)' 별학이었으며, '일시동인(一視同仁)'이라는 표면적 방침에도 불구하고 차별적 실태에는 변함이 없었다.

참고문헌

愛知縣教育委員會編『愛知縣教育史』(資料編 近代2) (第一法規出版, 1989年)

小川正人『近代アイヌ教育制度史研究』(北海道大學圖書刊行會, 1997年)

海後宗臣ほか編『日本教科書大系』(近代編第2卷) (講談社, 1962年)

唐澤富太郎『圖說 近代百年の教育』(國土社, 1967年)

岐阜縣教育委員會編『岐阜縣教育史』(通史編 近代2) (岐阜縣教育委員會, 2003年)

金富子『植民地期朝鮮の教育とジェンダー―就學・不就學をめぐる權力關係―』(世織書
    房, 2005年)

國立教育研究所編『學校教育(2)』(日本近代教育百年史4) (國立教育研究所, 1974年)

駒込武『植民地帝國日本の文化統合』(岩波書店, 1996年)

近藤健一郎『近代沖縄における教育と國民統合』(北海道大學出版, 2006年)

斎藤利彦『競争と管理の學校史―明治後期中學校教育の展開―』(東京大學出版會, 1995年)

佐藤由美『植民地教育政策の研究―朝鮮・1905~1911―』(龍渓書舎, 2000年)

鐘清漢『日本植民地下における台湾教育史』(多賀出版, 1993年)

花井信・三上和夫編『学校と学区の地域教育史』(川島書店, 2005年)

古田東朔編『小学読本便覧』(第6卷) (武藏野書院, 1983年)

헤르바르트파 교육학

독일의 교육학자 헤르바르트(Herbart, 1776~1841)는 근대교육학을 체계화한 인물로 세계적으로 유명하다. 그는 칸트에 이어 크니스베르그대학 철학과 교수직에 부임한 철학자이기도 하다. 헤르바르트는 1887년 고용교사(御雇教師)로 독일에서 일본에 온 하우스크네흐트(Hausknecht)가 제국대학에서 교육학을 강의한 후 일본에 소개되었으며, 이후 헤르바르트파의 교육학은 일본의 소학교 교육현장에 큰 영향을 키쳤다.

그는 『일반교육학(一般教育學)』에서 다음과 같이 주장하였다. 교육의 궁극적인 목적은 '강고한 도덕적 품성의 도야'에 있다. 이를 위한 교육방법으로는 관리(管理)·교수(教授)·훈련(訓練)의 세 가지 요소가 있다. 그는 생도의 도덕적 품성을 직접 도야하는 '훈련'보다도 지식·기능의 전달을 통해 생도의 도덕적 품성을 간접적으로 도야하는 '교수'가 가장 중요하다고 했는데, 이를 '교육적교수(教育的教授; erziehender Unterricht)'라고 불렀다.

헤르바르트

이와 같은 그의 교육론은 주지주의적(主知主義的)인 것으로, 지식과 기능을 가르치는 것과 도덕성을 기르는 것을 밀접하게 결합시키는 것이며, 양자는 어떻게 관계하는지와 같은 소박한 의문에 대답하는 것이었다. 동시에 지덕일치(知德一致)의 유교적 관념으로부터도 이해하기 쉬웠으며, 당시 교사들이 받아들이기 쉬운 이론이기도 했다.

당시 일본에서 헤르바르트의 저서는

거의 번역되지 않았는데, 오히려 헤르바르트파인 칠른과 라인 두 사람의 저서가 소개되었다. 특히 라인의 5단계 교수설(豫備-提示-比較-總括-應用)은 수업에 유용한 교육방법으로 현장의 교사들에게 널리 소개되었다. 즉 수업을 시작하고 이미 학습한 지식을 확인하는 '예비(豫備)', 그 수업의 주제를 제시하는 '제시(提示)', 다른 사항과 비교하여 이해를 심화시키는 '비교(比較)', 정리로서의 '총괄(總括)' 그리고 실제로 확인하는 '응용(應用)'의 다섯 가지이다. 지금까지도 많은 교사들은 한 시간 수업을 은연중에 이 5단계에 근거하여 실천하고 있다.

6장
자본주의의 발전 · 민주주의 흥행

이 장에서는 러일전쟁 이후부터 제1차 세계대전을 거쳐 1930년 쇼와(昭和)공황을 맞이하기 직전까지의 시기를 대상으로 한다. 특히 제1차 세계대전 전후 세계적인 민주주의 풍조의 영향 아래 정치 · 사회 · 문화 각 방면에서 나타난 자유주의적 · 민주주의적 경향부터 다이쇼민주주의(大正デモクラシー)로 불린 시기가 거의 여기에 해당하는데, 이 장에서는 다이쇼민주주의 시기의 정치 · 사회와 교육의 특징에 대해 알아보도록 한다.

1. 다이쇼민주주의 시기의 사회와 교육의 재편

1) 지방개량운동과 보신조서의 발포

1907년에 소학교령이 개정됨으로써 의무교육년한이 2년 연장되어 심상소학교는 6년으로 바뀌었다(실시는 이듬해). 이와 같은 의무교육제도의 확립과 더불어 러일전쟁(1904~1905) 종결 후 사회교육의 진흥이 중시되었으며, 이는 **지방개량운동**(地方改良運動)의 하나의 축으로 전개되었다.

지방개량운동이란 내무성의 지도(指導)에 따라 만들어진 마을(町村)개혁운동이었다. 이 운동은 막대한 전쟁비용 부담으로 인해 파탄된 마을의 재정을 다시 일으켜 세움과 동시에 전후(戰後)의 사회 모순의 격화 등으로 인해 흔들린 민심을 국가주의를 통해 통합하기 위해 추진되었다. 1908년 10월 제2차 가쓰라 다로(桂太郎)[1] 내각은 국민들에게 근검절약과 국체존중을 철저히 하기 위해 **보신조서**(戊申詔書)[2]를 발포했는데, 지방개량운동은 이 조서의 취지를 구체화하기 위한 것이었다.

이 운동은 근검절약을 중시하여 이로 인해 저축조합, 납세조합의 설치가 추진되었으며, 마을 전체 단위의 저축 장려(勵行)와 체납의 교정(矯正)이 실행되었다. 그리고 부락의 유림야(有林野)와 신사(神社)의 통일 그리고 소학교의 통합이 실시되었는데, 이는 마을재정의 재건뿐만 아니라 국민통합의 기초 단위로서 행정의 기능을 강화하는 것을 목적으로 하였다. 이외에 지방산업의 진흥을 위해 농사개량의 추진과 농회(農會), 산업조합 등의 설립이 장려되었다.

이 운동에서 사회교육을 위한 조직으로 **청년회**(靑年會)·처녀회(處女會)·재향군인회(在鄕軍人會)·부인회(婦人會) 등이 설립되었다. 그 중 청년회의 경우 그 운동과정에서 내무성 지도가 본격화되어 청년회는 청년에 의한 자치적 활동에서 국가 목적에 따르기 위한 수양과 봉사활동을 중시하는 단체로 점차 변질되어 갔다. 이는 촌락공동체의 풍습과 문화에 뿌리를 둔 전통적 청년조직이 학교교육에 있어서 신민교육의 연장선상에 놓이면서 재편된 것을 의미한다.

---

1) 군인 겸 정치가. 야마가타 아리토모(山県有朋) 밑에서 군제개혁을 추진. 3차례에 걸쳐 수상이 되었으며 임기 중 영일동맹 체결, 러일전쟁, 한일합병조약 체결 등을 맡음. 헌정옹호운동으로 하야한 후 입헌동지회를 조직함(1847~1913).
2) 1908년(戊申年) 10월 13일 메이지천황이 고한 조서(詔書)로서, 러일전쟁 후 사람들의 인심이 점차 겉만 화려하고 실질이 없는 쪽으로 흐른다 하여 상하(위정자와 국민)일치와 근검을 강조하며 국민교화를 꾀하였다.

2) 임시교육회의에 따른 교육개혁

다이쇼민주주의 시기는 일본이 청일전쟁·러일전쟁을 거쳐 제국주의의 길로 가는 과정 중 1931년의 만주사변으로 시작된 침략과 전쟁 시대까지의 짧은 과도기에 위치한다. 이 시기의 성격은 민주주의의 흥융이라는 측면만으로 설명하기는 어렵다. 이 시기에는 자유와 자치(自治) 기운의 고조 그리고 기존의 정치적·사회적 질서와 구조 조정의 움직임이 서로 대항하였으며, 그 안에서 사회개혁이 모색된 이른바 복잡함과 위험함을 특징으로 하는 시대였다.

국제적으로는 이 시기에 영국과 동맹(日英同盟)을 맺은 일본은 영국정부의 요청으로 연합국측으로 제1차 세계대전(1914~1919)에 참전하였다. 전후(戰後) 일본은 파리강화회의(講和會議)에 참가하여 1919년 6월에 체결된 베르사유조약에 의해 적도 이남의 남양군도(南洋群島, 미크로네시아)를 신탁통치령으로 양도받게 되었다. 또 국제평화의 유지를 목적으로 1920년 1월에 국제연맹이 설립되었는데, 이때 일본은 영국·프랑스·이탈리아와 함께 상임이사국이 되었다.

이 시기 일본 국내정치는 정당정치가 진행되었으며 민본주의(民本主義, 요시노 사쿠조[吉造作造])가 제창된 시기라는 밝은 측면이 강조되기 쉽다. 그러나 내각에 대한 원로(元老) 지배가 지속되었으며 1925년에 공포된 보통선거법도 치안유지법과의 끼워넣기에 의해 성립됐다는 점을 잊어서는 안될 것이다. 제1차 세계대전 전후(前後) 일본 정부는 타이완과 조선 등 식민지의 해방 운동과 1917년 러시아 혁명에 의한 사회주의 일본에 대한 영향을 경계하는 한편 국내에서 고조된 노동운동·여성해방운동·부락해방운동과 같은 사회운동에 대한 대응에 직면하고 있었다.

경제적으로 볼 때 다이쇼민주주의 시기는 큰 전환점이었다. 제1차 세계대전에서 일본의 국토는 전쟁에 휘말리지 않았다. 또 다른 참전국으로부터 군수품 생산을 수주 받았으며, 전쟁 후에는 아시아 시장의 독점으로 인해 호경기를 맞게 되었다. 1910년대 초기에 거의 비슷했던 농림업과 공업 생산액이 1920년대 후반에는 공업이 농림업의 2배 이상으로 되었는데, 이와 같이 이 시기에 들어 일본은 공업국으로 변화하게 되었다.

이상과 같은 시대 상황의 급격한 변화에 적절히 대응치 못하고 막다른 길에 있던 교육체제를 발본적으로 개혁하기 위해 제1차 세계대전이 한창이던 1917년 9월 데라우치 마사타게(寺內正毅) 내각은 수상직속의 기관으로 **임시교육회의**(臨時教育會議)를 설치하였다. 자문(諮問) 제1호 '소학교교육에 관한 건'과 같은 초등교육에 관한 것에서부터 제9호 '학위제도에 관한 건'과 같은 고등교육에 관한 것까지 교육제도 전반에 걸친 자문이 이루어졌다. 1919년 5월에 폐지되기까지 30차례에 걸쳐 총회를 개최하였으며 답신과 건의를 다수 제출하였다.

회의 결과 우선 급선무의 과제였던 **의무교육비국고부담제도**(義務教育費國庫負擔制度)가 실시되었다. 1907년에 의무교육 년한이 2년 연장됨에 따라 시정촌의 교육비 부담은 증가를 거듭하여 지방의 재정을 압박하였다. 그 중에서도 소학교 교원의 봉급은 낮은 채로 방치되어 있었으며 교원의 생활고가 사회문제화 되었다. 결국 1918년 3월 공포된 시정촌 의무교육비 국가부담법에 의해 심상소학교 교원 봉급의 일부를 국가가 부담하게 되었는데, 이는 의무교육에 대한 국가의 재정상 책임을 명확하게 했다는 점에서 획기적인 개혁이라 할 수 있다.

임시교육회의의 답신 결과, 제국주의 단계에 들어간 자본주의 사회의 발전을 위해 그리고 산업의 고도화에 대응하고 국제경쟁을 짊어질 인재양성의 확대를 목적으로 한 고등교육기관의 대규모 증설계획이 특히 강조되었다. 이는 가열된 진학 경쟁 속에 놓인 중산계급의 교육요구 고조에도 대처하는 것을 의미한다. 고등교육기관의 입학난과 이로 인해 생긴 '재수생(浪人)'

집단의 해소는 당시 학제개혁 문제의 주요 과제였다.

1918년 12월 **대학령**(大學令)이 공포되어 새로이 공립·사립대학과 단과대학의 설립이 인가되었다. 1920년 4월에는 도쿄고등상업학교가 최초의 관립단과대학인 **도쿄상과대학**(東京商科大學)으로 승격되었다. 또 같은 해 명칭은 '대학(大學)'을 사용하지만 제도상으로는 전문대학이었던 게이오기주쿠(慶応義塾)·와세다(早稲田)·메이지(明治)·호세이(法政)·주오(中央)·니혼(日本)·국학원(國學院)·도시샤(同志社)가 사립대학으로 설립허가를 받았으며, 이후 계속해서 사립대학의 설립이 허가되었다. 또 제국대학의 분과(分科)대학은 '학부(學部)'로 개칭되었다.

대학령과 함께 1918년에 새로운 **고등학교령**(高等學校令)이 공포되어 고등과 3년, 심상과 4년의 7년제를 원칙으로 하는 규정이 정해졌다. 또 공립·사립의 설치도 인정되었다. 즉 관립으로는 1919년 4월 니가타(新潟)·마쓰모토(松本)·야마구치(山口)·마쓰야마(松山)에 새롭게 고등학교가 설치되었으며, 이를 시작으로 공립·사립학교를 포함하여 새로운 학교의 설립이 이어졌다.

또 임시교육회의에서는 국내 사회운동의 고조에 대응하기 위해 천황제 교육체제의 재(再)강화책을 심의하였다. 그 결과 군대식 체조의 진흥과 국민 도덕교육의 강화, 소학교 교육의 획일적 교육내용·방법의 시정(是正) 등이 답신으로 제시되었다.

3) 교육의 양적인 확대와 성차·계층 격차

다이쇼민주주의 시기에는 심상소학교 졸업 후 여러 분야로 진로가 가능하여 학교수와 재학생수가 증가하였다. 1900년과 1920년을 비교해보면 심상소학교의 경우 학교수는 거의 변하지 않았지만 재학생수는 남녀 합계 2.1배 증가하였다. 또 고등소학교는 반대로 재학생수에 변화는 없었지만 학교수가

2.5배 증가하였다(〈표 6-1〉). 아울러 중등·고등교육에 대한 교육 요구가 높아짐에 따라 중등·고등교육기관의 진학자도 대폭 증가하였다. 또 농업과 상공업 등에 종사하고자 하는 아이들에게 소학교 교육의 보습(補習)과 간편한 직업교육을 실시하는 것을 목적으로 한 실업보습학교는 의무교육을 마친 아이들을 받는 기관으로서 급증하였다.

〈표 6-1〉 학교수·재학생수(1900년·1920년)

학교 종류	학교 수			재학생 수			
	1900년	1920년	증가율	1900년	1920년	증가율 (남녀합계)	증가율 (남녀별)
유치원	240	728	3.0	23,073	62,127	2.7	2.7
심상소학교	25,250	25,407	1.0	남자 2,060,065 여자 1,667,989	남자 3,964,247 여자 3,755,123	2.1	1.9 2.3
고등소학교	5,974	15,180	2.5	남자 664,417 여자 206,778	남자 604,545 여자 300,231	1.0	0.9 1.5
중학교	218	368	1.7	남자 78,315	남자 177,201	2.3	2.3
고등여학교	52	514	9.9	여자 11,984	여자 125,588	10.5	10.5
실업학교	143	676	4.7	남자 17,658 여자 795	남자 117,595 여자 18,695	7.4	6.7 23.5
실업보습학교	151	14,232	94.3	남자 7,262 여자 1,618	남자 811,144 여자 184,946	112.2	111.7 114.3
사범학교	52	94	1.8	남자 13,543 여자 2,096	남자 17,734 여자 8,817	1.7	1.3 4.2
고등학교	7	15	2.1	남자 4,904	남자 8,839	1.8	1.8
고등사범학교	2	2	1.0	남자 480	남자 1,293	2.7	2.7
여자고등 사범학교	1	2	2.0	여자 323	여자 766	2.4	2.4
전문학교· 실업전문학교	(제도 불비)	101	—	—	남자 46,212 여자 2,795	—	—
대학	2	16	8.0	남자 2,827	남자 21,913 여자 2	7.8	7.8

주) 대학은 예과(豫科)생도, 전문부(專門部)생도, 각각의 본과 이외의 전공과(專攻科), 별과(別科), 대학원(大學院) 등의 생도수를 포함. 여자에 대한 대학 문호개방은 1913년 도호쿠제국대학 이과대학(理科大學)이 처음이며, 그후 남자로 정원이 채워지지 않은 경우에 한해 여자의 입학을 허가하는 대학이 서서히 증가하였다.

그러나 대폭적으로 개선됐다고는 해도 실제로는 의무교육 단계에서 중 퇴가 많았던 사실에도 주의해야 할 것이다. 의무교육의 취학률이 전체의 경우 97%를 넘어선 것은 의무교육 년한 2년 연장 실시 직전 해인 1907년이었다(남자 1904년, 여자 1909년). 그러나 심상소학교 졸업 시 인원수는 입학 시 인원수를 100으로 했을 경우, 1905년도 입학자는 남자가 76, 여자가 60이 되며, 1920년도 입학자는 남자가 92, 여자가 88에 지나지 않았다. 빈곤 등의 이유로 **아동노동**에 종사하는 아이들이 많았던 것이 그 이유인데, 특히 여자는 남자에 비해 졸업률이 저조하여 졸업이 당연시된 것은 1920년에 들어서면서부터였다. 아동노동에 대한 규제는 1911년 3월에 공포된 일본 최초의 노동입법인 **공장법**(工場法)에 의해 실시되었다. 이 법률에는 '부녀자(婦女子)'·연소자(年少者)의 12시간 노동·심야노동 금지, 월 2회 휴가 등이 규정되어 있었으며, 그 시행은 다시 5년 후인 1916년 9월부터 실시되었다. 그러나 영세공장은 대상외로 하였으며, 그밖에 간단한 노동이라면 10세 이상의 취업도 인정하였고, 또 시행 후 15년간은 2시간 연장한 14시간 노동을 허락하는 등 극히 철저하지 못한 규정이었다.

중산계급을 중심으로 하는 중등·고등교육 진학자의 증가와 한편으로는 빈곤을 배경으로 한 아동노동 등으로 인해 초등교육 중도퇴학자의 존재는 자본주의 경제가 발전하는 과정에서 확대된 계층 격차를 보여주는 특징이기도 했다. 이는 산업화·근대화를 이루어가는 도시와 구조적 빈곤상태에 놓여진 채로 있었던 농촌의 불균형에 의해 현재화(顯在化)되었다. 또 도시 생활자 중에서도 중산계급과 노동자계급 사이의 격차가 벌어져 사회 불안을 불러일으켰다. 노동자계급의 빈곤화는 노동쟁의 등의 사회운동을 발생시켜 사회주의사상을 침투시키는 커다란 원인이 되기도 하였다.

4) 문정심의회에 의한 군국주의적 통제

일본이 국제연맹의 상임이사국으로 되고 국제사회에서 일정 지위를 차지한 1920년 1월 러시아의 무정부주의자 크로포트킨(Kropotkin)에 대한 연구논문으로 문제를 일으킨 도쿄제국대 경제학부 조교수 모리토 다쓰오(森戸辰男)가 휴직처분을 받음과 동시에 기소되어 후에 유죄가 된 **모리토 사건**(森戸事件)이 발생하였다. 한편 같은해 5월에는 일본 최초의 노동절 행진이 있었으며, 12월에는 오스기 사카에(大杉栄)·사카이 도시히코(堺利彦) 등에 의해 일본사회주의연맹이 결성되는 등 노동운동과 사회주의운동도 활발하였다. 1920년대 중반 이후 정부는 체제유지와 강화를 위해 사회운동과 사상에 대한 통제·억압을 더욱 강화해 갔다.

이와 방법을 같이 하여 이 시기에는 교육에 대한 군국주의적 통제가 강화되었다. 관동대지진(關東大地震) 직후인 1923년 11월 **국민정신작흥에 관한 조서**(國民精神作興に関する詔書)가 발표되었다. 이는 교육칙어와 보신조서의 흐름을 잇는 것으로, 민주주의와 사회주의 운동을 억압하고 국체관념과 국민도덕을 고무하는 것을 목적으로 하는 것이었다. 이듬해 4월, 기요우라 게이고(清浦奎吾) 내각은 **문정심의회**(文政審議會)를 설치하고 교육계뿐만 아니라 정계·관계·재계·군 등의 유력인사를 위원으로 하여 국민정신 고양을 위한 구체적 안을 심의하게 하였다. 그리고 여기서 다가올 보통선거법과 치안유지법의 성립에 대응하는 형태로 학교의 군사교련(敎鍊)과 청년훈련, 도덕교육 강화를 결정하였다.

이러한 준비를 거쳐 먼저 1925년 3월 제국회의에서 보통선거법이 통과되었으며 만 25세 이상의 모든 성년 남자에게 선거권이 부여되었다(공포는 5월). 한편 같은 해 4월에는 국체(國體)의 변혁 또는 사유재산제도의 부인(否認)을 목적으로 한 결사(結社)를 단속하기 위한 치안유지법이 공포되었다. 또 같은 달에 **육군현역장교학교배속령**(陸軍現役將校學校配屬令)이 발표되어 현역 장교에 의한 군사교육훈련이 중등학교 이상의 남자를 대상으로 학교 내에서 실시되었다. 1926년 4월에는 **청년훈련소령**(靑年訓練所令)이 공포되어 남자 근로청년에게 군사교육훈련을 실시하는 청년훈련소가 개설되었다.

또 1910년대 이후 유치원수의 급격한 증가 현상으로 문정심의회의 심의·답신을 거쳐 1926년 4월 **유치원령**(幼稚園令)이 공포되었으며, 이로 인해 유치원의 제도적 지위가 확립되었다.

2. 도시 신중간층과 농촌·도시 하층의 교육

1) 도시 신중간층의 교육 의식

자본주의의 발전은 같은 임금을 받는 노동자이면서도 육체노동에 종사하는 블루칼라와는 달리 관리적·사무적 일에 종사하는 화이트칼라라는 새로운 사회계층을 창출하였다. 다이쇼민주주의 시기에 등장한 이러한 새로운 중산계층은 상점주와 자작농을 지향한 기존의 중간층(旧中間層)과 대비하기 위해 **신중간층**(新中間層)이라고 불렀다. 신중간층은 관리 또는 기업의 중·하층 관리자, 전문직 종사자, 사무·판매원 등을 주요 구성원으로 했으며, 주로 도시에 거주하며 관공서나 회사에서 일하는 급여생활자였다.

대부분의 신중간층은 지연·혈연을 떠나 도시로 유입된 사람들로, 도시에서 **핵가족**(核家族)을 형성하였다. 이들은 중등·고등교육이 확대되어 학력사회가 성립되어 가는 와중에 스스로 진학 경쟁을 헤쳐 나가며 학력을 얻고 지위를 획득한 계층으로, 아이들 교육에 큰 관심과 열의를 보였다. 신중간층 가족은 '남자는 일, 여자는 가정'이라는 성 역할분업에 근거하여 생산노동에 종사하지 않고 오로지 가사와 육아를 담당하는 전업주부를 만들어냈다. 그리고 전업주부인 엄마가 아이들의 예의범절과 교육에 대한 책임을 맡게 되었다.

신중간층 가족 안에는 **산아제한**(産兒制限, 避妊)의 지식 · 기술이 전파 · 보급되어 아이는 '(하늘이)내려주시는 것'이 아니라 '만드는 것'이라는 의식이 양성되어 갔다. 산아제한은 세계적 산아제한운동 지도자인 **산거**(Sanger, 1879~1966)가 1922년 3월 일본에 온 것이 계기가 되어 계몽과 보급 활동이 본격화되었다. 산아제한은 여성해방운동과 빈곤다산에 허덕이는 노동자 계급의 생활개선을 목적으로 한 무산자(無産者)운동의 일환으로 설명되기도 했지만, 실제로 이 시기에 산아제한에 가장 큰 관심을 가진 것은 신중간층이었다. 아이는 농촌사회에서 귀중한 노동력이며 농업생산력을 끊임없이 다음 세대로 계승해가기 위해서는 '많은 자식'이 필요했다. 이에 비해 급여소득자인 신중간층은 제한된 비용과 시간을 1~2명이라는 적은 수의 아이에게 집중적으로 쏟아붓는 교육전략을 취하였다. 이를 위해서는 아이의 수를 제한할 필요가 있었으며, 산아제한은 신중간층의 '적게 낳고 소중하게 키운다'라는 심성에 적합한 지식 · 기술이었다.

신중간층의 교육의식은 아이의 순진함과 때묻지 않음을 칭찬하고, 자발성 · 개성을 소중히 하여 키우고 싶은 **동심주의**(童心主義), 반대로 순진하고 때묻지 않았기 때문에 엄한 예의범절이 필요하다고 하는 **엄격주의**(嚴格主義)와 같이 상반되는 지향성(志向性)으로 나타났다. 또한 장래의 수험 준비를 중시하는 **학력주의**도 뿌리를 내렸다. 신중간층은 아이에게 남겨줄 토지와 재산이 없었으며, 그들 자신의 사회적 지위를 아이들이 이어 가기 위해서는 높은 학력을 갖게끔 하는 방법 밖에 없었다. 그리고 대부분의 신중간층은 위에서 언급한 세 가지 주의(동심주의 · 엄격주의 · 학력주의)를 동시에 달성하고 싶은 바램이 있어, 어느 한쪽으로 치우친다 하더라도 일찍이 없었던 강한 '교육에 대한 의지'를 갖고 있었던 점은 공통된다(広田, 1999).

1910년대 이후, 신중간층 엄마들을 독자로 하는 —가정에서의 육아와 예의범절, 교육에 관한— 가이드북과 안내서가 등장하였으며, 1930년대 무렵까지 수많은 종류의 책자가 나돌게 되었다. 예를 들면, 오타니 히사오(大谷恒郎)『사랑스런 아이의 학습과 지도법 —각과 성적 향상법— (愛児の学習と導き方—各科成績の向上法—)』(1928)의 책상자 표지(〈그림 6-1〉)에는 엄마가 아이에게 공부를 가르치는 모습이 그려졌으며, 머리말의 내용을 보면 '가깝고 그리운 부모 특히 엄마의 교화력(敎化力)이 크다는 것은 말할 나위도 없'으며 '가정은 교육의 원천'이라고 강조되어 있다.

〈그림 6-1〉『사랑스런 아이의 학습과 지도법』 책상자 표지

책 말미의 광고란에『아이의 심리 테스트—우리 아이의 지혜 측정법』,『학교에서 실제 사회로— 우리 아이에게 무엇을 시켜야 할까, 성능과 적직의 연구—』와 같은 제목의 책자 소개가 나온다.

도쿄시 사회교육과는 1922년 12월부터 이듬해 2월까지 아이를 잘 키운 실제 사례, 아이를 잘못 키운 실제 사례, 아이를 건강하게 키운 실제 사례, 뜻하지 않게 아이에게 병이나 상처를 입힌 실제 사례에 대한 원고를 모집하여『사랑스런 아이의 예의범절과 양육(愛児の躾と育て)』이라는 제목으로 간행하였다(〈그림 6-2〉). 이와 같은 실례집이 출판된 배경에는 육아 방법에 대한 고민, 성공 사례·실패 사례를 참고하려는 신중간층의 '교육에 대한 강한 의지'가 있었음을 알 수 있다.

다이쇼민주주의 시기는 대중매체가 급속도로 발달한 시대로 아이들을 대상으로 한 다양한 종류의 잡지가 간행되기도 했다. 1914년 11월에는 고단샤(講談社)의 『소년클럽(少年俱樂部)』이 창간되었는데, 후에『노라쿠로(のらくろ)』와 『모험단기치(冒険ダン

吉きち)』등의 인기 작품을 연재하여 아이들에게 큰 인기를 끌었다. 1920년 1월에는 하쿠분칸(博文館)에서 『신청년(新青年)』, 『소년소녀단카이(少年少女譚海)』가 창간되어 탐정·모험소설 붐에 편승하여 호평을 받았다.

신중간층 아이들의 높은 진학 관심에 부응한 잡지도 나타났다. 『중학세계(中学世界)』(〈그림 6-3〉)와 같이 중학생을 대상으로 진학 정보를 제공한 잡지뿐 아니라 소학교를 대상으로 한 잡지도 등장하였다. 『소학교 5학년(小学五年生)』창간호(1922년, 〈그림 6-4〉)는 '예습과 복습, 입학시험 준비 등 여러분을 우등생으로 만들기 위해 나는 꼭 함께 합니다. 재미있는 이야기와 유익한 기사를 많이 싣고 있는 나는 여러분의 친한 친구입니다'와 같이 설득하며 오락적 내용과 함께 중등교육기관의 수험(受驗)을 의식한 기사를 게재하여 아이들의 진학요구를 가열시키는 역할을 하였다.

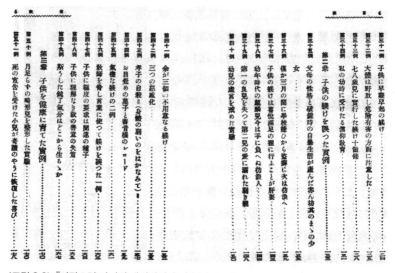

〈그림 6-2〉 『사랑스런 아이의 예의범절과 양육(愛児の躾と育て)』목차의 일부

전철 내의 포스터를 통해 원고를 모집하였다. 팜플렛으로 발행할 예정이었으나 응모수가 예상을 훨씬 뛰어넘어 책으로 간행하였다.

〈그림 6-3〉 『중학세계(中学世界)』 표지

수험 응시율, 출제 경향에 대한 분석, 합격 체험담, 합격자 일람과 같은 정보와 함께 수험참고서 광고를 다수 게재하였다.

〈그림 6-4〉 『소학교5학년(小学五年生)』 창간호 표지

쇼각칸(小學館)은 1922년 창립 때 『소학교5학년(小学五年生)』, 『소학교6학년(小学六年生)』을 창간하였다. 오늘날까지 이어지는 학년별 학습잡지의 출발점이기도 하다.

2) 농촌 · 도시 하층가족의 교육실태

비교적 풍족하고 교육에 대한 열의가 강한 계층인 신중간층이 도시 지역에서 탄생한 반면 농촌은 구조적인 빈곤 속에 그대로 놓인 상태였다. 신중간층가족과는 달리 농촌가족의 경우 인사와 손씻기 등 학교문화에 적합한 기본적 생활습관과 예의작법, 학교 공부에 관해서는 무관심으로 방임하는 경우가 많았으며, 대신 노동에 대한 교육이 엄격했다. 또 농촌에서는 아이를 포함하여 남녀노소가 모두 함께 일하지 않으면 생활이 성립되지 않았다. 따라서 가정교육과 교육 담당은 가족이 아닌 이웃이나 친족, 청년집단인 와카모노구미(若者組) 등 이른바 연령사다리 집단과 같이 부모 이외의 사람들에 의한 네트워크였으며, 아이들은 이 안에서 자연스럽게 성인이 되어 가는 것으로 생각하였다.

그렇지만 농촌아이들이 반드시 목가적 생활을 한 것은 아니었다. 농촌가족에는 가문과 신분(지주 · 소작농), 성별, 출생순위 등의 구분에 의한 차별 구조가 있었으며, 집안의 대를 잇는 장남 이외의 차남 이하나 대부분의 여자 아이는 의무교육 종료 후 상인이나 기술자의 집에서 더부살이 하며 일하는 고용살이(봉공[奉公], 견습생[丁稚], 도제[徒弟])를 해가며 힘든 노동에 종사 해야만 했다.

소작농 · 빈농층 아이들 중에는 생활비를 줄이기 위한 '식구줄이기에 처 하거나' 빚을 갚기 위해 인신매매되는 아이도 있었다. 일본의 자본주의는 제사(製絲) · 방직업을 축으로 발전하였으며, 대부분의 노동자는 20세 미만 의 소작 · 빈농층 출신의 여성 공장노동자(여공)였다. 1899년에 간행된 요 코야마 겐노스케(橫山源之助)의 『**일본의 하층사회**(日本之下層社会)』에 의 하면 15~20세 미만이 가장 많았다고 한다. 또 연소자에게 할당된 일을 보 면 12~15세의 연령층이 많았으며, 그중에는 7, 8세의 아이도 있었다고 한 다. 그녀들은 학대와 폭력, 장시간 노동과 심야노동, 영양실조 등 가혹한 노동조건에 처했으며, 1925년에 간행된 호소이 와키조(細井和喜蔵)의 『**여 공애사**(女工哀史)』에 의하면 의무교육조차 충분히 받지 못한 아이도 많았 다고 한다.

아이들 가정교육과 교육에 관심을 기울일 여유가 없었던 것은 실업과 빈 곤, 좋지 않은 생활환경에 처해 있던 도시하층의 가족도 마찬가지였다. 도시 하층이란 일용노동의 기술자나 직공과 같은 낮은 수입의 불안정 노동자, 사 회보장을 필요로 하는 극빈층을 말한다. 1920년대 무렵에는 어느 정도 세대 로서 하나의 그룹을 이루게 되는데, 그 이전에 대부분의 도시하층 가족들은 좁고 긴 집(長屋)에서 여러 가족이 동거하거나 또는 부모의 소식을 모르거 나 또는 부모가 사망해서 없는 등 이합집산을 반복하는 모습으로 살았다. 이 때문에 도시하층의 가족들도 가족이 교육을 책임진다는 의식은 희박하였다 (広田, 1999).

3. 다이쇼 자유교육의 고양

1) 학력과 능력차에 대한 주목

자본주의적 생산의 급속한 발전이라는 배경하에서 나타난 취학아동의 증가는 아동 간의 학력·능력차 문제를 현재화시켰다. 의무교육 연한의 2년 연장과 같은 시책을 통해 자본주의적 생산 유지에 필요한 유능한 인재를 육성하기 위해 국민 전체의 학력·능력의 향상을 지향하는 한편, 아이들 간의 학력과 능력차에 대처하기 위해 개별화된 지도를 도모하는 것이 필요하게 되었다. 취학아동의 증가와 의무교육 년한의 연장은 열악한 교육조건하에서의 일제수업(一齊授業) 중심의 획일적 교육방법의 결함을 노골적으로 드러낸 것이라고도 할 수 있다.

이런 상황 속에 그룹학습과 능력별 학급편성 등의 교육방법이 모색되기 시작하였다. 다이쇼자유교육의 기수 중 한 사람인 **오이카와 헤이지**(及川平治)는 1912년에 간행한 『분단식동적교육법(分團式動的教育法)』안에서 "현행교육인 일제교육을 본체(本體) 교육으로 설명하고, 지체아(遲滯兒)를 다수 만들어 놓고 평소 이를 구제할 방법은 강구하지 않았다"고 비판하며, 분단식(分團式, 그룹별)을 도입한 개별교수와 학급교수를 조화시키는 교육방법을 주장하였다. 그후 학력·능력차에 대한 대응이라는 교육과제는 아동의 개성과 자유를 존중하는 아동중심주의를 슬로건으로 한 다이쇼자유교육의 진전 속에서 추구되어 갔다.

2) 신학교의 설립과 팔대교육주장 강연회

다이쇼민주주의 시기에 다이쇼자유교육이라는 교육개조운동이 활발히 전개되었다. 이는 19세기말에서 20세기초에 걸쳐 나타난 국제적 신교육의 조류에 촉발되어 전개되었다. 스웨덴의 **엘렌 케이**(Ellen Key, 1849~1926)는 『**아동의 세기**(児童の世紀)』를 저술, '20세기를 아이들의 세기로'라고 주장하였으며, 이후 **아동중심주의**(兒童中心主義)를 이념으로 하는 학교(Child Centered School)에 대한 연구가 구미 각국에서 시도되었다. 그리고 제1차 세계대전 후인 1921년에 국제신교육연맹(國際新教育連盟)이 결성되었다.

　　다이쇼자유교육(大正自由教育)이란 당시까지 신민교육(臣民教育)의 특징이었던 획일주의와 주입식교육, 권력적 단속을 통한 훈련에 대해, 아이들의 자발성과 개성을 존중하는 자유주의적 교육을 목적으로 한 교육개조운동이었다(中野, 1968). 그 태동은 1899년에 『통합주의신교수법(統合主義新教授法)』을 저술하고 아동의 자발적 활동을 중시하는 '활동(活動)주의', '통합(統合)주의'를 주장한 **히구치 간지로**(樋口勘次郎)와 유럽 유학의 성과로 1906년에 『신교육강의(新教育講義)』를 발표하고 '자학보도(自學輔導)'론을 주창한 **다니모토 도메리**(谷本富) 등에서 볼 수 있다. 그들은 자신들의 교육방법상의 새로운 시도를 신교육(新教育)이라 불렀다. 이 신교육이라는 호칭은 1917년 **사와야나기 마사타로**(澤柳政太郎)가 자유교육의 실험학교로 사립 **세이조소학교**(成城小学校)를 설립한 이후 자유주의적 교육방법을 가리키는 것으로 정착하게 되었다.

　　다이쇼자유교육 실천에 앞장 선 학교는 신학교라 불린 일부 사립학교와 사범학교 부속소학교였으며, 그밖에 나가노현과 지바현의 극소수 학교를 제외하고는 일반 공립소학교에서 널리 실천되지는 않았다. 세이조소학교는 개성존중의 교육, 자연과 친해지는 교육, 심정(心情)교육, 과학적 연구를 기초로 하는 교육을 슬로건으로 내걸고 소인원 교육을 실천하였다. 그외의 사립학교로는 1912년 니시야마 데쓰지(西山哲治)가 설립한 제국소학교(帝国小学校), 나카무라 하루지(中村春二)가 설립한 세이케이학원(成蹊学園, 実務学校) 등이 이른 시기의 예이며, 그후 1921년에 **하니 모토코**(羽仁もと子)

가 지유학원(自由学園), **니시무라 이사쿠**(西村伊作)가 분카학원(文化学園), 1924년에는 **아카이 요네키치**(赤井米吉)가 묘조학원(明星学園), 1929년에는 **오바라 구니요시**(小原国芳)가 다마가와학원(玉川学園)을 각각 설립하였다.

사범학교 부속소학교의 실천 중에는 앞서 언급한 분단식 동적교육법을 제창한 오이카와 헤이지(明石女子師範 附屬小學校), '합과교수(合科敎授)'와 '생활수신(生活修身)' 연구에 몰두하여 『학습원론(學習原論)』(1923)을 저술한 **기노시타 다케지**(木下竹次)(奈良女子高等師範 附屬小學校)가 유명하다. 그리고 아이들 스스로 선거를 통해 급장을 선출하는 것과 소집단과 일제교수를 조합하여 전개하는 수업 형태의 개혁 등 '자유교육(自由敎育)'으로 널리 알려진 **데즈카 기시에**(手塚岸衛)(千葉師範 附屬小學校)의 실천도 큰 반향을 불러 일으켰는데, 예를 들면, 이 학교의 공개연구회에 전국 각지에서 2만 명의 참관자가 온 것으로 알려져 있다.

다이쇼자유교육을 실천한 학교 중 사립학교는 고상한 학문과 예술과 결합한 자유교육 이념에 찬동하는 높은 교육의식을 갖고 있었으며 실제로 아이들을 학교에 보낼 수 있는 비교적 부유한 신중간층을 주요 지지기반으로 하였다. 또 사범학교 부속소학교는 선진적 실험학교인 관계로 일반 공립소학교와 비교하면 좋은 교육환경이었다고 할 수 있다. 즉 신(新)학교의 선구적 시도를 일반 공립소학교에서 실천하는 것은 매우 어려웠을 것이다. 지방의 가난한 농촌사회에서는 아동중심주의를 기초로 하는 이상주의적 교육보다 실제 사회에서 도움이 되는 실용적 교육을 요구받기 쉬웠다는 점도 무시하기 어렵다.

그럼에도 불구하고 다이쇼자유교육의 이념과 실천은 전국적으로 높은 관심을 불러 일으켰다. 그 상징적 일로 1921년 8월 도쿄에서 개최된 **팔대교육주장 강연회**(八大敎育主張講演會)를 들 수 있다. 이 강연회는 당시 교육계의 리더들이 자신들의 교육론을 주장하는 자리로, 강연회의 정원이 2,000

명이었는데 5,500명이 신청했다고 한다(中野, 1968).

다이쇼자유교육의 이념과 실천의 전파·보급을 위해서는 서적과 신문, 잡지의 간행 또는 라디오방송과 같은 대중매체의 발달이 필요했다. 강연회와 연수회의 참가를 가능하게 하고, 서적과 신문·잡지를 각지에 운반한 교통기관의 발달도 이를 뒷받침하였다. 팔대교육주장 강연회는 『교육학술계(教育學術界)』라는 교육잡지를 발간하고 있던 대일본학술협회(大日本學術協會)가 주최한 것으로, 이때의 강연기록집은 판(版)을 거듭했다. 그 밖의 교육잡지를 포함하여 다이쇼자유교육의 이념과 실천의 보급에 있어 정기적으로 간행된 각종 교육잡지는 큰 역할은 하였다.

〈표 6-2〉 팔대교육주장 강연회의 강연자와 강연제목

강연자/소속 및 지위	강연 제목/주요 저작
히구치 조이치(樋口長市)	자학주의교육(自学主義教育)의 근본 『자학주의교육법(自学主義の教育法)』 1919년
고노 기요마루(河野清丸/日本女子大附属小)	자동주의(自動主義)교육 『몬테소리교육법과 응용(モンテッソリー教育法と其応用)』 1914년
데즈카 기시에(手塚岸衛/千葉師範附属小主事)	자유교육(自由教育)의 진수 『자유교육진의(自由教育真義)』 1922년
지바 메이키치(千葉命吉/広島師範附属小主事)	충동만족과 창조교육 『창조교육의 이론 및 실제(創造教育の理論及実際)』 1918년
이나게 긴시치(稲毛金七/早稲田大学教授)	진실의 창조교육(創造教育) 『교육혁신(教育の革新)』 1916년
오이카와 헤이지(及川平治/明石女子師範附属小主事)	동적교육(動的教育)의 요점 『분단식동적교육법(分団式動的教育法)』 1912년
오바라 구니요시(小原國芳/成城学園主事)	전인교육론(全人教育論) 『교육개조론(教育改造論)』 1920년
가다가미 노부루(片上伸/早稲田大学教授)	문예교육론(文芸教育論) 『문예교육론(文芸教育論)』 1922년

※오이카와(及川)는 올 여름 8곳에서 강연이 있으며 지금 도쿄를 출발한다고 말했고, 오바라(小原)도 잇달은 강연으로 인해 준비부족이라 하였다. 그들의 정력적인 보급활동을 나타내는 에피소드다.

한편 소학교 교원수는 1901년에 10만 명을 넘었으며, 1910년 15만 명, 1924년 20만 명, 1934년 25만 명으로 계속 증가하였다. 소학교 교원과 그들을 양성한 사범학교, 교육단체인 교육회(敎育會) 등의 관계자들은 교육계(敎育界) 또는 교원사회(敎員社會)라고 불리는 공동체를 형성하였다. 1919년 8월 **시모나카 야사부로**(下中弥三郎)를 중심으로 한 사이타마현 교원들이 일본 최초의 전국적 교원조합인 **계명회**(啓明會)를 결성하였다. 일부 선진학교에서 추진된 다이쇼자유교육의 이념과 실천은 비록 지방의 공립소학교 교원들이 비록 그대로 실행하기는 어려웠지만 자신들의 교육활동에 의미를 부여하거나 지향해야 할 교육방침과 방향성을 제시해준 것으로 비쳐진 것이 아닌가 여겨진다.

3) 자유교육의 전개와 쇠퇴

다이쇼자유교육운동은 아동문학과 동요, 아동그림 등 예술교육운동으로도 전개되었다. 1918년 7월 **스즈키 미에키치**(鈴木三重吉) 등에 의한 아동문예잡지 『**아카이토리**(赤い鳥)』가 창간되었는데, 이 잡지를 통해 동요(童謠)라는 말이 전국에 보급되었다. 『아카이토리』가 아동들의 작문을 적극적으로 모집하여 게재한 것은 **아시다 에노스케**(芦田恵之助)의 자유과제주의(自由課題主義, 隨意選題) 주장과 함께 1930년대 이후에 전개된 생활작문운동(生活綴方運動)의 복선(伏線)으로서 의미를 갖고 있다. 또 1919년 4월에는 **야마모토 가나에**(山本鼎)의 제창으로 나가노현에서 자유그림교육운동(自由畫教育運動)이 일어났다.

다이쇼자유교육에 큰 영향을 끼친 교육방법으로 **돌턴 플랜**(The Dalton plan)이 있는데, 돌턴 플랜은 미국의 교육자 **파크허스트**(Parkhurst, 1887~1973)가 제창한 지도법으로 이 플랜을 주체로 한 학교(돌턴 스쿨)가 서양 각국을 중심으로 다수 설립되었다. 이 플랜은 자유와 협동을 사고의 중심으로 하고 클래스의 인원이 많다하더라도 아이들 하나하나의 능력이 신장될 수 있도록 개별학습과 협동학습을 조합하여 전개하는 지도법으로 고안되었다. 이탈리아의 유아교육가 몬테소리(Montessori, 1870~1952)에 의한 아동의 자발성·자주성을 중시하는 교육(**몬테소리교육**)과 미국의 철학자 **듀이**(Dewey, 1859~1952)의 문제해결 학습 등의 영향을 받았다. 돌턴 플랜은 먼저 1922년 세이조소학교에 도입되었으며, 묘조학원과 후쿠이현 사범학교 부속소학교, 구마모토현 다이이치고등여학교(第一高等女學校) 등에서도 실천되었다.

〈그림 6-5〉 『돌턴안(案)의 비판적 신(新)연구(ダル トン案の批判的新研究)』의 내부 표지와 파크허스트 사진

파크허스트는 1924년 4~5월 세이조소학교·마이니치(每日)신문사의 초청으로 일본에 와 전국 각지에서 강연을 하였다. 이 무렵에 보급이 절정을 이루었다.

1924년에 개교한 **이케부쿠로 아동마을소학교**(池袋児童の村小學校)는 사회생활의 단위를 '마을(村)'로 생각하고, 학교를 아이·부모·교사에 의한 생활공동체로 받아들이는 생활교육을 지향하였다. 이 점에서 세이조소학교처럼 주로 교육방법상 자유주의를 표방한 학교와는 대조적 성격을 가진 새로운 학교였다. 이케부쿠로 아동마을소학교는 『**교육의 세기**(敎育の世紀)』라는 잡지를 발행한 교육의 세기사(敎育の世紀社)를 모체로 하여 **노구치 엔타로**(野口援太郎)에 의해 창설되었다. 이 학교에서는 아이들이 교사를 선택할 자유, 교재를 선택할 자유, 시간표의 자유, 장소의 자유를 인정하고, 생활공동체로서의 학습의 장(場) 창조를 목적으로 하였다. 이 학교를 모델로 하여 1925년 사쿠라이 스케오(桜井祐男)가 아시야 아동마을소학교(芦屋児童の村小學校), 우에다 쇼자부로(上田庄三郎)가 가나가와현 지가사키(茅ヶ崎)

에 히바리가오카소학교(雲雀岡小学校)를 개설하였다. 그러나 1930년대에 들어 교육의 세기사가 경영 부진에 빠지고 아이들 수도 감소하여 교육활동을 제대로 진행할 수 없게 되어 결국 아동마을소학교의 교육은 단명(短命)으로 끝나고 말았다.

〈그림 6-6〉 이케부쿠로 아동마을(池袋児童の村)의 조회(朝の会)(1934년)

상자 위에 올라선 '촌장(村長)'이 아침인사를 하고 있다. 제대로 줄을 서지 않는 등 편안한 분위기를 엿볼 수 있다.

아동마을소학교뿐만 아니라 1920년대 중반부터 1930년대에 걸친 다이쇼자유교육운동은 좌절과 분열을 경험하며 급속히 쇠퇴하였다. 결과적으로 다이쇼자유교육은 농민과 노동자계급의 생활실태에 뿌리 내린 교육을 지향하지 못해 운동 기반을 넓히지 못한 것이 쇠퇴 원인 중 하나로 볼 수 있다. 또 생활교육으로 정리된 아동중심주의라는 이상(理想)은 반대로 계통적·과학적 교육의 경시에 빠지기 쉬웠으며, 중등·고등교육에 대한 수험준비교육을 원한 신중간층 부모들과의 갈등 등 이상과 현실간에 모순이 있었던 점도 영향을 끼쳤다. 또 이 시기의 사회운동에 대한 억압과 사상탄압의 움직임도 다이쇼자유교육운동에 영향을 끼쳐 쇠퇴의 길을 걷게 되었다. 이상의 이유로 자유교육운동은 소멸과 변질의 길을 걷게 되었다.

1924년 9월에 시학위원(視學委員)들이 참관하는 수신(修身)수업에서 나가노현의 마쓰모토여자사범학교 부속소학교 교사(訓導)인 가와이 세이치로(川井淸一郞)가 교과서를 사용하지 않았다는 이유로 휴직(休職)처분을 받은 **가와이훈도 사건**(川井訓導事件)은 자유교육에 대한 탄압의 상징적인 예다. 즉 이케부쿠로 아동마을소학교가 설립된 같은 해에 가와이훈도 사건으로 대표되는 자유교육에 대한 탄압이 시작된 것으로, 따라서 다이쇼자유교육이 활발했던 것은 1910년대 후반부터 1920년대 중반까지의 매우 짧은 시기에 지나지 않았다.

그러나 다이쇼자유교육이 적어도 교육방법의 측면에서 아동중심주의에 기초한 여러 가지 실천을 만들어낸 것과 이 운동에 참가하거나 영향을 받은 사람들 중에 후에 **생활글짓기운동**(生活綴方運動)과 **신흥교육운동**(新興教育運動)을 담당하게 되는 사람들이 배출된 것은 평가받을 만하다(中內, 1998).

4. 장애아교육에 대한 주목과 교육측정에 대한 지향

다이쇼자유교육운동은 아이들 간의 학력·능력차에 대한 대처라는 과제를 추구함과 동시에 장애아(障害兒)에 대한 대응 필요성이 표면화되었다. 시각·청각·운동·언어 각각의 장애아와 관련하여 1907년 4월 문부성은 사범학교규정에 의해 각 부현 사범학교의 부속소학교에 '맹인(盲人)·벙어리(啞人)·심신(心身) 불완전한 아동'을 위한 특별학급 설치를 권장하여 각지에 '맹아학급(盲啞學級)' 등이 설치되었다. 1923년 8월에는 소학교령에서 분리된 형태로 **맹학교 및 농아학교령**(盲學校及聾啞學校令)이 공포되어 각 도부현에 대한 맹학교 및 농아학교의 설치가 의무화되었다. 이에 따라 사립 맹아학교의 공립 이관과 맹학교와 농아학교의 분리가 추진되었다.

지적장애아의 경우 미국에서 에드워드 세간(Edward Seguin, 1812~1880)에게 치료교육을 배우고 1897년 지적장애아 전문시설인 다키노가와학원(滝乃川学園)을 개설한 **이시이 료이치**(石井 亮一)가 선구자였다. 또 일본에서는 지적장애아와 관련된 개념으로 1900년 무렵부터 '저능아(低能兒)'라는 용어가 쓰이기 시작하였다. 그러나 이 용어는 원래 학업성적이 좋지 않은 학업부진아('열등아'라고도 불리움)를 가리켰으며, 이것이 1910년대에 들어서 주로 오늘날 말하는 지적장애아라는 의미로 쓰이게 되었다. 그 사이에 독일을 중심으로 한 서양 유학 기간 중 장애아를 접한 오토타케 이와조(乙竹岩造)가 귀국하여 1908년 『저능아교육법(低能兒教育法)』을 간행하였으며, 이를 통해 '저능아' 교육이 일본에 널리 소개되었다.

한편 학업부진아와 지적장애아의 구별이 명확해진 것은 1920년대 이후 지능검사의 번안(飜案)과 실용화가 발전하고 지적장애아의 판별이 가능해진 후였다. 즉 그 전까지는 양자가 개념적으로 애매한 상태인 채로 사용되었으며, 이 개념이 명확해지는 과정에서 지적장애아에 대한 교육이 성립되어 갔다.

지능검사(知能檢查)는 학교교육을 따라가기 힘든 지적장애아를 판별하기 위해 시몬(Simon, 1873~1961)의 협력을 받아 **비네**(Binet, 1857~1911)가 1905년에 최초로 작성하였다. 일본에서는 정신의학자 미야케 고이치(三宅鉱一) 등에 의해 소개되었으며, 교육계에서는 1911년에 간행된 이치가와 겐조(市川源三)가 『지능측정 및 개성의 측정(知能測定及び個性之測定)』에서 검사법을 소개하였다. 비네식 검사의 일본판은 1919년에 구보 요시히데(久

保良英)에 의해 작성되었다. 또한 오사카부 사범학교 부속소학교에서 학업 부진아를 위해 교육치료실을 개설한 스즈키 하루타로(鈴木治太郎)는 검사 척도의 개정작업을 반복하는 등 지능검사법 발전에 심혈을 기울였다(佐藤, 1997). 1920년대 중반 이후 교육측정과 직업지도의 기운이 높아지는 가운데 다나카 간이치(田中寬一)는『교육측정학(敎育測定學)』(1926)과『교육적통계법(敎育的統計法)』(1928)을 간행하였다.

지적검사로 대표되는 학력·능력차를 과학적으로 측정하려 한 움직임은 지적장애아의 판별이라는 틀을 넘어 전개되었다. 즉 이 시기 학력사회의 성립·전개와 이에 따른 진학경쟁의 심한 변화를 커다란 배경으로 하고 학업과 직업적성에 의한 선발에 합리적 근거를 제공하기 위한 도구로서 교육측정에 관한 지식·기술의 정밀화와 보급이 추진되어 갔다.

참고문헌

久保義三 外編『現代敎育史事典』(東京書籍, 2001年)

佐藤達哉『知能指數』(講談社, 1997年)

中內敏夫『匿名の敎育史』(中內敏夫著作集 II) (藤原書店, 1998年)

中野光『大正自由敎育の硏究』(黎明書房, 1968年)

広田照幸『日本人のしつけは衰退したか―「敎育する家族」のゆくえ―』(講談社, 1999年)

民間敎育史料硏究會 編『敎育の世紀社の統合的硏究』(一光社, 1984年)

▌칼럼▐

산아제한 · 태교 · 조기교육 · 우생결혼의 행방

다이쇼자유교육이 고조되었던 1910년대 후반에서 1920년대에 걸친 시기에 출생률과 사망률 모두 높은 다산다사(多産多死)에서 출생률과 사망률 모두 낮은 소산소사(小産小死)로 이행하였으며, 이는 오늘날까지 이어지는 대규모 인구 이동의 시발점에 해당한다고 할 수 있다. 1918년에 사망률이 높았는데, 이는 제1차 세계대전 후 스페인감기의 영향이 크다. 또 콜레라 · 페스트 · 천연두가 유행했는데, 의학의 진보로 이를 예방 및 치료할 수 있게 되어 이 해를 정점으로 사망률은 점차 저하 국면에 들어갔다. 사망률 저하가 시작되고 바로 출생률 또한 낮아지기 시작했는데, 이 변화를 선도한 것은 산아제한(피임)의 지식 · 기술을 수용한 신중간층이었다(6장 2절 1항 참조).

교육이란 기본적으로 '태어난 후'의 아이를 대상으로 성장과 발달에 대한 의도적 활동을 가리킨다. 그러나 한편으로 신중간층에서 나타난 강렬한 '교육 의지'는 '태어난 후' 뿐만 아니라 '태어나기 전' 단계에 시작하는 태교와 '타고난 것'의 소질을 중시하는 조기교육 · 영재교육에 대한 관심으로 확산되어 갔다. 시모다 지로(下田次郎)의 『태교(胎敎)』(1913)는 1927년까지 64판을 거듭한 베스트셀러였으며, 그밖에 조기교육에 관한 초기의 저작인 기무라 규이치(木村久一)의 『이른 교육과 천재(早敎育と天才)』(1917)도 사람들의 관심을 불러 모았다.

'좋은 아이'를 낳고 싶어 사람들의 관심의 범위는 점차 넓어져 갔다. 1910년대에는 우생사상(優生思想)을 근거로 하여 '나쁜' 유전을 가진 상대와의 결혼을 피하고 유전적으로 '문제가 없'거나 '좋'은 상대와 결혼할 것을 주장하는 우생결혼(優生結婚)이 민간 여성들에 의해서도 주장되었다. 신교육운동의 주창자인 엘렌 케이와 다이쇼자유교육의 주창자로 일본에서 엘렌 케

이의 사상을 수용한 사람 중 한 사람인 오바라 구니요시(小原國芳)도 '좋'은
유전을 가진 아이만이 태어나도록 하자는 주장을 하였다.

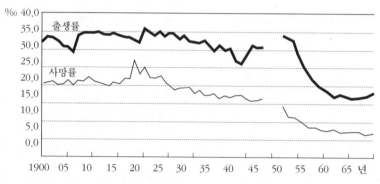

출생률 · 사망률의 추이(1900~1965년)

각각의 계수(計數)를 그 해 10월 1일 일본인 인구(1920년 이후는 외국인을 포함한 총인구)로 나
누고 1,000을 곱한 것.

　　실제로는 당시 유전성 질환을 가진 장애자에 대한 직접적 차별로 이어진
것을 빼고는 우생결혼을 실천하려 해도 유전의 좋고 나쁨을 측정하는 확실
한 방법은 없었으며, 가계 · 혈통조사와 건강진단서의 교환과 같은 것 말고
는 다른 도리가 없었다. 그러나 오늘날의 인감게놈의 해독과 유전자 검사 ·
치료 등 생식 기술의 진보는 개인 또는 국가 · 사회가 이상으로 여기는 '좋은
아이'를 '만들'고 '키우고 싶다'는 욕망에 자극을 주어 '태어나기 이전'에 시도
하는 새로운 기술을 제공하고 있다. 클론인간 등은 현시점에서는 SF판타지
의 세계에 지나지 않지만 새로운 생식 기술과 생명관이 교육영역에 미치는
영향에 대해 과거의 역사에서 배우고 또 미래의 모습을 예견하여 가능성과
위험에 대해 논의를 해 나가는 것은 미래의 교육상을 생각하는 데 있어 필요
한 일이라고 할 수 있다.

7장
전시하의 교육과 아이들

이 장에서는 1930년대 이후 일본의 사회변동과 교육의 이해를 위해서 교육운동의 새로운 전개, 공황하의 농촌과 변화하는 사회상황, 국가총동원 체제하의 교육개혁 동향을 검토하고 마지막으로 1940년대부터 패전(敗戰)까지의 전시하(戰時下) 교육의 여러 모습에 대해 살펴보도록 한다.

1. 민간교육운동의 새로운 전개

1) 다양한 교육운동

1930년대는 다이쇼 자유교육의 경험을 이어받으면서, 일본의 민간교육운동이 새로운 전개와 재편을 거둔 시기였다. **생활글짓기운동**(生活綴方運動)과 **프로레타리아교육운동**(プロレタリア教育運動, 新興教育運動), 교육과학연구회(敎育科學硏究會)에 의한 **교육과학운동**(敎育科學運動)이 전국적으로 전개됨과 동시에 향토교육운동, 전촌학교운동(全村學校運動) 등 다양한 실천이 차례로 펼쳐졌다. 이들 운동의 특징은 다이쇼기 자유교육운동이 도시의 사립학교와 사범학교 부속소학교처럼 신중간층을 기반으로 한

일부 학교만 실천에 머문 경향이 있었던 것에 비해 도시와 농촌을 불문하고 전국적 범위에서 전개되었다는 점이다. 동시에 이와 같은 교육운동은 자유롭고 활달하게 전개된 다이쇼기의 자유교육운동의 경험이 있었기 때문에 가능했다. 또 이와 같은 운동의 경험과 성과는 전시하(戰時下)의 탄압을 거쳐 전후(戰後) 교사들에게 계승되어 더욱 활발한 교육실천운동으로 전개되었다는 점도 유의해야 할 것이다.

이하 본 절에서는 이 시기 교육운동 중에서 중요하다고 판단되는 생활글짓기운동과 교육과학연구회를 중심으로 살펴보도록 한다.

2) 생활글짓기운동의 등장과 발전

생활글짓기운동(生活綴方運動)은 다이쇼시대에 아시다 에노스케(芦田恵之助)가 제창한 수의선제주의(隨意選題主義), 스즈키 미에기치(鈴木三重)가 창간한 잡지 『아카이토리(赤い鳥)』 운동 등을 비판적으로 계승한 것이다. 국어과(國語科) 중 국정교과서가 없었던 글짓기(綴方)는 교사들의 자유로운 실천이 가능했다. 있는 그대로의 자기자신에 대해 글쓰는 것을 목적으로 한 글짓기 실천은 자기자신을 둘러싼 '생활'에 아이들의 시선이 향하도록 하는 것을 통해 문장표현의 지도라는 국어과의 영역을 넘게 되었다. 문장표현의 지도 이전에 아동의 생활지도가 없으면 안되는데, 이로 인해 **생활지도**(生活指導)라는 개념이 생겨났으며 글짓기를 통해 모든 교육을 시야에 넣은 교육실천이 나타나게 되었다. 이를 **생활글짓기**(生活綴方)라고 부른다.

생활글짓기운동의 전국적 전개에 있어 중심적 역할을 맡은 것은 잡지 **『글짓기생활**(綴方生活)』이었다. 『글짓기생활』은 1929년에 아동마을소학교의 주사(主事)를 역임한 시가키 히로시(志垣寛)가 편집자로 참여하여 창간되었는데, 1930년 출판사 쟁의로 인한 휴간(休刊)을 거친 이후 같은 해 10월에 **사사오카 다다요시**(小砂丘忠義)를 편집발행인으로 하여 재간(再刊)되었다. 이 잡지가 생활글짓기운동에서 중심적 역할을 한 것은 그 이후였다. 재간 때 사사오카 다다요시 등은 이 잡지에 아래 내용의 '선언'을 게재 하였다(〈그림 7-1〉). 그 내용을 보면 '사회문제와 아이들의 매일매일 생활사실'의 관찰을 통해 '생활에서 살아 움직이는 원칙'을 교사 스스로가 파악함과 동시에 아이들도 파악토록 한다. 이것이 야말로 '생활교육'의 이상이며 방법이다. 글짓기는 '생활운동의 중심교과'일 뿐만 아니라 '글짓기교육을 중심으로 생활교육의 원칙과 방법을 창조'하기를 기대한다고 나온다.

이로 인해 글짓기교육은 교육과정 전부를 통해 이루어지는 **생활교육**(生活教育)의 이상을 실현하기 위해 중심에 놓이게 되었다.

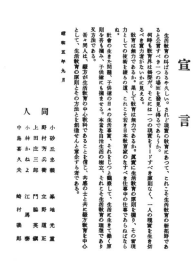

<그림 7-1> 잡지 『글짓기생활(綴方生活』 제2차동인(同人) 선언(宣言) 문장.

생활글짓기의 지도과정은 아이들에게 자기자신의 생활 속에서 취재한 문장을 쓰게 하고, 이를 아이들과 교사가 함께 읽고, 이를 기초로 다시 작성하는 순환과정의 반복이었다. 그야말로 '쓰기를 통한 교육'이며 '생활지도를 위한 표현지도'였다.

각지에 교사들의 글짓기 동아리가 만들어졌으며, 동인지와 문집의 교환이 전국적 규모로 이루어졌다. 또 등사판의 보급으로 교사들의 문집 만들기가 쉬워졌으며, 활판인쇄로 지역적 동인지를 발행하는 것도 비교적 간단해졌다. 이러한 인쇄매체의 발달이 그들의 유력한 무기가 되었다.

교사들 교류의 중요 무대가 된 것으로 『글짓기생활』 이외에 『교육 · 국어교육(教育 · 國語教育)』(지바 하루오[千葉春雄] 主宰), 『공정(工程)』 · 『글짓

기학교(綴方學校)』(모모타 소지[百田宗治] 主宰), 『실천국어교육(實踐國語
敎育)』(니시하라 게이치[西原慶一] 主宰) 등이 있었으며, 또 작문지(誌)는 아
니지만 주요 잡지로 『생활학교(生活學校)』(노무라 요시베[野村 芳兵衛], 후
에 도쓰가 렌[戸塚廉] 主宰)가 있었다.

　지역의 글짓기 동아리는 일본 전국의 거의 모든 현과 지역에 설립되었는
데, 그중에서 도호쿠(東北)지방 교사들이 가장 활발하게 운동을 전개하였
다. 아키타(秋田)에서는 1929년부터 **나리타 다다히사**(成田忠久)·**나메카
와 미치오**(滑川道夫)·**사사키 고**(佐々木昂)·**가토 슈시로**(加藤周四郎) 등
이 북방교육사(北方敎育社)를 결성하고 기관지『**북방교육**(北方敎育)』을 발
간하는 등 활발한 활동을 전개하였다. 1934년에는 도호쿠 대공황(大恐慌)을
계기로 이와테(岩手)·미야기(宮城)·아오모리(青森)·후쿠시마(福島)의
동아리와 연대하여 같은 해 북일본국어교육연맹(北日本國語敎育連盟, 기관
지『敎育·北日本』)을 결성하였다. 그들의 운동은 '북방성교육(北方性敎育)'
이라고도 불렀는데, **생활 토대**(生活臺)에 뿌리내린 것을 기본으로 하여 전
개된 이 운동은 전국의 글짓기 교사들에게 큰 충격을 주었다. 그 영향은 홋
카이도글짓기교육연맹(北海道綴方敎育連盟)이 '홋카이도성(北海道性)'을
주장하고, 『글짓기평원(綴方平原)』을 발간한 나고야글짓기연맹(名古屋綴
方連盟)이 '평원성(平原性)'을 주장한 것처럼 각자가 생활하는 지역의 특수
성을 인식하려는 움직임으로도 나타났다.

3) 교육과학연구회의 결성과 그 운동

　1930년에 결성된 신흥교육연구소(新興敎育研究所)와 일본교육노동자
조합(日本敎育勞動者組合)에 의한 프로레타리아교육운동은 막스주의의 강
한 영향을 받은 교육운동이었다. 이 운동은 1933년 대탄압으로 짧은 역사를
마치게 되었지만, 여기에 참가한 일부 교사들은 이후 도호쿠 지방의 생활글

짓기운동, 이케부쿠로 아동마을소학교 기관지의 후신인 제2차 『생활학교』 (1937년 10월)의 편집그룹, 그밖에 기술교육운동과 보육·아동문화운동 등 다양한 분야로 진출하였다.

1937년에는 심리학자인 **기도 만타로**(城戸幡太郎)와 **도메오카 기요오**(留岡淸男)를 중심으로 **교육과학연구회**(敎育科學硏究會)가 결성되었다. 교육학자·심리학자 등 교육과 관련된 제반 학문의 연구자를 중심으로 결성된 교육과학연구회는 구(舊)프로레타리아교육 관계자와 **글짓기교사**(綴方敎師)들과도 교류를 해가며 점차 전국적인 조직으로 발전해 갔다.

교육과학연구회의 중심인물 중 한 사람이었던 도메오카 기요오는 "생활주의 글짓기는 필경 글짓기 교사의 감상(鑑賞)으로 시작하여 감상(感傷)으로 끝나는데 지나지 않"으며, 생활글짓기는 자칫하면 교사의 선의(善意)와 정열(情熱)에 의지할 뿐 아이들의 장래 생활에 필요한 튼튼한 학력을 형성하기는 어렵다고 비판하였다. 구체적으로는 '사회연구과'와 같은 새로운 교과가 필요하다고 주장하였다(留岡淸男, 『敎育』 1937년 10월호, 1938년 5월호 등). 이에 대해 글짓기 교사들은 어떤 교과가 개폐(改廢)되든 간에 글짓기교육이 없는 것은 "불상을 만들어 놓고 혼을 집어 넣지 않고" 끝내는 것이라고 반론하였다. 이와 같은 **생활교육논쟁**(生活敎育論爭)으로 불리는 교류를 통해 교육과학연구회는 교육현장에서도 강한 영향력을 갖게 되었다.

교육과학연구회는 언어교육·과학교육·기술교육·생활교육·교육과학의 5개 연구부회를 설치하고 연구활동을 전개하였으며, 1939년 8월에 제1차 교육과학연구협의회를 개최하였다. 이를 계기로 전국에 지부가 설립되었고 이듬해에는 1,000명 정도의 회원이 모였는데, 그들은 글짓기 교사, 구프로레타리아교육 관계자 등 교육개혁에 관심을 가진 사람들이었다. 1940년 4월에는 '교육과학연구회강령'을 발표하고, 총괄적 구호로 '생활주의와 과학주의', '국민교양의 최저표준 설정'을 내걸었다. 생활교육운동을 발판으로 새로운 상황에 대응하는 교육개혁의 길을 전망하려고 한 것이다.

지방지부는 전국적으로 20개 정도 조직되었는데, 홋카이도에서는 10개 이상 지부에 의한 연합조직이 결성되었다. 지부의 활동은 지방에 따라 다양했는데 매달 열리는 예회(例會), 아이와 교사에 대한 실태조사, 교육그림연극(紙芝居) 등에 의한 아동문화운동, 산업조합·행정과의 연대(連携)를 통한 직업지도 등에 몰두하였다.

그러나 1940년 문부성의 국민학교안(國民學校案)이 구체화되고 고노에 후미마로(近衛文麿)[1]에 의한 신체제운동(新體制運動)이 전개됨에 따라 연구회는 국책(國策)에 대한 협력 자세를 현저하게 나타냈다. 기도 만타로와 도메오카 기요오는 원래 고노에 후미마로의 브레인 조직인 쇼와연구회(昭和研究會)와 **교육개혁동지회**(教育改革同志會)와 밀접한 관계를 갖고 있었으며, 이들 그룹과 연대를 해가면서 자신들의 교육개혁을 추진하였다. 1940년 8월에 개최된 제2회협의회에서는 국민학교 실시에 대비한 연구가 중점 과제가 되었다. 이런 과정을 거쳐 기도 만타로와 도메오카 기요오는 대정익찬회(大政翼贊會)에 참가하게 되었는데, 연구회 내부에서도 연구회의 방침을 둘러싸고 노골적 대립이 나타났다. 이런 상황하에서 1940년 12월부터 이듬해에 걸쳐 갑자기 글짓기 교사를 비롯한 지방의 회원들에 대한 탄압이 일제히 일어났으며, 1941년 4월 국민학교 발족과 함께 교육과학연구회는 해산되고 말았다. 탄압을 면한 지도부는 **보육문제연구회**(保育問題研究會)와 **국민생활학원**(國民生活學院) 등 여자교육분야에서 새로운 가능성을 발견하기도 했지만, 결국 1944년에 기도 만타로와 도메오카 기요오도 검거되어 교육과학운동은 막을 내리게 되었다.

---

1) 정치가. 1933년 귀족원 의장으로 1937년 제1차, 1940년 제2차, 1941년 제3차 조각(組閣)을 했으며, 태평양전쟁 후 전범자로 분류됨. 구인(拘引) 직전 자살(1891~1945).

2. 궁핍한 농촌, 변화하는 사회

1) 궁핍한 농촌의 아이들과 교육

이상과 같은 각양각색의 교육운동은 궁핍한 농촌 그리고 한편에서 추진된 중화학공업화, 점차 진행되는 도시화, 영화와 라디오 등 미디어의 발달과 같은 급속히 변하는 사회상황 속에서 전개되었다.

뉴욕주식시장의 주가 대폭락으로 시작된 세계 대공황은 일본 경제에도 큰 타격을 주었는데, 특히 일본의 농업에 끼친 영향은 심각했다. 쌀 가격을 비롯해 농산물 생산가격은 일제히 하락했으며, 1931년에는 도호쿠 지방과 홋카이도 지방에 냉해로 흉작이 되기도 하였다. 특히 1934년에 도호쿠 지방에 기록적인 대냉해가 찾아와 많은 농촌마을이 기아선상에까지 내몰리는 상황이 닥쳤으며, 불경기로 인한 도시 실업자의 귀농은 사태를 더욱 심각하게 만들었다.

소작쟁의(小作爭議)가 급증하는 한편 도호쿠 지방의 농촌 소학교를 중심으로 도시락조차 준비 못하는 결식아동이 속출하였으며, 빈곤한 농가에서는 딸을 파는 일이 속출하는 등 심각한 사회문제가 일어났다. 1935년 5월 말 경시청(警視廳) 관하의 신요시하라(新吉原)·신주쿠(新宿)·스사키(州崎)·센주(千住)의 유곽(遊郭) 창기(娼妓) 6,801명에 대한 조사에 의하면, 창기의 출생지는 야마가타(山形) 1,009명을 비롯하여 도호쿠 6개현 출신자가 54%를 차지하였다(『社會事業』, 1935년 8월). 문부성은 결식아동에 대한 대응책으로 1932년 9월 훈령 제18호로 '소학아동 급식에 관한 건'을 발령했는데, 실제로는 결식아동 수가 급식아동 수보다 많았다.

이와 같은 상황은 소학교 교육에 심각한 영향을 끼쳤다. 특히 지역이 부담하는 소학교 비용이 대폭 감액되어 소학교 교원의 봉급이 삭감되거나 지불연장(미지불), 기부 강요 등이 전국적으로 확산되었다. 문부성 보고에 의

하면 지불연장 건수는 1932년 6월말에 1,261마을(町村), 지불연장 총액은 154만엔에 이르렀으며, 재정궁핍으로 의한 보조교원의 정리, 2부 수업의 실시, 학교의 통폐합 등 교원 조건의 악화가 진행되었다. 정부는 1932년에 시정촌립 심상소학교비용임시국고보조법(尋常小學校費臨時國庫補助法)을 제정하고, 국고를 통한 지역 재정의 부담 감소를 꾀했지만 충분한 해결책은 되지 못했다.

〈그림 7-2〉 니노미야 긴지로
(二宮金次郞)상(像)

야마가다(山形)현 구시가타
마치(櫛形町) 유타가소학교
(豊小学校) 1941년.

이와 같은 농촌지역의 공황에 직면한 정부는 1932년 **농산어촌자력갱생운동**(農山漁村自力更生運動)을 개시하여 지정한 마을을 중심으로 보조금을 통한 농촌재정 회생을 꾀하였다. 농촌지역의 재생과 발전을 도모하기 위해서는 무엇보다도 촌민교화(村民敎化)가 중요하다고 판단하여 마을 전체의 **전촌학교운동**(全村學校運動)을 전개하였다. 학교는 청년단·부인회 등과 함께 중심적 역할을 담당하길 기대되었으며, 이때 니노미야 손토쿠(二宮尊德)[2]의 **보덕주의**(報德主義)와 **향토교육**(鄕土敎育) 주장이 주목을 받았다. 장작을 짊어지고 책을 읽는 소년 니노미야 긴지로(二宮金次郞)상(像)이 전국의 소학교에 세워지기 시작한 것도 이 무렵이었다. 또 문부성은 1930년부터 전국의 사범학교에 보조금을 교부하여 향토교육의 추진을 꾀하였다. 향토애를

2) 에도 말기의 모범농부(篤農家)이며, 통칭 긴지로(金次郞). 철저한 실천주의로 신·유·불(神·儒·佛)의 사상을 취한 보덕교(報德敎)를 만들어 스스로 음덕(陰德)과 적선(積善), 검약(儉約)을 역행하고 식산(殖産)을 강조하였다. 605개 마을을 부흥시킴(1787~1856).

키워 애국심 형성으로 연결시키려 한 것이었다.

또 농림성(農林省)은 농촌의 자력갱생을 지도하는 '중견인물'의 양성을 위해 **숙풍교육**(塾風教育)=**농민도장**(農民道場)이라 불리는 교육시설 설립을 적극적으로 추진하였다. 그 자체는 농본주의적이며 복고적인 것이었지만 동시에 오로지 지식 교육만을 해온 학교교육에 대한 강한 비판을 담고 있어, 당시 교육에 비판적인 사람들에게 일부 공감을 불러 일으키기도 하였다.

2) 도시의 생활과 아이들

도시도 상황은 심각했다. 일본의 공업은 제1차 세계대전을 계기로 중화학공업화가 급속히 추진되어 공업생산이 현저히 늘었다. 그러나 세계적 대공황은 일본에도 타격을 입혀, 공장의 조업 단축과 도산이 잇달았다. 중앙직업소개사무국 조사에 의하면, 실업자가 1930~1934년에 30~50만 명에 달했다고 하는데 실제로는 그 3~4배로 알려져 있다. 또 이 시기의 실업자가 약 250만 명에 달했다는 설도 있다. 이와 같은 사회 상황 속에서 모자동반자살 등 생활고로 인한 가족동반자살이 빈번하게 일어났으며, 유랑아동의 증가와 아동 상해 · 유기 등 아동학대 문제가 심각해졌다. 정부는 **아동학대방지법**(兒童虐待防止法, 1933년)과 **모자보호법**(母子保護法, 1937년)의 제정을 통해 대응하려 했지만 그 효과는 충분치 못했다.

동시에 이 시기에 농촌에서 도시로의 인구 유입 양상에 변화가 나타났다. 과거의 여공(女工) 중심에서 벗어나 청 · 장년층 남자 중심의 인구 유출이 많아졌다. 그 배경에는 공업화와 도시화라는 발전이 있었다. 남자 청년들에게 있어 농촌은 귀농을 해도 식량조차 얻기 어려운데 반해 도시에서는 그나마 먹을 것을 구할 수 있었다. 이런 이유로 도시 젊은 노동자들의 교육에대한 문제가 발생하게 되었다.

1931년 도쿄부의 조사보고(東京府勞務部社會課 編, 『勞動兒童調査』 제1

부)에 따르면, 당시 도쿄부에는 야간소학교라 불리는 '심상야학교(尋常夜學校)'가 54개 있었다. 여기에 8~18세의 아동 1,834명이 재적한 것으로 알려져 있는데, 실제로는 적어도 그 두 배 이상 그리고 취학하지 않은 자는 열 배 이상인 것으로 추측된다. 이곳의 경우 의무교육 수료연령인 13세 이상 아동이 전체의 65%를 차지했는데, 그들의 직종을 보면 남자는 직공견습 또는 어린 점원(小僧)이 많았으며, 여자는 보모 · 기생견습 · 가정부가 많았다. 근무시간은 10~12시간인 자가 56%를 차지했으며, 휴일은 한 달에 이틀 정도, 임금은 월 평균으로 15엔 정도로 열악한 노동조건에 처해 있었다(東京百年史編集委員會, 1979).

3) 변화하는 사회

1930년대 사회는 중화학 공업화로 인한 산업구조의 고도화, 인구의 도시집중으로 인한 도시화, 대중매체의 발달로 인한 정보화의 진행, 여성의 사회진출 등 현대와 직접 관계되는 여러 사회적 현상이 나타난 시대이기도 했다.

도시화 속에서 대중문화가 꽃을 피웠으며, 영화 · 연극 · 유행가가 거리에 넘쳐났다. 또 관광과 여행 등도 새로운 즐거움으로 민중들 생활에 다가갔다. 영화와 라디오, 책과 잡지가 각양각색의 정보를 민중들에게 제공하였으며, 이런 새로운 미디어가 아이들 생활과 교육에도 중요한 역할을 하게 되었다. 아이들이 영화관에 출입하는 것은 처음에는 그 악영향을 우려하여 학교에서 이를 금지하였으나, 이윽고 영화교육을 적극적으로 실천하는 학교도 나타났다.

일본방송협회(NHK)는 1929년(도쿄는 1928년 11월 1일) 라디오 체조를 전국 방송으로 처음 내보냈다. 또 체신성(遞信省) 간이보험국(簡易保險局)이 '국민보건체조(國民保健體操)'를 제작했는데, 이것이 지금껏 이어지고 있는 '라디오 체조' 제일(第一)이다. 라디오 체조는 전국의 학교와 직장에 보급되었다. 교육 현장에서는 영화와 라디오 등 대중매체의 발달에 대해 기본적으로 경계의 태도를 취했지만 그 영향력을 무시할 수 없어 실제로는 그 힘을 활용하였다.

산업구조의 변화는 학력사회를 더욱 광범위하게 진행시켰다. 도시 아이들의 경우 상급학교 입학문제가 심각해졌다. 1932년에 전국 평균 입학경쟁률은 중학교 1.5배, 관립고등학교 6배 정도였으며, 대도시 일부 유명학교의 경쟁률은 10배 이상 되었다. 그 때문에 각종 수험참고서가 출판되었으며 이 수험잡지가 상급학교 입학을 노리는 아동과 학생들의 수품이 되었는데, 이 또한 미디어 발달의 한 측면이라 할 수 있다. 소학교에서도 수험준비를 위해 보습수업을 하는 곳도 나타났다.

고등교육도 시대 변화의 물결에 휩말렸다. "마지막은 박사(博士)인가 대신(大臣)인가"는 먼 옛날 이야기가 되어 버렸고 "대학은 나왔지만"이 유행어가 되었다. 1930년 5월 시점에서 대학졸업자의 **취직률**(就職率)은 39%에 지나지 않았다. 이같은 취업난의 직접적 배경은 경제불황이었지만, 보다 본질적으로는 대학령 공포 이후 대학과 전문학교가 증가하고 학생수가 급증했음에도 불구하고 산업구조의 변화에 고등교육이 대응하지 못한 결과로도 볼 수 있다. 이러한 사회적 모순에 직면한 학생들 중에서 사회과학과 막스주의에 접근하는 자가 나타났다. 문부성은 학생의 '사상대책'으로서 1928년에 학생과(課)를 신설하고, 직할학교인 대학에 학생주사(學生主事), 고등학교와 전문학교에 생도주사(生徒主事)를 배치하였다. 모두 **사상선도**(思想善導)를 강화하기 위해 학생·생도의 '지도감독'을 목적으로 하였다. 학생과는 1929년에 학생부(部), 1934년에는 사상국(局)으로 승격·확충되어 학생 단속기구는 점차 그 대상 범위를 확대해 나갔다.

3. 국가총동원체제하의 교육개혁

1) '교육쇄신'의 산물

1931년에 류조호 사건(柳條湖事件)[3]을 계기로 만주사변이 발생하자 각 신문은 앞다투어 군부의 행동을 열광적으로 지지하는 등 국내 여론에 국가주의의 기운이 급속히 높아져 갔다. 이듬해 5월 15일에는 '정당정치의 부패'를 규탄하는 청년장교가 이누카이 쓰요시(犬養毅) 수상을 사살하는 5.15 사건[4]이 일어났다. 이 사건으로 정당 내각은 막을 내리게 되었고, 군부와 군부와 연결된 혁신관료의 정치적 발언력이 점차 커지게 되었다. 1934년 10월 육군성(陸軍省) 신문반(新聞班)이 발표한 '국방의 본의와 그 강화의 제창(提唱)'이란 제목의 팜플렛을 보면 "싸움은 창조의 아버지, 문화의 어머니다"라는 문장으로 시작한다. 군사면 뿐만 아니라 정치·경제·사상·교육 등 국민생활 전반에 걸친 개혁 주장은 군부의 정치적 발언력 증대의 하나의 표출로, 인적·자연적·혼합적(경제·기술 등) 국방요소를 최대한으로 발휘할 수 있는 **고도국방국가**(高度國防建設) 수립을 내다본 것이다. 이 문서를 통해 교육과 관계되는 '인적요소의 배양'에 대해서는 '건국의 이상, 황국(皇國)의 사명에 대한 확고한 신념', '진충보국(盡忠報國)의 정신', '자기멸각(自己滅却)의 정신', '건강한 신체' 등을 요구하였다.

국가주의가 고조되는 가운데 언론과 사상에 대한 단속이 한층 강화되었다. 문부성 내에 설치된 **학생사상문제조사위원회**(學生思想問題調査委員會)는 1932년 5월 학생사상문제에 대한 근본적 대책에 대한 답신(答申)에서 널

---

3) 만주사변의 발단이 된 사건. 1931년 9월 18일 관동군(關東軍)은 모략 계획에 따라 류조호(柳條湖)에서 만철(滿鐵) 선로를 폭파하고 이를 중국군의 소행으로 내몰고 공격을 개시하였다.

4) 해군 청년장교가 지도한 쿠데타 계획. 일부 육군사관학교 후보생도 참가한 이 사건은 1932년 5월 15일 수상관저를 공격하여 이누카이 쓰요시 수상을 사살하였다. 이 사건으로 정당 내각제는 막을 내리게 되었다.

리 학생을 둘러싼 교육계·학계·사상계 등에 대한 대책의 중요성을 지적하고, 이에 근거하여 문부대신 관리의 연구기관으로 **국민정신문화연구소**(國民精神文化硏究所)를 설치하였다. 종래의 경찰력에 의한 단속 대책에서 막스주의 등의 서양사상에 대항할 수 있는 일본문화와 국체사상의 체계 수립 방향으로 나아가고자 하였으며, 그 대상도 학생·생도에서 교육자로, 다시 학자·문화인으로 확대되었다. 막스주의뿐만 아니라 자유주의·민주주의적 사상과 학문도 단속의 대상이 되어, 1933년에 교토제국대학 법학부교수 다키카와 유키도키(滝川幸辰)의 자유주의적 형법이론을 반국체적이라고 공격하고 그를 대학에서 추방시켰다. 1935년 2월에는 귀족원 본회의에서 미노베 다쓰키치(美濃部達吉)의 천황기관설(天皇機關說)이 일본의 국체에 반한다며 공격을 했는데, 이는 이러한 동향의 결정판이었다. 군부와 국가주의 그룹은 천황기관설 공격을 빌미삼아 서양사상의 전면적 청산을 외치는 **국체명징운동**(國體明徵運動)을 전개하였으며, 정부는 두 차례에 걸쳐 국체명징성명을 발표하였다. 그후 **교학쇄신**(敎學刷新)이 문교정책상의 슬로건이 되었다.

1935년 11월 문부성은 국체의 본의(本義)에 근거하는 교육 및 학술의 쇄신을 기획하고 문부대신의 자문기관으로 **교학쇄신평의회**(敎學刷新評議會)를 설치하였다. 평의회는 서양문화의 폐해를 '삼제(芟除)'[5]하고 '국체관념, 일본정신을 근본으로 하여 학문과 교육의 쇄신'(「敎學刷新評議會ノ趣旨及要綱」)을 꾀하는 것을 목적으로 정하고, 1936년 10월에 **교학쇄신에 관한 답신**(敎學刷新ニ關スル答申)을 발표하였다. 답신에서는 "우리 나라에 있어서 제사와 정치와 교학은 그 근본이 일체불가분(一體不可分)하여 세 가지가 분리되지 않음을 근본 취지로 한다"고 언급하며, 교육과 학문을 천황의 제사와 정치에 직결시키는 방침을 명확히 하였다. 그리고 '서양 근대사상의 근본인

---

5) 삼제란 '베어버림'의 의미.

개인주의 · 자유주의 · 권력주의 · 주지(主知)주의 · 관념론 및 유물론 등'을
이단으로 정하고 배제하려 하였다.

〈그림 7-3〉『국체의 본의』(오른쪽)와『신민의 길』(왼쪽)

문부성은『국체의 본의』를 1937년 4~5월에 50만 부, 1943년에 173만 부 발행하였다. 중등학교 입
학시험의 참고서로 사용되는 등 당시 국민에게 국체사관(國體史觀)을 뿌리내리게 하는데 큰 영향
을 끼쳤다. 『신민의 길』은 1941년 7월 문부성 교육국에서 3만 부 발행하였으며, 1943년에 해설서를
147만 부 발행하였다. 『국체의 본의』의 실천판으로, 전시하 국민생활의 모습을 제시하였다.

이 시기에 문부성에서 편찬한『국체의 본의(國體の本義)』(1937년 5월 간
행)에는 이와 같은 관정(官定) 국체론이 전개되었으며 천황은 외국의 국왕
과 달리 '아키쓰미카미(現御神)' 즉 사람의 모습을 한 신이라고 설명하였다.
이 책은 소학교에서 대학까지 전국의 학교와 관청에 배부되어 사범학교를
비롯해 중등학교 수신과(修身科)의 '성전(聖典)'으로서 입학시험을 위한 필
독서가 되었다. 1937년에는 답신에 근거하여 사상국(思想局)을 개조하여
'교학쇄신'을 관할하는 **교학국**(敎學局)을 설치하고, 1941년에는 전시하 국민
생활의 실천적 마음가짐을 나타내는『**신민의 길**(臣民の道)』을 편찬 · 간행
하였다.

2) 국민정신 총동원과 교육

1937년 7월 7일 로코쿄 사건(蘆溝橋事件)[6]을 계기로 일본은 중국과 전면전에 돌입하였다. 같은 해 8월 제1차 고노에 내각은 **국민정신총동원실시요강**(國民精神總動員實施要綱)을 각의에서 결정하고 "거국일치 진충보국 건인지구(擧國一致 盡忠報國 堅引持久 · 모두가 하나가 되자 충성을 다하여 나라에 보답하자 오래도록 굳게 참고 견디자)"라는 3대 구호 아래 국민을 전쟁에 총동원하려는 운동을 전개하였다. 이 운동은 전쟁 수행을 위해 국가가 총력을 동원하여 '인적, 물적 자원을 통제운용'하기 위해 이듬해 공포된 국가총동원법과 보조를 맞춰 국민정신 고양을 통해 전시체제를 뒷받침하려 한 것이었다.

관민일체(官民一體)의 운동을 전개하기 위하여 1937년 10월 **국민정신총동원중앙연맹**(國民精神總動員中央連盟)이 결성되어 중앙에서 지방으로 그리고 지역(시정촌)에서 학교와 직장으로 지시를 하달하는 체제가 마련되었다. 중앙에는 운동의 주무 관청으로 내각정보국(內閣情報局)이 설치되었고 말단에는 시정촌상회(常會)와 부락회, 정내회(町內會)와 **도나리구미**(隣組)[7]가 조직되었다.

학교 관계는 문부성이 담당하고 『국민정신총동원과 소학교교육(國民精神總動員と小學校敎育)』(1938년 1월)과 『시국과 초등교육자의 사명(時局と初等敎育者の使命)』(1938년 10월) 등의 팜플렛을 통해 구체적으로 해야 할 내용을 지시하였다. 여기에는 존황애국(尊皇愛國) · 경신숭조(敬神崇祖), 비상시훈련, 근검역행(勤儉力行), 후방(銃後)의 애호(愛護), 비상시 경제정책

---

6) 중일전쟁의 발단이 된 사건. 1937년 7월 7일 밤 로코쿄(蘆溝橋) 부근에서 연습 중이던 일본군이 공격을 받았으며 일본군은 이를 불법으로 판단, 다음 날 중국군을 공격하였다. 이로 인해 양군의 전면적 교전이 일어났다.

7) 제1차 세계대전 때 국민통제를 위해 만든 지역 조직. 정내회와 부락회 하부에 만들어 식량 또는 생활필수품 보급 등을 맡게 하였다.

에 대한 협력, 자원의 애호, 교육자의 덕화(德化)와 같은 항목과 "각 교과를 통한 시국에 대한 인식과 실천지도"에 대한 내용이 상세히 제시되었다. 이를 통해 아동은 신사의 참배와 청소, 군인 유가족의 위문 및 봉사활동, 출정 병사와 '영령(英靈)'을 송영(送迎), 위문문(文)과 위문품(品)의 발송, 각종 근로봉사에 동원되어 이들의 일상은 점차 전쟁 일색이 되어 갔다. 교사들은 또한 "단순히 아동의 교사일뿐만 아니라 마을(鄕黨) 일반인의 지도적 지위에 있다"고 하면서, 성인 대상의 지역 활동의 선두에 세웠다.

중등 이상의 학교에서도 1938년 여름 이후 수일간 **집단적 근로작업운동**(集團的勤勞作業運動)이 실시되었다. 작업 종목은 소집에 응(応召)한 가족에 대한 것, 군수·농산물 생산에 관한 것 등 전시적·응급적 작업에서부터 학교시설·공공시설·토목사업에 관한 비전시적 작업에 걸쳐, 농경·개간작업, 토목작업, 군역봉사활동 등 여러 상황에 동원되었다. 이와 같이 학교는 국민적 성격의 연성(鍊成)의 장으로의 전환을 강요받게 되었으며, 국민교화의 중심적 역할을 담당하게 되었다.

중일전쟁이 장기화됨에 따라 1939년 5월에는 국가의 장래를 짊어질 청소년들에게 시국에 대한 분기(奮起)와 자각을 촉구하기 위해 **청소년학도에게 내리는 칙어**(靑少年學徒ニ賜リタル勅語)가 발포되었다. "국가 창성의 기운을 영원히 유지할 임무"는 "관련된 여러분과 같은 청소년 학도들의 어깨에 있으며"와 같이 국가에 대한 청소년들의 사명감을 기대하고, 특히 "문무를 수련하여…막중한 큰 임무를 감당해야 한다"라는 표현을 통해 극히 공격적·호전적 이데올로기를 고무시켰다. 실제로 발표 당일에는 육군 현역장교 배속 15주년을 기념하여 천황이 직접 검열을 하였으며, 황거 앞 광장에서 중등학교 이상의 1,800개 학교를 대표하는 학생 생도 3만2,500여 명이 무장 분열행진을 실시하였다. 천황이 청소년 학도를 검열하고 칙어까지 내렸다는 것 자체가 이례적인 것으로, 이는 메이지 이래의 교육칙어나 전시하의 이

데올로기 장치로는 이미 충분치 않다는 것을 나타내는 것이다. 문부성은 5월 22일에는 이 칙어의 봉독식을 거행하고 기념 분열행진을 실시하였다. 그리고 신사참배 등을 실시하도록 하였다.

또한 같은 해 9월 정부는 국민정신총동원운동을 보다 철저하게 하기 위해 **흥아봉공일**(興亞奉公日)을 설정하고 이후 매월 1일에는 일찍 일어나 황거 쪽을 바라보며 절하는 망배(望拜), 신사 참배, 국 한 그릇, 반찬 한 가지, 일장기 도시락(日の丸弁当), 금연·금주, 오락장의 휴업 등의 실시를 국민들에게 요구하였다. 이처럼 국민들 사생활의 세세한 부분까지 철저한 통제가 가해졌다.

3) 교육심의회의 답신

1937년 12월에 내각 직속의 자문기관으로 **교육심의회**(敎育審議會)가 발족하였다. 제1회 총회의 인사말에서 고노에 후미마로 수상은 "경제·산업·국방을 비롯하여 종교·예술 등 모든 문화 활동과 불리(不離)의 관계에 서고 다시 국내의 정황과 동양 내지 세계의 정세를 살펴 광범위한 국책적 견지"에 서서 "교육의 내용과 제도 전반에 걸쳐 근본적이고 종합적인 조사 연구를 하여 적절한 구체적 안을 세울" 것을 요망하였다. 이른바 총력전에 대응하는 종합 국책의 일환으로 교육국책의 책정을 요구한 것이다. 이후 4년간 교육심의회는 **국민학교제도**(國民學校制度)를 포함한 7개의 답신과 4개의 건의를 채택하였다.

이들 답변 중 우선 주목해야 할 것은 국민학교에서 대학까지의 학교교육, 다시 사회교육·가정교육에 이르기까지 모든 교육의 목적을 "황국을 위한 길로 집중시키"고, 그 방법으로 **연성**(鍊成·연마 육성)이라는 새로운 개념을 도입한 것이다. '연성'의 도입으로 메이지 이래 교육칙어를 중심으로 확립·정착된 교육목적은 파시즘 단계의 것으로 일신(一新)하게 되었다.

두 번째는 교육제도면에서 ① 청년학교 남자의 의무제 실시, ② 소학교를 국민학교로 개칭하며, 6년제 초등국민학교와 2년제 고등국민학교로 나누고 의무교육 연한을 2년 연장하여 8년으로 한다, ③ 사범학교의 수업 연한을 3년제로 하고 중등학교 졸업 정도를 입학자격으로 하는 전문학교 정도의 학교로 한다, ④ 중학교·고등여학교·실업학교를 합쳐 중등학교로 한다, ⑤ 고등여학교를 여자중학교로 개칭하며, 여자고등학교·여자대학의 설치를 인정한다 등의 내용이다.

세 번째는 교육내용과 방법상의 개혁이다. 국민학교는 "국민의 기초적 연성"을 하기 위함으로 "각 교과의 분리를 피하고 지식의 통합을 꾀"하기 위해 교과를 통합하였다. 국민학교 초등과의 경우 국민과(國民科)·이수과(理數科)·체련과(體鍊科)·예능과(藝能科)의 네 개 학과를 통합하고(고등과는 실업과가 추가됨), 저학년에서는 합과(合科) 수업을 인정하였다. 교육방법은 "교육과 생활의 분리를 피하고", "심신일체의 훈련"을 중시하기 위해 교과외 활동과 교외교육, 행사활동을 중요시하였다.

네 번째는 교육조건과 교육기회의 개선정책으로 학급수·한 학급 아동수의 제한, 국민학교 교원봉급의 국고부담화, 빈곤으로 인한 의무교육 취학 유예·면제의 금지, 맹·농아교육의 의무제 조기실시와 장애아를 위한 학급·학교의 설치, 4년제 야간중학교와 여자야간중학교의 설치 등의 내용이다.

그러나 이 답신은 **청년학교 의무화**(青年學校の義務化)와 국민학교 발족을 제외하고는 전쟁의 확대와 재정의 압박으로 제대로 실시되지 못했다. 예를 들면, 청년학교 남자의 의무제는 1939년 4월부터 실시되어 보통과 2년·고등과 5년, 합쳐서 19세까지의 의무제 청년학교가 발족되었지만, 답신에 표시된 여자의 의무제는 끝까지 실시되지 못했다. 국민학교 제도는 1941년 3월 **국민학교령**(國民學校令)의 시행으로 같은 해 4월부터 실시되었으나 의무교육 8년제 실시는 실현되지 못했다. 그리고 여자고등학교·여자대학의 설치가 연기되었으며, 그밖에 중등학교의 수업 연한이 1년 단축된 것 등은 교육심의회 답신의 구상과 크게 어긋나는 것이었다.

4. 전시체제하의 학교와 아이들

1) 총력전과 교육

만주사변으로 시작된 아시아·태평양전쟁의 특징은 일본이 총력전(總力戰)으로 전쟁에 참가했다는 점이다. 총력전의 특징은 군대의 뛰어난 기계화를 전제로 하여 한 국가의 경제력, 인적자원 여하가 무력전의 중대요소가 되고 나아가 무력전에서 사상전·경제전·정략전으로 전쟁의 수단과 방식을 변화시켜 가며, 국가의 모든 힘을 총동원하여 싸우는 것이다. 따라서 총력전은 전선(戰線)과 후방(銃後), 전투원과 비전투원의 구별이 사라지고, 전국토가 하나가 되어 지구전·소모전의 양상을 띠는 특징 있다(纐纈, 1981)

이와 같은 태세를 갖춘 국가는 당시 고도국방국가(高度國防國家)라고 불렸는데, 이는 동시에 모든 국민에게 전투원으로서의 자각과 능력을 요구하는 '교육국가'이기도 했다. 국가는 학교와 가정은 물론 지역·직장 등의 교육기능을 유기적·계획적으로 통합하는 기능을 갖는 것으로 간주되었다. 1942년 5월 **대동아건설심의회답신**(大東亞建設審議會答申)에서 "교육은 원칙적으로 국가 스스로가 이를 운영할 수 있는 체제를 정비하고…일관된 교육계획을 수립하여 학교·가정 및 사회를 하나로 하여 황국민의 연성을 진행한다"고 선언하였다. '교육' 개념은 현저하게 확대되었으며 교육의 대상은 아이와 청년뿐만 아니라 성인을 포함한 전 국민 차원으로까지 확대되었다.

총력전이 교육분야에 요구한 것은 무엇보다도 '인적자원'의 배양이었다. 즉 병력과 노동력의 보급 원천으로, 또 '성전(聖戰)' 이데올로기를 체득할 주체로 아이들과 국민을 단련시킬 것을 요구한 것이다. 이를 위한 수단과 시스템이 **황국민연성체제**(皇國民鍊成體制)라고 불리는 특유의 교육체제였다.

2) 연성의 두 가지 방식

연성에는 국민 각층의 지도자를 대상으로 하는 것과 일반국민을 대상으로 하는 것 두 가지가 있었다. 전자를 '도장형(道場型)' 연성, 후자를 '생활형(生活型)' 배양이라 부른다.

도장형 연성의 원형은 1910~1930년대에 보급된 수양운동(修養運動) 안에서 찾을 수 있다. 그 특징은 일상생활과 차단된 특정 시설(도장)에서 이루어지고 종교적 행사와 농경작업 등 행적(行的) 활동이 중시되고 사제일체(師弟一體)가 된 숙박생활을 통해 집단적 수양이 요구되며, 중견 지도자를 대상으로 하여 인격 개조 기능을 갖는다는 것이다. 여기서는 전통적 수행이론을 교육에 도입하여 메이지 이후 서양화된 근대학교의 원리를 비판·부정하려는 지향성이 있었다. 1930년대말 '연성'이라는 단어가 보급되기 시작했을 때 사람들이 주목한 것은 이와 같은 인간형성의 방식이었다. 교학쇄신(敎學刷新)과 국가총력전체제확립(國家總力戰體制確立)이라는 두 가지 요청이 국민지도자층의 재교육＝인격개조방식으로서의 '도장형' 연성으로 성립된 것이다.

실제로 1940년대에 들어 정부기관으로 교장과 간부교원을 연성하는 **국민연성소**(國民鍊成所, 1942년 설립 이듬해에 敎學鍊成所로 바뀜)와 아시아 각지에 진출할 일본인을 위한 **대동아연성원**(大東亞鍊成院, 1943년)이 설립되었으며, 더 나아가 전 국민을 망라하여 조직한 **대정익찬**(大政翼贊) 산하의 각 단체에도 비슷한 연성소가 설립되었다. 이와 같이 도장형 연성은 국민 지도자층을 대상으로 실행되었다.

한편 연성은 일반국민을 대상으로도 추진할 필요가 있었다. 이는 학교·직장·지역·청소년단·부인회 등 일상생활을 통해 이루어지는 것이기 때문에 '생활형' 연성이란 형태를 취하였다. 그러나 '생활형'은 '도장형'에 비해 장소와 대상의 다양성에 규정을 받아 방법과 내용에 있어서 미정형(未定型)인 만큼 그만큼 해석과 실천이 다양했다. 이 두 가지 방식의 연성체제는 이윽고 '도장형' 연성의 유명무실화를 가져온 한편 국민 내면으로부터 자발성을 통해 조직하기가 어렵다는 모순에 직면하게 되었다(寺崎, 1987).

3) 국민학교 교육

1941년 4월에 발족한 **국민학교**(國民學校)는 총력전 체제가 요구한 교육의 특질을 전형적으로 나타냈다. 메이지 이래의 소학교라는 명칭은 국민학교로 바꾸었고 그 교육목적은 "황국의 길에 따라 초등보통교육을 실시하여 국민의 기초적 연성을 위함"이라고 규정하였다. 종래의 교과는 **황국민 연성**이라는 관점에서 국민과 · 이수과 · 체련과 · 예능과 · 실업과(실업과는 高等科만 해당됨)로 통합되었으며, 모든 경우에 있어 "지덕상(知德相) 즉 심신일체(心身一體)의 수련도장이어야 한다"(1941년 3월, 문부성 훈령 9호)고 강조하였다. 이를 위해 교과교육과 교과외 교육의 통일, 교수(敎授) · 훈련(訓練) · 양호(養護)의 통일을 통해 학교생활의 기능을 전일적(全一的)으로 연성하는 것, 학교 · 지역 · 가정의 유기적 연관을 도모하여 아동의 모든 생활을 연성 목적으로 하는 것 등 '생활형' 연성의 특질이 그대로 원칙화 되었다. 특히 행사와 의식 등 교과외 활동이 확대되었으며, 방과 후에도 소년단에 의한 지역활동이 활발하게 전개되는 등 비일상적 교육장면이 일상화되는 역설적 사태가 발생하였다. 교과교육도 그 자체가 연성의 일환이 되었으며 '갖춰진' 지식의 획득이 지향되어 다이쇼 '신교육'이래의 교육방법 원리가 대폭 채용되는 사태도 생겨났다. 그러나 아무리 합리적인 교육방법을 채용했다 하더라도 그 최종 목적이 전쟁 수행의 일부에 맞춰져 있었던 것은 부인할 수 없는 사실이다.

〈그림 7-4〉소년단(少年團)의 활동

소년단 결단식의 궁성 망배(望拜) (시즈오카현 야이즈(燒津)시 야이즈히가시소학교
(燒津東小學校), 1941년.

1941년 1월 국민학교 발족에 맞추어 **대일본청소년단**(大日本靑少年團)이
발족하였다. 당시의 대표적 네 개 단체를 해체·통합하여 설립한 이 단체는
국민학교 3학년 이상의 아동과 청년학교 생도를 망라하여, 이듬 해에는 약
1,400만 명 이상의 청소년을 단원으로 조직하기에 이르렀다. 그 목적은 "남
녀청소년들에게 단체적 실천단련을 실시하여 같이 힘을 합쳐 해나가야 이
룰 수 있다는 국민적 성격을 연성"하는 것에 있었으며, 청년학교·국민학교
와 '불리일체(不離一體)'의 관계가 요구되었다(문부성 훈령 제2호「대일본청
소년에 관한 건」). 문부대신을 단장으로 하고, 지방장관이 도부현(道府縣)의
단장, 각 학교의 교장이 단장을 맡는 피라미드 형태의 조직체계가 취해졌으
며, 국민학교 아동은 교내뿐 아니라 방과후 지역 활동에 있어서도 교장과 교
사의 지도하에 놓이게 되었다.

훈련내용은 처음에는 신사참배, 경내(境內)청소, 출정군인의 송영(送迎),

위문봉사활동, 야외활동 등이 많았는데, 점차 심신단련(체력연성)과 국방훈련이 중시되었다. 행군 외에 총검술 · 수류탄 투척훈련 등이 있었으며, 감시 경계훈련 · 등화관제훈련 · 독가스훈련을 하는 학교(八王子國民學校)와 기갑훈련 · 구급훈련 · 측량훈련 · 야영훈련 · 기상관측훈련 · 통신훈련 등 국방 야외훈련을 실시한 학교(千葉師範附屬國民學校)도 있었다. 그야말로 아동을 '충성스럽고 용감무쌍한 전사로 육성'하려 한 것이다.

당시 국민학교 생도는 **소국민**(少國民)이라 불렸다. 소국민이란 '대동아를 지도할 대국민'이라 하여 전시하 국민상(像)의 연소판(年少版)으로, '성전'에 참가하는 황국민의 일원으로서의 자각이 요구되었다. "승리하는 우리 소국민 / 천황폐하를 위해 / 죽으라고 가르친 부모의 / 붉은 피를 이어받아 / 마음속에 필사의 흰색 어깨띠(白襷) / 용감하게 뛰어 돌격이다"는 '승리하는 우리 소국민(勝ち抜く僕等小国民)'(1945년)이라는 노래의 1절 가사다. 아이들도 적극적으로 전쟁을 떠맡았을 뿐만 아니라, 천황을 위해 죽는 것을 최고의 가치로 생각하는 '군국소년(軍國少年)'으로 스스로를 형성해간 것이다.

4) 식민지 교육

1930년대 중반 이후, '내지(內地)'의 국가총동원체제 진전에 발맞추어 식민지 교육에도 큰 변화가 일어났다. 조선과 타이완에 한정하여 **황민화정책**(皇民化政策)의 진전과 군사동원과 관계된 동향에 대해 살펴보도록 한다.

제2차 조선교육령(第2次朝鮮敎育令) · **제2차 타이완교육령**(第2次臺灣敎育令)(모두 1922년에 공포) 이후, 조선과 타이완의 교육제도는 '국어를 상용하는 자'와 '국어를 상용하지 않는 자'로 초등교육의 학교 종류를 구별하고, 교육내용에 차이를 두는 정책을 취하였다. 특히 의무교육제도를 취하지 않고 '국어'=일본어의 습득을 가장 중요시하여 조선인 · 타이완인과 현지 일본인들 사이에 교육기회 · 교육수준에 큰 차별을 가하였다. 게다가 1930년대 중반부터 '황민화'를 구호로 하여 식민지 민중을 전시총동원체제로 포섭하는 정책을 전개하였다.

1937년 조선총독부는 "1. 우리는 대일본제국의 신민이다, 2. 우리는 마음을 합쳐 천황폐하에게 충의를 다한다, 3. 우리는 모두 참고 견디며 단련하여 훌륭하고 강한 국민이 되겠다"라는 **황국신민 서사**(皇國臣民の誓詞)를 제정하고 일이 있을 때마다 아이들에게 암창(暗唱)하게 하였다. 학교의식과 신사참배 참가가 철저하게 강제되었으며, 이를 빌미로 많은 기독교 계통의 사학이 폐교로 내몰리게 되었다. 1938년에는 **제3차 조선교육령**(第3次朝鮮敎育令)이 제정되고, '충성하는 황국신민 육성'이 교육목적으로 내세워졌다. 이 교육령은 초등·중등교육 전체를 내지(內地) 법령에 맞춰 하나로 통일한 것으로, 명칭도 이전까지의 보통학교(普通學校)를 소학교(小學校), 고등보통학교(高等普通學校)를 중학교(中學校), 여자고등보통학교(女子高等普通學校)를 고등여학교(高等女學校)로 각각 개칭하였다. 동시에 교육내용에 있어서 조선어를 선택과목으로 하고 문부성 국정교과서 사용을 원칙으로 하였다. 1941년에는 '국민학교규정'을 제정하여 소학교를 국민학교(國民學校)로 바꿈과 동시에 조선어를 폐지하였다. 또 조선에서는 1938년부터 육군특별지원병제도가 시작되었으며, ─1944년 징병제 시행의 준비를 위해 ─ 1942년에는 **조선청년특별연성령**(朝鮮靑年特別鍊成令)이 공포되어 각지에 연성소가 설립되었다. 또 '국어보급운동요항(國語普及運動要項)'이 제정되어, 징병 적령기의 청년에 대한 일본어교육이 철저하게 이루어졌다(宮田, 1985).

〈그림 7-5〉 조선의 학교교육
'황국민 서사' 암창(暗唱)을 강요받는 조선인 아동.

타이완에서도 같은 변화가 일어났다. '국어' 습득에 대한 압력이 한층 강화되어 1937년에 공학교(公學校)의 한문과(漢文科)가 폐지되었다. 기독교 계통의 사학에 대한 압박도 강화되어 1938년에는 신사참배를 거부한 18개 학교가 폐교로 내몰렸다. 1941년에는 소학교 · 공학교를 국민학교(國民學校)라는 명칭으로 통일하였는데, 교육과정상의 차별에는 변함이 없었다. 1942년에는 육군특별지원병제도가 실시되었는데, 그 담보로 1943년부터 국민학교 입학자에게 학년 진행으로 의무교육제도를 적용하였다. 1944년에는 ―1945년부터의 징병제 시행에 대비하여― **타이완청년특별연성령**(臺灣靑年特別鍊成令)이 공포되었으며, 1945년에는 중학교 3학년에 재학 중인 타이완인 생도를 제2국민병으로 군대에 소집시켰다.

이와 같이 이 시기의 식민지교육은 원래부터 매우 차별적이었던 교육제도를 한편으로는 본토와 가깝게 하려 한 측면도 있었지만, 그 목적이 결국 국가총동원체제에 협력하게 하고 일본어를 사용할 수 있는 순종적 노동력과 병력을 확보하려 한 점에 있었다.

5) 결전하의 교육개혁

전쟁 상황이 절박해진 1943년에 새롭게 학제개혁이 단행되었다. 즉 **중등학교령**(中等學校令)이 공포되고, 사범교육령·고등학교령·전문학교령 등이 개정되었다. 이하 중등학교령과 사범교육령에 대해 살펴보도록 한다.

같은 해 1월의 중등학교령 제정으로 중학교·고등여학교·실업학교가 처음으로 통일적으로 규정되었다. 제1조 교육목적을 보면 '국민의 연성을 위함'으로 일관되었으며, 수업 년한은 종래의 5년에서 4년으로 단축시켰다. 교육과정은 전체가 교과(教科)와 수련(修練)으로 정리되었다. 교과는 국민학교와 법칙을 같이 하며, 국민과·이수과(理數科)·실업과·체련과·국어과·예능과·가정과로 정리·통합되었다. 수련은 이때 처음으로 교육과정에 등장했는데, "수련은 행적(行的) 수련을 중심으로 하여 교육을 실천적·종합적으로 발전시켜 교과와 함께 하나로 하여 충성을 다해 나라에 보답하며 전신을 발양(發揚)하여 헌신봉공(獻身奉公)의 실천력을 함양한다"(각 학교규정)고 소개하였다. 수련은 주 3시간이 '정시(定時)수련', 년 30일이 '선택(選擇)수련' 그리고 학교의 모든 생활이 '일상(日常)수련'이 되어 종래의 교과외 활동 영역이 전시체제에 따라 확대·재편성되었다. 이미 1938년부터 집단근로작업이 시작되었으며, 1941년에는 교내조직을 **학교보국단**(學校報國團)으로 재편성하였다. 또 같은 해에 군대식 학교보국대가 발족되었는데, 1943년의 수련과정은 그 완성이라고 할 수 있다(米田, 1994).

같은 해 3월에 **사범교육령**(師範教育令)이 개정되었다. 사범학교의 목적은 "황국의 길을 선도해가는 인물의 연성을 위함"(문부성 훈령 제9호)으로, 메이지 이후의 '순양(順良)', '신애(信愛)', '위중(威重)'의 세 가지 덕목은 완전히 사라지고 말았다. 사범학교는 종래의 중등학교 수준에서 중등학교 졸업자를 입학자격으로 하는 3년제 전문학교 정도 수준의 학교로 전환되었다. 또 사범학교는 모두 관립으로 전환되었다. 그리고 사범학교 생도에 대한 학비가 증액되었으며, 졸업 후 교원에 대한 대우도 대폭적으로 개선되었다. 국민학교에 맞춘 교과통합과 중등학교와 같은 수련과정이 설치된 것 이외에 기숙사제 원칙이 만들어졌다. 결전하에 있어서 이와 같은 정책적 결단을 촉구한 배경에는 남성 교원의 계속된 군입대와 좋은 직장으로의 전직, 여성 교원(대부분은 조교)의 증가 등으로 1930년대 말 이후 교원 부족이 심각해졌고 교원 자질이 저하되는 사정 등이 있었다. 즉 당시 오카베 나가카게(岡部長景) 문부대신이 "사범교육의 쇄신 여부가 넓게 국민 연성의 성사여부를 좌우한다"고 말한 대로이다. 그러나 전문학교 수준이라고 해도 사범학교 입학자는 년한이 단축된 중등학교 졸업자였으며, 또 뒤에 언급하는 바와 같이 근로동원 등 비상조치의 연속으로 새로운 사범학교는 그 전면적 실시를 할 조건을 이미 상실한 상태였다(清水, 2000).

6) 노동동원과 학도출진

1938년에 국가총동원법이 공포된 이후 중등학교 생도, 대학·전문학교 등의 학생들은 출정 병사의 급증으로 인한 노동력 부족을 메우기 위해 각종 총동원 업무에 동원되었다. 1941년 2월 '청소년학도 식량사료 증산운동 실시에 관한 건'(문부·농림차관 통첩)을 통해 년간 30일 이내는 수업을 식량 증산 시간으로 전용 가능토록 하였으며, 같은 해 8월에는 각 학교 내에 **학교보국대**(學校報國隊)를 조직하였다. 이 조직은 같은 해 11월의 칙령 '국민근로보국협력령(國民勤勞報國協力令)'으로 인해 근로보국대로 간주되었으며, 군대식 명령계통 아래 본격적인 근로동원 실시부대가 되었다. 1943년 6월에는 각의 결정 '학도전시동원체제확립요강(學徒戰時動員體制確立要綱)'으로 인해 '교육연성 체제의 일환으로'라는 제한을 받으며 '직접 국토방위에 전면적으로 협조'할 것을 요구받게 되어 동원기간이 60일로 연장되었다.

〈그림 7-6〉 근로동원 풍경
무더운 날 비행장 건설 중인 삿포로다이이치(札幌第一)중학교 생도들. 1944년 6월.

또 10월의 각의 결정 '교육에 관한 전시비상조치 방책(敎育ニ關スル戰時 非常措置方策)'에 의해 동원기간이 4개월(120일)로 연장되었다. 아울러 이 듬 해의 각의 결정 '결전비상조치요강(決戰非常措置要綱)'에 의해 '통년동원 (通年動員)' 체제가 확립되었으며 동원 지역도 군수(軍需) 생산지로 집중되 었다.

8월에는 칙령으로 **학도근로령**(學徒勤勞令)과 이에 대한 시행규칙이 제 정되었다. 이때 구호가 '근로가 곧 교육'이었는데, 수업은 이미 실시하고 있 지 않았기 때문에 근로동원의 실태는 '교육'과 무관하게 단순한 노동력 제공 에 지나지 않았다. 1944년 10월 단계에서 동원된 학생·생도수는 약 200만 명에 이르렀다.

1945년 3월의 각의결정 '결전교육조치요강(決戰敎育措置要綱)'과 5월의 칙령 **전시교육령**(戰時敎育令)에 의해 국민학교 초등과 이외는 4월 1일부터 1년간 수업이 정지되었으며, 근로동원을 계속해야 하는 **학도대**(學徒隊)가 조직되었다. 그러나 경험이 없는 학생·생도들인 관계로 작업능률이 낮았으며 익숙치 못한 작업 때문에 노동재해도 적지 않았다. 노동조건과 이를 받아들이는 체제의 준비부족에 대한 불만이 높았으며 이로 인해 점차 결근과 태업이 늘어갔다. 1945년에는 자재 부족으로 공장의 가동률이 떨어져 '학도 인원 과잉(学徒のだぶつき)'까지 지적받기도 하였다. 이미 근로동원에 '교육'의 내실은 없었다. 패전 무렵 군수공장과 농촌에 있었던 동원 학도 수는 310만 명에 달했으며, 동원 학도 중 적의 폭격과 사격으로 인한 사망자가 2만 명이 넘은 것으로 알려져 있다(福間, 1980).

또 병력 부족이 심각해지자 정부는 재학 중인 학도를 직접 전장에 동원하였다. 즉 1943년 10월의 칙령 '재학징집연기임시특례(在學徵集延期臨時特例)'의 공포를 통해 징병 연령이 된 이공계 이외의 학생·생도를 12월부터 육해군에 입대시켰다. 이른바 **학도출진**(學徒出陣)이다. 이미 1939년의 병역법 개정으로 재학중 징집연기 정지를 칙령으로 정하는 것이 가능했다. 또 1941년 이후 수업연한 단축의 특례가 잇달아 발표되었다. 1941년에는 대학·전문학교·고등사범학교 등의 수업 년한이 3개월 단축되어 졸업이 12월로 바뀌었다. 1942년에는 수업 년한이 6개월 단축되어 9월 졸업으로 바뀌었다. 이와 같은 조치 다음으로 1943년에 학도출진이 나온 것이다. 학도병 인원과 전사자 인원은 정확치는 않지만, 장래 국가의 엘리트가 되어야 할 인재들을 이처럼 소모시킨 것은 국가에 있어서도 자멸의 길이었다.

7) 학동소개

1942년 4월 8일 미군은 일본에서 1,200킬로미터 떨어진 항공모함에서 출발한 폭격기로 도쿄·요코하마·나고야·고베를 폭격하였다. 이는 일본 본토에 대한 첫 공습이었다. 이후 도시공습 대책이 급선무가 되어 1943년 12월의 각의 결정 '도시소개실시요강(都市疎開實施要綱)'을 통하여 '인구소개(人口疎開)'를 장려하였다. 그 목적은 국민의 '전투 배치설비(戰鬪配備)'로 특히 방공상(防空上)에 있어 걸림돌이 되는 '노인과 어린이, 부녀자'에 대한 강제적 소개(疎開·주민 분산)가 중요 과제였다. 1944년 6월의 각의 결정 **'학동 소개 촉진에 관한 건**(学徒疎開ノ促進ニ関スル件)'에서 이른바 '연고소개(緣故疎開)'를 원칙으로 하였으며, 그것이 어려운 국민학교 초등과 3~6학년 아동은 강제적으로 **집단소개**(集團疎開)의 대상이 되었다. 그 결과 도쿄를 비롯해 오사카·나고야 등 12개 도시의 약 40만 명이 집단소개의 대상이되어, 8월 이후 전국 7,000여 곳의 여관과 사원 등에 수용되었다. 때마침 7월에는 사이판섬이 함락되어 본격적인 본토 공습이 불가피한 정세였다.

〈그림 7-7〉 집단학동소개(集團學童疏開) 풍경
식사 전의 묵상(도쿄도 미나토구(港区) 세이난소학교(青南小學校).

그러나 실제로는 예정대로 진행되지 않았다. 11월 단계의 도쿄도 교육국의 조사에 의하면, 겨울철에 대비하여 이전(移轉)·분숙(分宿)을 필요로 하는 숙사가 16%에 달했는데, 그 이유는 '식량난·수용과다', '겨울철 교통두절', '설비 불완전' 등이었다. 특히 욕실·화장실 등의 불충분과 위생문제(이[蝨]로 인한 피해, 결핵, 소화기 전염병, 성병 등), 심각한 식량부족, 이로 인한 기아와 절도, 생도간의 따돌림, 영양실조와 현저한 신장 저하 등의 사태가 나타났다. 1945년의 도쿄대공습으로 졸업과 중등학교 입학시험을 위해 일시 귀경한 6학년 아동이 다수 희생되었으며 그밖에 집과 가족을 잃고 고아가 된 아동도 적지 않았다. '차세대 전력을 지키기 위해'서라고 하면서, 사제동행(師弟同行), 24시간 연성을 기한다는 방침과는 정반대로 아동의 생명유지조차도 어려운 상황이 점차 확산되어 갔다.

1945년이 되자 국민학교 초등과 1~2학년들도 집단소개의 대상이 되었으며, 미군의 상륙작전에 대비하기 위해 태평양 연안지역의 집단소개 아동들은 내몰리듯 재소개(再疎開)를 강요당했다. 이리하여 1944년 9월 시점에서 약 41만 명이던 집단소개 아동이 12월말에는 약 35만 명, 1945년 7월에는 약 25만 명으로까지 감소하였다. 공습의 위협 뿐 아니라 소개의 실태가 알려지게 되어 부모가 집단소개소에서 아이들을 데려 갔기 때문이다. '학동의 전투배치'인 학동소개는 패전 이전에 이미 해체되었다고 할 수 있다. 8월 패전 이후 집단소개소에서 모든 학동들의 철수가 끝난 것은 11월이었다(逸見, 1998).

총력전 체제하의 일본은 병력·노동력을 중심으로 하는 '인적자원'을 '성전완수(聖戰完遂)'라는 한 가지에 집중시켜 문자 그대로 모든 것을 계속 동원하였다. 본토와 식민지를 불문하고 국민학교부터 중등학교·대학의 청소년 학도 그리고 근로청년에서 일반 국민에 이르는 모든 '신민'이 그 대상이었다. 근로동원과 학동소개에서 그 전형을 볼 수 있듯이 '인적자원'으로 기대되었던 청소년은 교육이 아닌 '연성'을 버텨냈으며, 그 결과 가족을 잃었고 상처를 입거나 목숨을 빼앗기기까지 하였다. '충성하는 신민' 양성을 부동의 목표로 내세운 전전기(戰前期) 일본의 교육은 그 총결산이라 할 수 있는 총력전하에서 무서운 성과를 낳았으며 이윽고 붕괴하고 말았다.

참고문헌

石川準吉『統合國策と教育改革案―內閣番議會・內閣調查局記錄―』(淸水書院, 1962年)

岐阜県教育委員會編『岐阜縣教育史』(通史編 近代四) (2004年)

久保義三『日本ファシズム教育政策史』(明治圖書, 1969年)

久保義三『昭和教育史』(上) (三一書房, 1994年)

纐纈 厚『統力戰體制研究―日本陸軍の国家統動員構想―』(三一書房, 1981年)

駒込 武『植民地帝國日本の文化統合』(岩波書店, 1996年)

小山常實『天皇機關說と國民教育』(アカデミア出版會, 1989年)

淸水康幸ほか編『資料 教育審議會』(野間教育研究所, 1991年)

淸水康幸『教育審議會の研究 師範學校改革』(野間教育研究所紀要 第42集) (野間教育研究所, 2000年)

全國疎開學童連絡協議會編『學童疎開の記録』全5卷 (大空社, 1994年)

太郎良 信『生活綴方教育史の研究』(教育史料出版會, 1990年)

寺崎昌男・戰時下教育研究會編『統力戰體制と教育―皇國民「練成」の理念と實踐―』(東京大學出版會, 1987年)

東京大學史史料室編『東京大學の學徒動員・學徒出陣』(東京大學出版會, 1998年)

東京百年史編集委員會『東京百年史』第5卷 (ぎょうせい, 1979年)

中內敏夫『生活綴方成立史研究』(明治圖書出版, 1970年)

中内敏夫『生活教育論爭史の研究』(日本標準, 1985年)

長浜 功『國民精神總動員の思想と構造―戰時下民衆教化の研究―』(明石書店, 1987年)

滑川道夫『日本作文綴方教育史2』(國土社, 1978年)

福間敏矩『學徒動員・學徒出陣―制度と背景―』(第一法規出版, 1980年)

逸見勝亮『學童集團疎開史―子どもたちの戰鬪配置―』(大月書店, 1998年)

宮田節子『朝鮮民衆と「皇民化」政策』(未來社, 1985年)

民間教育史料研究會ほか編『教育科學の誕生―教育科學研究會史―』(大月書店, 1997年)

山中 恒『ボクラ小國民』全5部(辺境社, 1974~80年)

光田俊彦『教育審議會の研究 中等教育改革』(野間教育研究所紀要 第38集)(野間教育研究所, 1994年)

과학과 일본정신- 하시다 구니히코 '과학하는 마음'

'과학과 일본정신의 통일'…이 두 가지가 어떻게 연관되는지 바로는 이해하기 어렵다. 그러나 총력전 시기의 일본에서 이는 절실한 과제였다. 총력전은 근대과학의 정수를 집결한 전쟁으로, 무기를 사용하는 병사 한 명 한 명이 과학을 '자신'의 것으로 만들지 않으면 안됐다. 또 전쟁에서 승리하기 위해서는 국민의 정신적 결속을 단속해야만 했고 이를 위해서는 '일본정신'을 국민 모두가 체득할 필요가 있었다.

그렇다면 이 두 가지는 어떻게 '통일'될 수 있었을까? 이 어려운 문제에 1940~1943년에 문부대신을 역임한 하시다 구니히코(橋田邦彦, 1882~1945)가 하나의 답을 제시하였다.

그는 원래 도쿄제국대학 의학부 생리학 담당교수였다. 그는 일본의 과학 식민지적 성격에 강한 불만을 갖고 있었으며, 도겐(道元)의 『쇼보겐조(正法眼蔵)』에서 힌트를 얻어 '행동으로서의 과학(行としての科学)', '과학하는 마음(科学する心)'이라는 슬로건을 꺼내들고, 이를 일본의 과학과 교육의 혁신 원리로 삼으려 하였다.

과학을 '과학하다(科学する)'와 같이 동사화한 점에 주목할 필요가 있다. 과학을 인간의 '행동(働き)'을 사이에 둔 동태에서 받아들이는 것으로, 과학이 갖는 인간적 계기를 되살리려 한 것이다. 이 주장은 ① '움직이고 있는 지식'을 조정(措定)함으로써 지식과 실재, 지식과 인간주체 간의 경직현상을 풀어헤쳐 개념적 지식에서 리얼리즘을 되찾는다, ② 진정한 과학적 지식은 '술(術)'로서 내면화 되며, 적의자재(適宜自在)로 사용할 수 있을 만큼의 실천성을 획득하고 있다, ③ 과학의 근저에 있는 인간의 '행동'은 '자신을 아는 것'= 덕(德)과 불가분(不可分)에 있다는 점으로 집약된다. 그렇다면 교육이란 지

식의 전달이 아니라 학자가 자신의 '행동'＝학문하는 것을 전달하는 작용이며, '결국 그 사람의 모든 인격이 제자에게 옮겨 가는' 것이다. 이와 같이 그는 '학문과 교육'의 불가분성을 주장하며 지육(知育)과 덕육(德育) 간의 새로운 관계 정립을 주장하였다.

과학을 인간 주체의 '행동'과 결부시키고 그 실천성과 인격성을 부활시키려 한 것은 당시 —지금도 그렇지만— 지식의 주입이 충분하다고 하는 교육 현상을 비판하는 데 상당한 위력을 발휘하였다. 여기에 그의 주장이 다이쇼 '신교육'이 개발한 여러 가지 방법 원리를 건져 올릴 수 있었던 비밀이 있다. 문제는 이것이 당시의 비합리적인 '근대의 초극(近代の超克)'론과 '교학쇄신(敎學刷新)' 정책과 쉽게 결합되어 버렸다는 점에 있다. '과학하는 마음'이라는 매력적인 슬로건이 그대로 '황국민연성'을 합리화 하는 이데올로기로서 기능하게 된 것이다. 이 교훈은 '마음의 교육(心の敎育)'과 '살아가는 힘(生きる力)'이라는 말이 자주 입에 오르내리는 오늘날에 있어서 재평가할 필요가 있다.

8장
전후사회의 형성과 교육

이 장은 패전(敗戰) 이후부터 고도경제성장기(高度經濟成長期)까지를 대상으로 한다. 전후(戰後) 교육개혁은 전전(戰前)의 '국가를 위한 교육'에서 개인의 '권리로서의 교육'으로 그 이념이 전환되었다. 그러나 사람들의 생활이라는 측면에서 보면 고도경제성장기 이전까지는 전전과 연속성이 있었으며, 그 안에서 교육과 학교가 파악되었다. 이와 같은 점에 유의해가며 전후 교육의 행보에 대해 살펴보도록 한다.

1. 패전 직후 일본의 교육

1945년 8월 14일 일본은 **포츠담 선언**을 수락하고 무조건 항복 선언을 했다. 포츠담 선언은 미국·중국·소비에트 연방(소련)·영국의 수뇌들이 대일(對日)점령의 기본방침을 제시한 공동선언으로, 여기서 이들 나라 수뇌들은 군국주의적 지도세력의 제거, 전쟁범죄자에 대한 엄벌, 연합국에 의한 공동점령, 철저한 민주화 실시를 제시하였다. 점령 정책은 이를 토대로 하여 미국을 중심으로 하는 연합국에 의한 일본 간접통치라는 형태로 실시되었다.

점령군의 교육정책 전개는 전시 중 일본의 초국가주의·군국주의 교육을 뒷받침한 천황제 교학체제의 일소(一掃)를 기본으로 했다.

전쟁이 끝난 후 문부성은 8월 28일에 학교수업 재개에 관한 통달을 내려보냈지만 학교 현장에서는 전쟁으로 인한 교사 등의 소실 및 피해가 많아, 실제로는 교실 확보조차 쉽지 않은 상황이었다. 2부제 수업(二部授業)과 3부제수업(三部授業) 또는 노천 학급(靑空學級)을 운영하는 곳도 있었다(〈그림 8-1〉). 아이들의 생활은 피폐되었으며, 식량난으로 결식, 부랑아동 문제 등 여러 가지 심각한 상황에 직면하게 되었다.

〈그림 8-1〉 전쟁이 끝난 직후의 노천 학급(靑空學級)
문자 그대로 하늘(靑空) 아래 교실. 빡빡머리 남자아이와 단발머리 여자아이들의 밝게 웃는 모습.
뒤에 보이는 깨진 기와 조각(瓦礫)도 인상적이다.

이러한 상황에 대해 일본 지배층은 끝까지 천황제 존속의 '국체유지(国体護持)'를 전제로 하면서 교육재건을 꾀한다는 기본방침을 취하였다. 즉 1945년 9월 **신일본건설 교육방침**을 제시하며, '국체 수호를 위해 노력'하면서 평화국가・도의(道義)국가의 건설이 필요하다고 주장하였다. 현장의 교사들도 "지금도 일본 아이들에게 있어 진정한 '자유', '민주'는 부모로부터 물려받은 본연의 신민생명을 통해 길러지는 것으로 믿고 있다"(도이 요시오[東井義雄])고 하며 대응에 고려(苦慮)하였다.

　미군 단독점령의 형태로 이루어진 점령군 사령부의 교육관리 정책은 우선 **금지적 조치**(禁止的措置)로서 초국가주의・군국주의 교육의 일소에 관심이 향해 있었다. 1945년 10월에서 12월에 걸쳐 발표된 **교육 사대 지령**(教育の四大指令)은 이를 구체화한 것이다. 즉 '일본 교육제도에 관한 관리정책'(10월 22일)을 통해 총괄적인 방침을 제시한 후, '교원 및 교육관계관의 조사・제외・인가에 관한 건'(10월 30일), '국가신도(國家神道)・신사신도(神社神道)에 대한 정부의 보증・지원・보전・감독 및 홍보(弘布)의 폐지에 관한 건'(12월 15일), '수신(修身), 일본 역사 및 지리의 정지에 관한 건'(12월 30일) 등이 잇달아 나왔다. 그 결과 군국주의적 교사의 파면과 전전의 탄압에 의해 추방된 교사의 교단복귀 등이 단행되었으며, 교사와 학생의 정치활동 회복도 이루어졌다. 또 공립학교에서 국가신도와 관련된 시설・의식・교재가 모두 배제되었다. 이와 같이 4대지령이 실시됨에 따라 문부성 등의 '국체유지' 노선은 급속히 그 기반을 잃어 갔다. 학교에서는 새 교과서를 준비하지 못해 먹물로 내용을 가린 교과서(墨塗り教科書)가 사용되었다(〈그림 8-2〉).

墨塗り教科書
(墨塗り前と後)

〈그림 8-2〉 먹물로 내용을 가린 교과서(墨塗り**教科書**) 앞과 뒤
전쟁 중 이루어진 교육내용을 없애는 것에서 전후교육은 시작되었다.

2. 점령정책과 전후개혁

1) 금지적 조치에서 적극적 조치로

1946년이 되자 이러한 금지적 조치(禁止的措置)에서 적극적 조치(積極的措置)라고 불리는 전후사회를 짊어질 인물양성을 목적으로 한 재교육이 실시되었다. 특히 같은 해 3월 미국교육사절단의 일본 방문이 큰 계기가 되었다. 연합국 최고 사령관인 맥아더의 요청에 의해, 일리노이대학 총장인 **스토더트**(Stoddart)를 단장으로 하는 총 27명의 교육사절단은 포츠담 선언의 '민주적 경향의 부활 강화'의 취지에서 만들어진 일본측 교육가위원회의 협력 아래 1개월간 일본에 체류하면서 총 6장으로 구성된 대일 **미국교육사절단 보고서**(アメリカ教育使節團報告書)를 작성하였다.

이 보고서는 개인의 가치와 존엄을 중시한 능력, 적성에 따른 교육, 교육의 기회균등, 교육의 자유 등을 원칙으로 하며, ① 일본 교육의 목적 및 내용, ② 언어 개혁, ③ 초등학교 및 중등학교의 교육 행정, ④ 교수법 및 교사양성 교육, ⑤ 성인교육, ⑥ 고등교육을 주요 축으로 하고 있다. 그 중 6·3·3·4제의 **단선형 교육제도**(單線型敎育制度), **남녀공학**(男女共學), 의무교육연장(義務敎育延長), **교육행정의 지방 분권화**(敎育行政の地方分權化), **민중통제의 원칙**(民衆統制の原則) 등을 권고하였다.

유의해야 할 것은 점령하에 있었음에도 불구하고 사절단이 작성한 보고서가 미일 합작이라는 측면이다. 6·3제의 아이디어는 전전기(戰前期) 논의의 축적을 근거로 일본측이 제안한 것이며 이것이 채용된 것은 이를 상징한다.

2) 교육쇄신위원회의 발족 —개혁의 모체

대일 미국교육사절단 보고서를 기본으로 하면서 일본측의 교육개혁 구상이 나타났다. **교육쇄신위원회**(敎育刷新委員會, 敎刷委)는 교육개혁을 위한 중요한 위치에 있었다. 이 위원회는 문부대신이 아닌 내각의 자문기관으로, 당시 정부의 의향에서 독립되어 자주성과 자립성이 보장된 기관이었다. 또한 일반적인 심의회처럼 설치자의 자문에 답신하는 형태가 아니라 심의 결과가 모두 건의로서 모아진다는 매우 이례적인 특징을 갖고 있었다. 이러한 강한 결정권과 독립성을 가진 위원회 안에서 교육기본법(敎育基本法)을 비롯해 **학교교육법**(學校敎育法) · **교육위원회법**(敎育委員會法) · **사회교육법**(社會敎育法) 등 교육의 기본법제가 정비되었다.

3) 교육기본법의 제정

1946년 11월 3일에 대일본제국헌법으로부터 근본적인 전환을 꾀하며, 평화주의 · 국민주의 · 기본적 인권의 존중을 기본원칙으로 한 **일본국헌법**(日本國憲法)이 공포되었다. 이 헌법의 이념과 목적을 실현하는 데 있어 교육의 역할을 나타낸 것이 **교육기본법**(敎育基本法)이다. 교육기본법은 교육쇄신위원회의 논의 안에서 '헌법의 부속법(憲法の附屬法)'(田中二郎 文部參事)적 성격을 갖는 것으로 심의되었다. 성문화된 이 법률은 헌법 이외에 유일하게 유일(唯一)법률의 이념을 나타낸 '전문(前文)'을 갖는 법령이었다. 이 안에서 교육은 교육칙어를 주요 축으로 하고, 국가에 대한 충성을 강요하는 것에서부터 개인에 대한 권리로 그 내용이 바뀌었다. '인격의 완성'을 교육 목적으로 하고, 국민주권의 실질화에 있어서 교육은 불가결한 것이라고 평가했던 것이다. 또한 그 전제에 아시아 · 태평양전쟁 수행에 적극적으로 관여한 천황제 교육에 대한 강한 반성에서 '평화적 국가 및 사회의 형성자' 육성이 명기되었다. 단 여기서 교육의 대상을 제국의회 제출안으로 연합국 군최고사령관 총사령부(GHQ)에 제출한 영문 교육기본법안의 'the people'을 국적보유자인 '국민(國民)'으로 한정하여 구식민지 재일조선인 등은 대상에서 제외되었다.

교육기본법에 기초를 둔 신학제(新學制)의 중요한 점은 국가에서 개인으로 교육 목적을 이행하고, 이념적으로 교육을 권리의 체계 안에서 받아들였다는 것이다. 즉 전전 교육의 국가 통제를 반성하고, 교육에 대한 국가의 과도한 개입을 저지하려는 성격을 갖고 있었다.

4) 교육칙어에서 교육기본법으로

교육칙어체제의 단절을 위하여 1948년 국회(衆議院 · 參議院 兩院)에서 각각 **교육칙어의 배제 및 실효**에 대한 결의를 하였다. 이러한 대응을 취한 배경에는 전후에 들어서도 지배층 내부에 칙어 옹호론이 뿌리 깊게 남아있었으며 칙어의 정신을 살려야 한다는 주장이 교육쇄신위원회 내부에서조차 일정한 영향력을 갖고 있었기 때문이다.

이러한 절차를 거쳐 교육기본법에 근거하는 전후 교육체제에 대한 법적 정비가 진행되었다. 교육기본법과 함께 학교를 포괄하는 법률로서 학교교육법(學校敎育法)이 정해졌다. 전전에는 각 학교마다 독립된 법규로 성립되었는데, 이 법률로 일괄하여 6 · 3 · 3 · 4제를 뒷받침하게 되었다. 동시에 교육행정제도의 개혁이 이루어져, 교육은 '국민 전체에 대해 직접 책임을 지고 이루어진다'라는 자각 아래, 교육 행정은 '필요한 교육 제반 조건의 정비를 지향'하는 것으로 되었다. 당시까지의 극도의 중앙집권을 지방 분권, 민중 통제, 일반 행정으로부터의 독립으로 각각 바꾸고, **공선제의 교육위원회 제도(公選制の敎育委員會制度)**가 도입되었다. 이때 지역 사회 학교 행정이 교육 조건의 정비 주체가 되는 것을 나타낸 연합국 군최고사령관 총사령부의 영문 교육기본법과 국민의 직접 책임을 강조한 일본문(日本文) 교육기본법 사이에 차이가 있었던 점에 유의할 필요가 있다(小国, 2007). 사회교육과 관련해서는 1949년에 사회교육법이 제정되어 전전에 국가에 의해 주도된 사회교화로서의 성격에서 국민의 자기 교육 이념에 근거하여 공민관(公民館)의 설치 등 사회교육 시설의 충실화가 지향되었다.

단 이러한 제도가 그대로 사람들에게 받아들여진 것은 아니다. 학교 밖에서는 차세대 후계자 양성시스템과 생활의 장이 학교와는 별도로 존재했다. '우리들의 농업대학(オラホの農業大学)', '포럼 학교(暖簾の学校)' 등 가업을 보호·유지하려는 세대교체의 논리와 기술이 존재했으며, 독자적 분류로 학교를 받아들이기도 했다(中内, 2001).

3. 신학제의 전개

1) 신학제의 구축

1947년 학교교육법의 시행에 따라 국민학교는 소학교(小學校)로 명칭이 바뀌었고, **신제중학교**(新制中学校) 창설과 더불어 신학제(新学制)가 출발하였다. '일본의 신학기(日本の新学期)'다. 1948년에는 **신제고등학교**(新制高等学校, 高校), 이듬해 5월에는 신제 국립대학이 각각 발족하였다. 1953년에는 신제 중학교(新制中学校)와 고교(高校)를 거친 입학생이 대학에 들어가게 되어 전후 교육제도가 실질적으로 연결되었다. 입학부터 신제 중학교에서 배운 학생이 처음으로 고교에 입학한 1950년 3월 시점에서 고교 진학률은 전체 42.5%, 여자는 36.1%였다. 고교는 후에 **고교삼원칙**(高校三原則)이라 불린 소학구제(小学区制)·통합제(総合制)·남녀공학(男女共学)이라는 개혁 원칙을 기본으로 했는데, 초기에는 구제중등학교(旧制中等学校)의 분위기가 남아 있었다. 또 고교삼원칙 가운데 남녀공학(男女共学)은 점령(占領) 형식에 대한 대응의 차이로 인해, 특히 간토(關東) 이북 지역에는 많지 않았다. 신제대학은 열악한 재정 조건으로 인해 교육목적, 성격, 수준(교육·연구·입학자격 수준)이 다른 국립 고등교육기관의 통합, 재편에 제약을 받았으며, 또 대학 간 격차라는 것이 있기는 했지만, 점령하의 특수한 사정도 있고 하여 신속하게 완수되었다(大田, 1978).

일본에서 이와 같이 매우 짧은 기간에 전면적 교육체계 개혁이 완수된 것은, 일본과 마찬가지로 미국 교육사절단으로부터 6·3제 도입의 권고를 받았음에도 불구하고 이를 채용하지 않은 서독과는 대조적이었다고 할 수 있다(9장 칼럼 참조).

2) 신교육과정의 도입과 사회과

새로운 이념 아래, 실제 교육은 어떻게 이루어졌을까. 학교 교육과정 편성의 기축(機軸)으로 여겨진 것은 **학습지도요령**(學習指導要領·Course of study)이었다. 이것은 전전처럼 상의하달(上意下達)로 국가가 교육 내용을 정하는 것이 아니라 아이들 교육을 직접 담당하는 교사가 적절한 교육과정을 만들어내기 위한 '안내'로 자리매김 하였다. 1947년에 '시안(試案)'이라는 형태로 최초의 학습지도요령이 나왔다. 내용적으로는 아이의 경험을 중심에 둔 경험주의에 뿌리를 내린 것이었다. 교육은 경험을 연속적으로 개조해 나가는 과정 즉 **경험의 재구성**(듀이)으로서 파악되었다. 지역사회에서 아이들의 경험을 학교에서 재구성하며 심화해가는 것으로, 지역사회의 문제 해결에 대응할 수 있는 시민 양성이 목표로 정해졌다.

그 중심으로서 신교육에서 각광받은 교과가 사회과였다. 신설 종합교과인 사회과는 '사회생활에 대한 양식(良識)과 성격을 기르'는 것을 목적으로 하였으며, 그때까지의 교과서 중심의 교과와는 달리, 아이들의 생활 현실을 주목하고 생활 현실 안의 문제 해결에 임하는 과목으로서 1947년 9월에 발족하였다.

3) 전후의 신교육실천과 지역교육 계획

신학제 아래, 각 지역과 학교에서 자주적인 지역교육 계획과 신교육실천이 추진되었다.

지역교육 계획의 선구적·대표적인 것으로 **가와구치 플랜**(川口プラン)을 들 수 있다. 가와구치 플랜은 6·3제 발족 1년 전에 사이타마현 가와구치(川口)시를 '문화적 공업도시'로 건설하기 위해 목표와 학습과제를 설정하여 만든 지역교육 계획이다. 생활 현실에 관한 실태 조사를 실시하는 등 교사와 연구자가 지역 주민의 협력 아래, 그 작성과 실천에 참여하였다(다음 〈표 8-1〉). 이듬 해에는 히로시마현 혼고(本郷) 마을 주변의 6개 마을에 지역교육계획 구상(本郷プラン)이 제시되는 등 각지에서 다양한 움직임이 나타났다.

한편 교과마다 다른 **생활단원학습**(生活単元学習)을 비판하고, 교과의 테두리를 넘어 코어(모든 교과목의 중심이 되는 과목)를 갖는 통합 커리큘럼이 제창되었다. 이것은 바로 핵심 교육 과정(コア·カリキュラム)의 실천이다. 이를 민간 교육단체인 **코어 커리큘럼연맹**(コア·カリキュラム連盟, コア連)이 담당하였다. 1951년에 제시된 '생활 실천 과정', '문제 해결 과정', '기초 과정'의 세 영역과 새로운 시각으로서 '건강·정조(情操)·사회·경제(자연)'로 구성되는 이른바 3층4영역론은 그 실천의 정점(頂点)을 나타내는 것이다.

〈표 8-1〉 가와구치(川口) 플랜

	1	2	3	4	5
생산	마을의 공장 가와구치에는 여러 가지 공장이 있으며 많은 사람들이 일하고 있다.	주물(鑄物)의 종류 공장에서는 어떤 것을 만들고 있을까.	주물 공장 주물은 어떤 순서로 완성되는 것일까. 개략. (분업의 모습)	주물의 재료 주물을 만드는 데 어떤 재료를 사용할까. 그것은 어디에서 오는 걸까.(쇠,나무틀, 모래 그 밖의 재료)	주물공장에서 일하는 사람 주물공장에는 어떤 사람들이 일하고 있을까. 그 사람들은 어떤 일을 하고 있을까. 어떤 기술이 사용되고 있을까. (기술의 발달)
소비	먹을거리 먹을거리에는 여러 가지가 있으며 먹는 방법도 여러 가지가 있다. 의복 우리들은 어떤 것을 입고 있을까. 입는 방법.	야채 가게 야채가게 앞에는 어떠한 것이 진열되어 있을까. 집에서 먹는 야채는 야채가게에서 사온 것이 많다. 집 집에는 여러 장소와 물건이 필요하다. 어떤 역할을 갖고 있을까.	정육점과 생선가게 가게 앞의 고기와 생선은 어디에서 어떻게 오는 걸까. 전등 집에 불이 들어 올 때까지. 전기를 얻는 방법의 발달.	야채 시장 야채는 어떤 경로를 거쳐 시민에게 공급되는 걸까. 연료 집에서 사용하는 연료에는 어떤 것이 있을까. 그것은 어디에서 오는 걸까. 불의 사용 방법의 발달.	쌀 배급소 쌀의 배급기구(機構)는 어떻게 되어 있을까. 왜 그런 배급제도를 취해야만 할까. 쌀의 수급상황. 옷·신발 옷의 원료, 산지, 가공, 공급의 경로, 신발.
통신교통	탈것 탈것에는 여러 가지가 있다. 어떤 때 사용할까.	우편 배달부 우편은 어떤 경로를 거쳐 집에 배달되는 걸까.	트럭 물건을 운반하는 것에는 어떤 것이 있을까. 그것들은 어떤 식으로 사용되고 있을까.	길과 다리 여러 가지 물건을 운반하는 교통로로서 길과 다리가 얼마나 중요한 의미를 갖고 있을까. 길과 다리의 구조 및 그 발달.	철도와 수운(水運) 철도와 수운은 가와구치의 산업에 어떻게 도움이 되고 있을까. 교통기관의 발달. 우체국 통신은 사람들의 일상생활에 있어 어떤 역할을 하고 있을까. 통신기관의 발달.
건강	깨끗하고 개운함 몸을 깨끗히 하고 단정히 하면 건강해진다.(목욕할 때의 주의, 기타)	청소 집, 학교와 도로를 깨끗하게 하는 것은 모두를 위하는 것.	마을의 위생 마을을 깨끗하게 하기 위해서 가와구치에서는 어떤 사람이 어떤 식으로 일하고 있을까.(쓰레기 소각장, 위생조합 사람들의 일)	가와구치시의 하수 가와구치시는 지금 어떤 식으로 하수를 흘려보내고 있을까. 하수는 마을에 어떤 도움을 줄까.	공장과 보건 공장의 환경과 작업장의 청결정돈은 능률에 관계가 있다. 일하는 사람은 적당한 운동과 휴양을 할 필요가 있다. 공장의 보건시설은 어떻게 되어 있을까.

※ 가와구치시 사회과 학습과제 제일(第一) (공업지대)
세로축에는 사회적 기능(생산·소비 등)을 표시하고, 가로축에는 1~9학년 전체를 고려하여 각각의 학년에서 무엇을 가르칠지를 각 단원으로 설정하였다.

아울러 새로운 교육의 도래를 교육계를 벗어나 널리 세상에 알린 것으로 **무차쿠 세이쿄**(無着成恭)의 『**메아리 학교**(山びこ学校)』 실천을 들 수 있다. 『메아리 학교』는 야마가타현 야마모토(山元) 마을의 야마모토중학교 생도의 작문집(학급 문집 「기관차(きかんしゃ)」)을 중심으로 정리하여 1950년에 발간한 책 제목이다. 무차쿠 세이쿄는 극심한 빈곤에 허덕이는 마을의 현실을 접하고 사회과 교과서의 기술과 현실 마을의 생활이 너무 달라 '현실 생활에 대해 토의하고, 생각하고, 행동으로까지 추진하기 위한 글짓기지도'를 실천하고자 하였다. 그의 실천은 생활글짓기를 이용한 사회과 실천으로 여겨졌으며, 전후의 교육 실천을 상징하는 것으로서 큰 반향을 불러일으켰다.

4. 전후 부흥기의 학교와 사회

1) 학교의 실태

신학제 초창기의 학교는 어떤 상태였을까. 신제중학교(新制中学校)의 상황을 예로 들도록 하겠다. 전기(前期) 중등교육으로서 의무화된 신제중학교의 발족은 전후 일본 교육을 상징하는 것이었다. 전전의 체계는 초등 이후의 진로가 복선화된 차별적인 것이었는데, 전후에는 모든 아이들에게 중등교육의 기회를 보장하였다. 그러나 초토화된 패전하에서 교육의 실시는 쉽지 않았다. 수령이 수백 년이나 되는 신목(神木)을 잘라 중학교 건축에 쓰거나, 자금을 조달하지 못한 촌장이 자살을 하는 '피눈물의 역사' 위에서 중학교는 일본 사회에 정착해 갔다. 야구치 다카오(矢口高雄)의 『형설시대(螢雪時代)』에는 그와 같은 신제중학교가 마을 사람들의 협력 속에서 만들어져 가는 모습이 잘 그려져 있다(〈그림 8-3〉).

© 矢口高雄

〈그림 8-3〉 신제중학교(新制中學校)의 출발

만화가 야구치 다카오가 경험한 신제중학교. 재정난으로 어려움을 겪고 있는 가운데 지역 사람들이 중학교 건설에 참여하고 있는 장면.

〈표 8-2〉 비정상 수업의 실태(1949년)

(단위: 학급)

	소학교	중학교
2부제 수업을 하는 학급	13,908	3,268
강당, 실내 체조장을 사용하는 학급	2,888	3,342
건물 복도, 승강구, 창고를 사용하는 학급	3,888	3,090
임시, 가건물을 사용하는 학급	3,927	12,037
계	24,611	21,737

※ 전쟁이 끝난지 4년이 지났는데도 대부분의 학교가 비정상적인 수업을 하고 있는 실태를 엿볼 수 있다.

그러나 전국적인 실태를 보면 독립된 교사(校舍)는 많지 않았다. 대부분은 소학교와 병설되었으며, 그중에는 마굿간 교실까지 존재하였다. 교원 부족도 심각하였으며, 그 출신도 다양하여 절반 가량은 소학교 교사였다. 이러한 상황은 1950년대를 맞이하는 시점까지 계속 되었다(〈표 8-2〉).

2) 아이들의 다양한 생활

신학제를 아이들이 어떻게 겪어 나갔는지 한 마디로 표현하기는 어렵다. 도시와 시골, 또 시골도 농촌, 산촌과 도시 근교는 또 달랐다. 하물며 어촌은 독특한 문화를 갖고 있었다. 같은 시대라 하더라도 가족의 직업과 사회 계층에 따라 아이들 생활에는 큰 차이가 있었다. 여기서는 취학(就學) 동향을 주목해가며 이 문제를 살펴보도록 한다. 1949년 이바라키현의 중학생 출석률에 관한 지역별 데이터(「茨城縣敎育調査速報」, 1950년 1월 25일)를 보면, '시가지'는 93%, '농촌'은 92%, '산촌'은 87%인데 반해 '어촌'은 69%로 나온다. 경제적인 면도 있지만, 가업에 따라 학교에 대한 인식이 크게 다르다는 것을 알 수 있다.

현격하게 출석률이 낮은 어촌의 경우, 특히 가족경영으로 작은 배를 끄는 경우 아동노동이 기본 전제였다. 후계자 양성이라는 점에서도 젊은 시절부터 어부로서의 신체를 만들거나 기술을 몸에 익히는 것이 필요했다. 특히 바다라는 자연을 상대로 하는 가업이기 때문에 인위적으로 조직된 학교의 시간과는 이질적인 성격을 갖고 있었으며, 어민들 입장에서 본다면 학교는 가업을 저해하는 존재였다.

산촌 아이들의 수업 출석률도 높지 않았다. 앞서 언급한 『메아리 학교』는 산촌 아이들을 대상으로 한 실천이었다. 그 내용을 보면 노동도 함께 하는 아이들의 모습이 그려져 있다.

3) 제1차 베이비붐과 전후 학교제도의 본격적 기동

학교 제도는 쇄신되었지만, 처음에는 학교의 이념·제도와 아이들 생활 현실성 사이에는 적잖은 거리가 존재하였다. 새로운 학제가 사회 안에 받아들여지고 기동하는 데 있어 패전 직후에 태어난 아이들이 큰 역할을 다하였다. 전쟁 중에는 '많이 낳아 늘리자(産めよ增やせよ)'는 인위적 인구정책에

도 불구하고 내일을 알 수 없는 상황이었기 때문에 아이를 안심하고 낳을 수 있는 환경은 아니었다. 무엇보다도 젊은 남자들은 전쟁터로 보내졌다. 참고로 전쟁에서 패한 1945년의 출생률이 가장 낮았다. 전쟁의 결과로 사회는 대혼란에 빠졌는데, 전쟁의 불안에서 개방된 청년들이 귀환하였고 억제되어 있던 산아행동(産兒行動)이 바뀌게 되었다. 1947년부터 1949년의 인구증가는 **베이비붐**이라 불렀다(후에 1971~1974년에 걸쳐 이 세대가 아이들을 갖게 되는 인구 급증기를 제2차로 보게 되어, 이와 구별하기 위해 후에 제1차 베이비붐이라 불리게 되었다). 〈그림 8-7〉을 보면 최초의 베이비붐 세대가 신제중학교를 마친 1963년은 그 전년도 보다 약 50만 명(194만 명에서 249만 명) 증가한 것을 알 수 있다. 후에 사카이야 다이치(堺屋太一)가 **단카이세대**(団塊の世代)[1]라고 명명(命名)한 이 세대가 학교를 통과하는 과정에 이른바 신학제도 실질적인 모습을 갖추게 되었다.

〈그림 8-4〉 초과밀 학교
콩나물(すし詰め)교실의 모습. 전후 사회를 구축하는 데 커다란 역할을 담당한 '단카이 세대' 아이들의 학교경험을 엿볼 수 있다.

---

1) '단카이(團塊)세대'란 많은 사람이 모여 생긴 '덩어리 세대'라는 의미로 1947~1949년의 베이비붐시대에 태어난 사람이 다른 세대에 비해 특히 그 수가 많다 하여 붙여진 표현.

5. 전후교육의 새로운 단계 ―'역코스'기 교육

1) 냉전의 시작과 교육정책의 전환

1951년 11월의 샌프란시스코 강화조약과 미일안전보장조약으로 일본은
독립을 달성했지만, 이들 조약은 미국에 대한 종속적 동맹관계를 확인하는
것이기도 했다.

소련이 사회주의국가로 힘을 키워감에 따라 미국 점령 정책의 중점이 민
주화 · 비군사화에서 대 소련 · 반공 정책으로 이행하게 되었다. 이러한 미국
과 소련의 냉전 구조를 축으로 만들어진 세계정세를 배경으로 하여 대 일본
점령정책의 목표가 아시아에 있어서의 '반공 방벽'(Royall[陸軍長官])이 되었
다. 여기에 맞춰 노동조합운동에도 탄압이 더해지는 등 '전후 개혁의 반동' 움
직임이 확산되었다. 저널리즘은 **역코스**(逆コース)라는 표현으로 그 일련의
동향을 평가하였다.

1950년대의 교육 정책 동향을 보면 전후 교육개혁의 담당자가 민간에서
관(官)으로 이행되는 일련의 전개가 나타나, 국가에 의한 중앙집권화와 통제
가 강화되는 과정이 부상하였다. 즉 교육기본법의 개정에 대한 움직임이 나
타나 교육내용의 국가통제, 교육행정에 있어서 지방분권체제로부터 중앙집
권체제로의 이행, 교원통제 등이 잇따랐다. 연표로 확인하면 아래와 같다.

1954년 **교육이법**(敎育二法) (교육의 정치적 중립과 정치적 활동의 제한에 관한
　　　　법률) 가결.
1956년 **교육삼법**(敎育三法) (교육기본법 개정에 대한 검토를 하려 한 임시교육
　　　　제도 심의회 설치법안, 임명제 교육위원회법안, 교과서 국정화(國定化)를
　　　　목적으로 한 교과서법안)의 제출. **지방교육행정 조직 및 운영에 관한 법률**
　　　　이 가결. 교육위원 임명제의 도입.
1957년 교원 **근무평정**(勤務評定)의 전국화.

1958년 **학습지도요령(學習指導要領)의 법적구속력 부여**(학습지도요령에서 '시안
(試案)'이라는 문자 삭제), **'도덕(道德)' 시간 설치**, 교과서 검정 강화.
1961년 **전국 일제학력테스트**(全国一斉学力テスト, 学テ) 실시 개시(全数調査는
1964년까지 이어짐).

여기에 국가에 의한 중앙집권적 교육통제의 강화가 단적으로 나타나 있
다. 이들 과정은 전전으로의 회귀라고도 할 수 있는 복고주의적 성격으로 지
적할 수 있으며, 다음 장에 나오는 인적 능력개발을 뒷받침하는 능력주의 교
육의 토대를 준비한 것이라는 점에도 주의가 필요하다(中内, 1977).

그 움직임의 원류로 알려져 있는 것이 1951년 5월의 **정령개정자문위원회
답신**(政令改正諮問委員会答申)이다. 정령개정자문위원회는 맥아더의 후임
으로 연합국 군최고사령관 총사령부의 책임자가 된 릿지웨이(Ridgway)의
'점령정책시정' 성명에 따라 당시의 요시다 시게루(吉田茂) 수상 하에 설치된
사적(私的) 기관이다. 이 위원회는 '국정(国情)'에 맞춘 개혁을 주창하며, 다
음과 같은 답신을 제시하였다. 즉 보통교육 중시의 전후 체제의 수정(중학교
의 보통과정과 직업과정의 분리, 신제중학교·고등학교 일관의 직업고교, 고
등학교·대학 일관의 직업대학 창설, 대학교육을 2, 3년제 専修대학과 4년제
대학으로 분리) 교과 내용의 탄력화와 교과서의 국정화, 교육위원회를 **공선
제로부터 임명제로 전환**, 문부대신의 권한 강화 등이다. 1952년에는 일본경
영자단체연맹(1947년 결성, 이하 일경련(日経連)이 '신교육제도의 재검토에
관한 요망'을 제시하였다. 이 요망은 전후 교육에 대한 재계의 첫 제언으로,
중견 종업원의 양성을 위한 직업고등학교의 충실과 대학의 전문교육 확충 등
이 제시되었다. 그 후 경제계의 교육 요구를 수렴해가며 문부 행정을 추진하
는 모양이 갖춰지게 되었다.

2) 교원조합과 민간교육연구운동의 융성

정부·문부성이 명확히 내세운 정책 가운데 교사와 관련하여 교원조합의 존재는 컸다. 최대 규모를 자랑한 것은 1947년에 창설된 **일본교직원조합**(日本教職員組合, 日教組)이었다. 일교조는 1950년대 '제자를 다시 전장에 보내지 말라(教え子を再び戦場に送るな)'를 슬로건으로 하여 문부성과 격하게 대립하였다. 문부성 대 일교조라는 대립 구도는 좌우(左右) 사회당(社會黨)의 통일과 보수연합에 의한 자유민주당(自由民主黨)의 결성이라는 형태로 완성된 정치 분야의 1955년체제(55年體制), 즉 동서 냉전구조의 일본적 형태를 배경으로 하고 있다. 일교조는 '비상사태선언'을 하고 총력을 동원한 근무평정 반대운동을 비롯하여 전국 일제학력테스트(全國一齊學力テスト), 주임제(主任制), 국기(國旗)·국가(國歌) 도입에 대한 반대운동, 교과서 재판의 지원과 교육과정의 자주적 편성 등을 주장하였다.

이러한 정치적 상황이 이어지기는 했지만, 각 학교의 생활 측면에서 보면 교사와 아이들은 자유로운 분위기 속에 있었다. 교사들 중에는 닫혀진 교원 세계를 뛰어 넘어 다양한 사람들과 적극적으로 관계를 갖고자 하는 움직임이 나타났다. 그런 가운데 차례로 발족한 민간의 교육연구운동 단체가 맡은 역할은 컸다. 먼저 1946년에 민주주의교육연구회(1948년에 일본민주주의교육협회[日本民主主義教育協會]로 개칭)가 결성되었다. 이어서 1948년에는 역사교육자협의회(歷教協)와 앞서 언급한 코어 커리큘럼연맹이 발족하였다. 1950년대에 들어서는 일본작문회(日本綴方の会)(1950년, 이듬 해에 일본글짓기회[日本作文の会]로 개칭), 교육과학연구회(教科研, 1952년 재건), 수학교육협의회(數教協, 1953년) 등 민간교육연구단체가 잇달아 발족하였으며, 그 후에도 교육과정의 자주(自主) 편성운동이 계속되었다. 이러한 움직임은 학습지도요령의 개정 등 문부 시책에 대한 대항이라는 측면을 현저하게 갖고 있는 것이었다. 또 일교조도 활동의 일환으로서 1951년부터 교육연구전국집회(教研集會)를 개최하기 시작하여 교사들에게 자주적 연수와 실천 교류의 기회를 주었다. 관제(官制)의 연수와 신교육을 강구하려는 기회가 여러 차례 준비 되었지만, 이에 만족하지 않거나 또는 비판적이었던 교사가 많이 있었다. 교육연구전국집회에서는 교사의 교류와 교육실천의 정보교환이 이루어져 여러 학문 영역의 전문가와 문화인이 각 학문의 차이를 넘어 다양한 방법으로 관계를 맺어 갔다. 이를 통해 교사가 여러 학문으로부터 자연스럽게 지식을 얻을 수 있게 되었다.

그런 가운데 여러 가지 실천이 생겨났다. 앞서 언급한 1950년대의『메아리 학교』(無着成恭)를 시작으로『**마을 일학년**(村の一年生)』(土田茂範), 『**마을을 키우는 학력**(村を育てる学力)』(東井義雄) 등 교사들의 실천기록(문집)이 잇달아 발표되어 반향을 불러 일으켰다. 그 내용을 보면 교사들은 모두 농촌의 빈곤함과 농촌의 공동성에 뿌리를 내리며 일하는 아이들을 지지하고 있는 것을 볼 수 있다.

한편 1950년대에는 부모들의 실천이 밑으로부터도 전개되었다. 도쿄도 구니다치(国立) 마을을 무대로 한 이와나미(岩波)영화 '마을의 정치―공부하는 어머니(町の政治―勉強するお母さん)'에서 볼 수 있듯이, 이 당시 부모들이 주체적으로 생활 개선이나 아이들 교육에 몰두하는 활동이 나타나기도 하였다.

3) 교사의 존재와 가족 · 지역의 육아

앞서 언급하였듯이 농촌에서는 1950년대까지 학교를 가업의 후계자 양성을 위한 곳으로 생각하지 않았다. 그런 의미에서 교사와 학교는 지역과 가족의 생활에서 거리가 있었던 존재였으며(학교에 대한 가족의 '無理解'도 있었지만), 그런 의미에서 양자의 관계가 만들어낸 일종의 여유같은 것이 존재하였다. 농촌에서는 교사의 눈이 미치지 않는 일상에서 더 강력한 사람 만들기가 이루어졌으며, 따라서 학교의 우등생과 학교 외 지역생활 세계의 리더가 반드시 일치하지는 않았다. 그런 와중에 마을 사람들은 교사들을 마을 바깥 문화의 장으로 끌어들이는 '문화의 사도'로서 받아들이는 경향도 있었다. 교사는 가르치는 존재임과 동시에 그 배경에는 학력의 차이가 존재했다. 1950년 당시 사람들의 학교 체험 수준을 보면 '무취학자' 수는 소수로 줄어들었지만, 15세 이상 국민의 학력구성 중 70%를 넘는 사람들이 의무교육 단계의 교육과정에 있었다. 특히 농어촌과 산촌에서는 대학 졸업을 전제로 한 교사와의 학력 차는 뚜렷했다. 학교 지식은 사람들의 생활에 직접적인 도움이 된 것은 아니었지만 독특한 위치를 차지하며 존재하였다.

도시권 가정과 아이들의 생활의식과 교육 요구는 —당연한 이야기지만— 농어촌의 그것과는 상당한 차이가 있었다. 도시권에서는 전후의 부흥에 따라 신중간층의 진학요구가 다시 상기되었다.

1959년에 간행된 나가타 도키오(永田時雄)의 『도시 아이들과 학력(都市の子どもと学力)』은 이같은 도시 아이들과 부모의 생태 그리고 교사의 사정에 관해 나타내고 있다. "대부분의 도시 아이들은 생산 활동에서 분리·소외되어 소비를 만드는 생활의 장에 놓여 있다". 따라서 "아무리 좋은 교육을 받더라도 상급학교 입학시험에 합격하지 않으면 아무것도 안 된다"라는 '샐러리맨 가정'의 의향이 큰 세력을 갖게 되었다고 기술하였다. 1960년대 이후 본격화되는 교육상황이 미리 나타난 것으로도 볼 수 있다.

6. 고도 경제성장과 교육

1) 지역사회의 변용

1950년대 후반부터 1970년대 초에 걸친 고도경제 성장에 따른 사회변동은 사회 양상을 변화시켰다. 거기에 맞게 사람들이 학교나 교육과 관계를 취하는 방법도 크게 바뀌었다.

이 시기에는 당시까지 제1차 산업을 중심으로 한 산업구조가 제2차·제3차 산업 중심의 구조로 바뀌었으며(〈그림 8-5〉), 농촌에서 도시로 대규모 인구 이동이 있었다. 공업이 집중된 태평양연안 벨트 지대로 대량의 노동자가 이동하였으며, 또 제3차 산업의 진전에 따라 도시가 급격한 기세로 확대되어 갔다. 농촌은 이러한 대량 노동력의 공급원이었다. 고도성장은 농촌에 있던 잉여 노동력을 흡수하였다. 그 중 신규 졸업자는 **집단취직**을 통해 도시로 향하였다(〈그림 8-6〉).

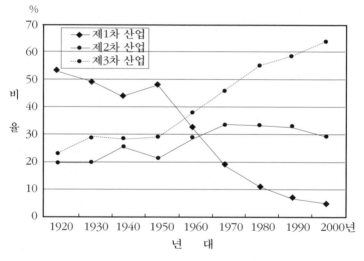

〈그림 8-5〉 전후 산업별 취업자 비율의 변천

1960년대 들어 산업구조는 크게 변화하였다. 1961년의 농업기본법은 다수의 농민과 그 자녀들이 제2차 산업과 제3차 산업으로 이동하는 데 큰 역할을 하였다.

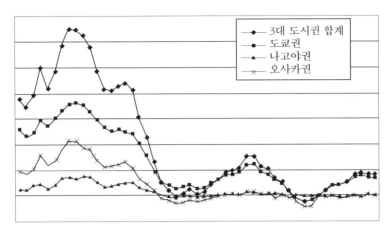

〈그림 8-6〉 도시권으로의 인구유입

1960년대에 대규모 지역이동과 도시로의 인구 유입이 많았다. 그 안에 '황금알(金の卵, 1964년 유행어)'이라 불리며 집단취직 등으로 도시로 나온 다수의 중학교 졸업생들이 있었다.

농촌의 취업인구는 1950년에 42%였던 것이 1970년에는 18%까지 급감했다. 한편 1950년에 38%였던 도시인구는 1970년에는 70%를 넘게 되었다. 그 과정이 얼마나 급격했는지는 〈그림 8-6〉의 도시권으로의 인구유입 상황을 통해 엿볼 수 있다. 또한 **핵가족화**가 독특한 형태를 띠면서 급격하게 진행되어 전후형(戰後型) 근대가족이 대중적으로 성립하게 되었다. 한편 지역공동체의 해체가 확실히 진행되었다. 또 대중소비사회화, 자기생활주의의 침투, 매스미디어의 급속한 발전이 사람들의 생활양식을 크게 변용시켜 아이들의 생활도 변하게 되었다. 고도 경제성장기와 그 후의 사회는 문자 그대로 전대미문의 사회구조의 변용 속에서 이루어진 사회였다.

2) 진학률의 향상과 학교의 의미 전환

산육(産育)과 교육에도 커다란 전환이 있었다. 고교진학률은 1950년대 후반부터 증가 경향을 띠게 되었다. 1960년대에 들어서면 단카이 세대가 고등학교에 진학하는 시기와 겹치기도 하여 고등학교 졸업자는 급증하였다. 그 후에도 아이들과 부모의 보통과(普通科) 지향과 함께 진학률의 급상승은 유지되어 1970년대 중반에는 90%를 넘어섰다. 1950년대 중반에 50%를 넘었음으로 20년 사이에 약 40%나 늘어난 것이다. 또한 대학ㆍ단과대학의 진학률도 1960년대에 들어 급증하였다. 즉 1960년에 약 10%였던 것이 1970년대 중반에는 30% 후반까지 상승하여 고등교육의 대중화가 생겨나게 되었다(〈그림 8-7〉). 이로 인해 "'어려서부터 생계를 걱정해야만 했"기 때문에 "청년일 여유가 없"던 일하는 청년의 "줄이고 줄인 짧은 청년기"'와"'오히려 너무 길어서 소아기(小兒期)의 생활양식 쪽에 훨씬 가까운" 학생의 청년기'가 오랜 기간 존재했던 상황이 통일되었다(小川, 1994). 그 대신 **수험지옥**(受驗地獄)이라는 말이 사회에 정착되었다.

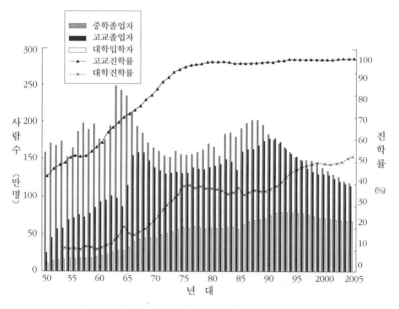

〈그림 8-7〉 전후 취학행동의 변천

1960년대 전반과 1990년 전후에 나타난 중학교 졸업자의 절정은 단카이세대와 그 아이들이 고등학교에 입학을 한 시기이다.

1960년대 후반 학생들의 대학이라는 조직(과 사회)에 대한 반란('大學紛爭')이 순식간에 전국으로 확산되었다. 이것은 반전(反戰)·안보 등 정치적 민주화 운동으로서의 성격이 강했는데, 그 바탕에는 대학의 성격 전환(엘리트 양성에서 대중교육기관으로)과 교육 조건의 악화(사립대학의 대량 생산화, 수업료 인상) 등 대학의 대중화에 따른 문제가 있었다. 전후 민주교육을 받은 학생에 의한 이러한 움직임은 일본만의 현상은 아니었으며, 프랑스를 비롯한 여러 나라에서 나타났다.

진학률이 상승해가는 과정은 그때까지 독자적으로 존재했던 지역과 가족의 육아 시스템이 붕괴되어 가는 동향과 겹친다. 사람들에게 학교가 장래를 개척하는 데 있어 큰 의미를 갖는 것으로 받아들여지게 된 과정이기도 하다. 이러한 학교의 가치는 처음부터 이 가치를 받아들인 신중간층뿐만 아니라 국민 각 계층으로 널리 퍼졌다. 1960년대 이후에는 진학 경쟁과 함께 학교의 가치가 널리 보급되었다.

1960년 정도까지는 앞서 언급하였듯이 여러 계층에 있었던 독자적인 가업 후계자 만들기의 논리와 기술이 존재하여 진학 억제의 조건과 문화요인이 되어 있었다. 그러나 고도 성장기를 맞이하여 1970년대 중반에 걸친 가업의 쇠퇴 속에 그러한 것들은 제거되고 각계 각층 국민들 속에게 경쟁이 생기게 되었다. 여기에 동반하여 학교가 확충되고 계층 상승의 기회가 국민들 사이에게 생겨나 이 시기의 경쟁은 '열린 경쟁(開かれた競爭)'(久冨善之)이라 불리게 되었다. 진학이라는 질서가 사회에 널리 퍼져 많은 사람들을 강제적으로 경쟁 관계에 끌어 들었으며, 점차 경쟁에서 벗어나기 어렵게 만들었다.

3) 고도 경제성장하의 교육정책

이러한 철저한 사회 변화는 이케다 하야토(池田勇人) 수상의 국민소득

배증(倍增)계획을 근거로 한 고도 경제정책하에서 촉구된 것이다. 이 정책은 일본을 정치의 계절에서 경제의 계절로 인도하였다. 이 정책은 '경제정책의 일환으로 인적 능력의 향상'이 필요하며, 교육은 경제발전을 보장하는 노동력의 양성, 인재개발의 수단으로서 위치하게 되었다.

고도 경제성장하의 교육정책의 골격은 1963년의 **경제심의회** 인적능력부회(人的能力部會)의 답신 '경제발전에 있어서 인적능력개발의 과제와 대책'에서 나타났다. 답신에서 **교육투자론**의 뒷받침 속에 능력주의에 의거하는 사회와 학교제도의 재편에 대한 필요성을 제기하였다. 교육투자론은 교육지출을 인적 자본에 대한 투입으로 받아들여, 투자의 효율을 통해 그 규모와 배분을 결정하는 것이다. 그 기초에 후기 중등교육의 능력주의적 다양화, '산학협동'의 확충 추진, '높은 재능'의 양성 등이 내세워졌다. 이때 제기된 것 중 일부는 1966년의 중앙교육심의회(中敎審)의 답신 **후기 중등교육의 확충정비에 대하여**(이 답신에는 '別記'로 '앞으로 국가사회의 인간상'을 나타낸 **기대되는 인간상**이라는 제목의 문장이 덧붙여져 있다)를 불러오게 하였으며, 다시 교육계획이 지역산업 개발계획의 일환으로서 자리매김되는 상황을 만들었다.

이때 후기 중등교육의 다양화에 근거한 교육의 '능력주의'적 재편성이 나타났다. 1962년에는 중견 기술자 양성을 목적으로 한 고등전문학교가 설치되었으며, 다시 1960년대 후반에 걸쳐 공업고등학교를 중심으로 직업 고등학교가 증설되는 등 다양화가 추진되었다. 이러한 전개는 지역산업개발계획의 일환으로 편입되었다. 도야마(富山)현의 산업계획에서 직업과(職業科)와 보통과(普通科)의 비율을 3:7로 하는 이른바 3·7체제의 구상은 문부성에 의해 추천·장려된 것이다. 다양화는 고등학교 간 격차를 만들었으며, 소학구제(小學區制)와 종합제(總合制)는 점차 내용 없는 뼈대만 남게 되어 수정되었다. 참고로 1964년에는 당시까지 잠정적 제도였던 단기대학(短期

大學)이 영구적 제도로 바뀌었다.

중앙교육심의회는 1971년에 **앞으로 학교교육의 종합적인 확충정비를 위한 기본시책**에 대해 답신을 했는데, 이 해가 쇼와(昭和)46년(1971)인 관계로 **사육답신**(四六答申)으로 불리웠으며, 이때 '선도적 지향'이라는 형태로 중학교 · 고등학교 일관(中高一貫)의 교육, 고등학교 교육내용의 다양화, 현직교원 대상의 대학원 창설이 언급되었다. 여기서 명확히 내세운 개혁은 학제(學制), 전후 교육개혁(戰後教育改革)과 함께 제3의 교육개혁으로 자리매김하게 되었다. 이 답신은 국가가 조사를 하고 교육정책의 전부를 규정하여 추진해 가는 성격의 마지막 성장 · 확대형 공교육정책이기도 하다(矢野, 2001)

4) 기업사회의 형성과 1960년대 교육정책의 귀결

여기서 주의해야 할 것은 이와 같은 후기 중등교육의 '능력주의적 다양화' 정책이 그대로 실현되어 수험편차치로 대표되는 일원적 능력주의로 직접 연결된 것은 아니라는 점이다. 이 답신에서 직무급 제도를 축으로 한 업적주의적 · 근대적인 경영질서와 기업 횡단적인 직업별 노동시장의 형성이라고 하는 '경영질서의 근대화'가 요구되었다. 그러나 실제로는 종신고용, 연공서열을 기본틀로 한 채로 능력주의화를 추진한 것으로, 1930년대의 전시체제 동원을 기원으로 갖고 있는 이른바 **일본적 고용**(日本的雇用)의 확립으로 전환한 것이다. 일본적 고용의 확립은 '일반적이고 추상적인 능력'을 중시하는 노무관리를 보급시켰다. 특정 기술 · 기능보다 보통교과 중심의 학력 편차치로 대표되는 일원적 척도가 이를 재는 기준이 되어, 독특한 경쟁 구조를 만들어 갔다. 그 결과 이른바 보통과 안의 학교 간 격차의 확대 그리고 보통과 · 공업과 · 상업과 · 농업과와 같은 고교 간 서열화가 진행되었다.

앞서 살펴보았듯이 고등학교에 대한 진학요구는 해마다 높아져 갔는데, 1963년에 적정한 능력을 가진 자의 입학을 원칙으로 하는 **적격자주의**가

나와 고등학교에 대한 문호가 모든 이들에게 열려 있지 않음이 나타났다. 1960년대에 들어서자 **후기 중등교육의 다양화정책**에 대한 대항운동으로 '열다섯 나이의 봄을 울게 하지 말라(十五の春を泣かすな)'를 슬로건으로 하여 부모와 중학교 교사를 중심으로 국민운동의 양상을 띤 **고교전입운동**(高校全入運動)이 전개·추진되었다. 이리하여 문부성의 다양화정책은 사람들의 교육요구와 기업사회의 일본적 고용이라는 쌍방에 의해 공동화(空洞化)되었다.

5) 교육내용의 현대화

전후의 교육 실천은 경험학습을 중심으로 전개되었는데, 공업화되어 가는 사회 변화 속에서 계통적이고 과학적 교육 내용에 대한 요청이 있었다. 1958년에 고시된 학습지도요령을 통해 그 전환이 꾀해졌으며 점차 경험학습에서 계통학습으로 전개되어 갔다.

미국에서는 1957년 소련에 의해 인공위성이 쏘아 올려졌다는 이른바 스푸트닉 충격(Sputnik shock)이라는 충격을 겪고, '과학기술의 고도 발달'을 목적으로 교육연구에 거대한 자금을 투입하는 국가방위교육법이 제정되었다. 그 안에서 학교의 교과내용에 현대과학·기술의 성과가 보다 완전한 형태로 반영되도록 커리큘럼 개혁이 진행되었다. **교육내용의 현대화**라 불리는 것이다.

1968년에 고시된 학습지도요령은 미국을 비롯한 유럽 각국의 커리큘럼 개혁의 성과를 받아들인 것이다. 그러나 이러한 성과를 도입하면서 추진된 일본판 교육의 현대화는 예를 들면, 소학교에 도입된 '집합(集合)'에서 볼 수 있듯이 현대 수학에 대한 사고방식이 '직수입적으로' 도입되어 혼란을 초래하기도 하였다.

일본의 민간교육연구운동 차원에서는 1950년대 말부터 이미 이 문제에 대응하고 있었다. 그 중심에 수학교육협의회(數教協)와 과학교육협의회(科教協)가 있었는데, 특히 수학교육협의회(數教協)는 도야마 히라쿠(遠山啓)를 중심으로 '양의 지도체계'와 **수도방식**의 계산지도체계'를 근거로 한 수학교육 체계의 재편을 추진하여 현장에 있는 교사들의 지지를 얻었다. 그러나 일본의 교육현장에서 전개된 '교육내용의 현대화'는 당시에는 교육과정에 받아들여지지 않았으며, 오로지 직수입에 의한 현대화 노선이 선택되었다. 그 배경에는 문부성과 민간교육단체와의 대립의 구도가 있었다.

6) 학교화사회와 평생교육

앞서 살펴보았듯이 1970년대에는 학교의 가치가 완전히 정착되어 본격적으로 학교화사회를 맞이하게 되었다. 근대 학교 자체가 인간의 배움을 억압한다고 하는 **탈학교론**(脫學校論)의 제창 등 학교가치 일변도인 일본의 교육상황을 상대화하려는 움직임도 나타났다. 앞서 언급한 중앙교육심의회의 사육답신은 1960년대 교육정책의 하나의 총괄이었는데, 그 중 앞으로의 과제로서 평생교육의 관점에서 모든 교육체계를 종합적으로 정비할 것을 강조하였다.

1965년 유네스코에서 **폴 랑그랑**(Paul Lengrand)에 의해 제창된 **평생교육**(生涯教育)은 사육답신과 거의 동시에 사회교육심의회의 답신으로 채택되어 사회의 극심한 변화에 대응하기 위해 평생교육의 필요성 및 가정교육과 학교교육과의 유기적 결합을 제시하였다.

다만 실제로는 급격한 도시화에 대한 사회교육 정책의 확충에 중점이 놓여졌고, 또 **노동자 재교육**(recurrent education)에 대한 생각을 계승하는 것에 머물렀다. 본격적으로 평생교육이 추진된 것은 1981년의 **중앙교육심의회 답신 '평생교육에 대하여'** 이후이며, 그 내용을 보면 "평생교육을 위하여 (중략) 사회의 다양한 교육기능을 상호 관련성을 고려하면서 종합적으로 정비·충실하게 하는" 것이 요구되고 있다. "평생에 걸친 학습을 돕기 위해 교육제도 전체가 그 바탕에서 만들어져야 한다"는 것이다. 다음 9장에 나오 듯이 1980년대 후반의 임시교육심의회의 답신에서 학력사회의 시정을 위해 평생학습체계로의 이행을 지적하고, 평생학습의 기반을 정비해야 할 것을 제언하였다. 1980년대 후반 '평생교육(生涯教育)'에서 '평생학습(生涯學習)'으로 호칭이 변경된 것은 배우는 쪽에 대한 주체의 이행을 의미한다. 1990년에는 일본에서 처음으로 평생학습에 관한 기본법 **평생학습진흥법** ('평생학습의 진흥을 위한 시책의 추진체제 등의 정비에 관한 법률')이 제정되었다.

참고문헌

市川昭午·林健久『教育財政』(東京大學出版會, 1972年)

乾彰夫『日本の教育と企業社會――一元的能力主義と現代の教育＝社會構造―』(大月書店, 1990年)

大田堯編『戰後日本教育史』(岩波書店, 1978年)

小川利夫『社會福祉と社會教育―教育福祉論―』小川利夫社會教育論集第5卷(亞紀書房, 1994年)

苅谷剛彦·管山眞次·石田浩編『學校·職安と勞動市場―戰後新規學卒市場の制度化過程―』(東京大學出版會, 2000年)

苅谷剛彦『學校·職業·選拔の社會學―高卒就職の日本的メカニズム―』(東京大學出版會, 1991年)

加瀬和俊『集團就職の時代―高度成長のにない手たち―』(青木書店, 1997年)

久富善之『競爭の教育―なぜ受驗戰爭はかくも激化するのか―』(旬報社, 1990年)

久保義三『新版昭和教育史―天皇制と教育の史的展開―』(東信堂, 2006年)

小國喜弘『戰後教育のなかの〈國民〉』(吉川弘文館, 2007年)

「子どもたちの昭和史」編集委員會『(寫眞集)子どもたちの昭和史』(大月書店, 1984年)

佐々木隆爾『世界史の中のアジアと日本―アメリカの世界戰略と日本戰後史の視座―』(御茶の水書房, 1988年)

中内敏夫ほか『戦後教育のあしおと』(平凡社, 1977年)

中内敏夫著, 上野造道ほか 編『家族の人づくり─18~20世紀日本─』(藤原書店, 2001年)

橋本紀子・木村元ほか 編『青年の社会的自立と教育─高度成長期日本における地域・学校・家族─』(大月書店, 2011年)

濱田陽太郎・石川松太郎・寺崎昌男『近代日本教育の記録』(下)(日本放送出版社, 1978年)

廣田照幸『日本人のしつけは衰退したか─「教育する家族」のゆくえ─』(講談社, 1999年)

三谷 孝編『戰爭と民衆─戰後經驗を問い直す─』(旬報社, 2008年)

三和良一・原朗編『近現代日本經濟史要覽』(東京大學出版會, 2007年)

矢口高雄『螢雪時代─ボクの中学生日記─』第1巻(講談社, 1992年)

矢野眞和『教育社會の設計』(東京大學出版會, 2001年)

渡辺 治編『高度成長と企業社會』(吉川弘文館, 2004年)

| 칼럼 |

도이 요시오의 '마을을 키우는 학력'

도이 요시오(東井義雄)는 전후를 대표하는 교육실천가로 알려져 있다. 무차쿠 세이쿄(無着成恭)와 고니시 겐지로(小西健二郎)와 함께 전후의 생활 글짓기(生活綴方)실천을 추진하였다. 그의 대표작으로는 1957년에 저술한 『마을을 키우는 학력(村を育てる学力)』이 있다. 효고현 단토 마을의 야마나카(山中) 교사에 의한 문제제기는 교육계에 큰 영향을 끼쳤다. 고도 성장기를 목전에 두고, 학력시험과 입시경쟁이 학교로 몰려오고 이에 대응하는 학력(學力, 즉 수험학력)을 얻기 위해 기를 쓰게 되었고, 결국 마을을 버리고 도시로 나가는 상황이 나타났다. 이러한 '마을을 버리는 학력(村を捨てる学力)'이 만연한 가운데, 어떻게 하면 현재 상황을 극복할 수 있을까 하는 과제의식을 갖고 스스로의 실천을 세상에 제시한 것이 이 책의 내용이다. 이 책은 비슷한 상황에 있었던 많은 교사들에게 큰 영향을 끼쳤다.

그러나 실은 그를 이렇게 만든 교육사상의 지주(支柱)는 이미 전전에 획득한 것이었다. 도이 요시오의 실천을 뒷받침 한 사상은 '생명' 교육사상이라고도 불린다. 그는 전쟁 중의 긴박한 동세 속에서 딸의 큰 병 등 '생명'과 관련된 몇 가지 체험을 반복적으로 겪었다. 그 가운데 아이가 '살아 있다는 것은 예사 일이 아니'라는 것으로 다시 돌아와, 아이들 '생명'의 뿌리에 관한 교육에 매진하였다. 그리고 몰주체적이며 이러쿵 저러쿵 잔소리 하지 말고 단지 일만 하라고 하는 전시하의 교육을 비판하였다. 그러나 한편에서 '마음속으로부터' 전쟁을 지탱하는 아이들을 만들어내는 데도 기여하였다. 그 총결산으로 전쟁 중에 『학동의 신민감각(學童の臣民感覺)』을 저술하였다. 전쟁이 끝난 후 그는 죽음을 각오할 정도로 통렬한 반성을 거쳐 단토 마을에서 실천에 몰입하면서 긴 침묵 후 위의 책을 저술하였다.

그는 학교와 마을의 생활이 각각 존재했던 시대의 전환점에 있던 사회상황 속에서 당시의 교육 과제를 '마을을 키우는 학력'이라는 표현을 통해 그 해결의 길을 찾고자 하였다. 동시에 이때 나타난 학력이 전쟁 중의 교육실천에 크게 의존하면서 제시되었다는 사실은 교육에 있어서 전전·전중과 전후의 관계를 생각하기 위한 중요한 소재를 던졌다고도 할 수 있다.

자전거로 통근하는 도이 요시오

『마을을 키우는 학력』

9장
고도경제성장 이후의 사회와 교육

　1970년대 후반 이후 고도 경제성장기는 끝났으며, 교육과 학교에 대한 사회의 시선이 크게 변하였다. 이 시기 이후 취학의 기회를 정비해도 학교를 거부하는 아이들이 해마다 늘어나는 등 학교제도의 확충이 사람들을 행복하게 한다는 자명한 전제가 점차 의심받게 되었다. 본 장에서는 고도 경제성장기 이후부터 현대에 이르는 시기까지의 사회와 교육의 새로운 흐름에 대해 살펴보도록 한다.

1. 교육정책이념의 전환 ―신자유주의와 교육

1) 신자유주의에 의한 교육개혁의 배경

　일본의 공교육정책은 고도 경제성장기까지는 국가적 통제와 경제계로부터의 요구를 받아가면서 ―그 확충과 정비를 기조로 하여― 전개되었다. 이러한 교육제도의 확충·정비를 전제로 한 교육정책이 다시금 되묻게 된 것은 1980년대 이후의 큰 특징이라고 할 수 있다. 즉 공교육 축소를 본격적 과제로 삼은 것은 일본 근대교육정책의 커다란 전환으로 볼 수 있다. 그리고 이것을 떠받친 이념이 **신자유주의**(新自由主義)였다.

신자유주의는 비대화된 국가의 역할을 축소하고 자유경쟁을 기반으로 하는 시장원리를 철저히 요구하는 사상적 조류 안에서 파악할 수 있다. 신자유주의에 의한 정책 전개는 오일쇼크 이후 서구 선진 자본주의 국가가 장기 불황에 빠진 가운데 선택한 것으로, 1970년대 말부터 대처 수상 정권하의 영국과 레이건 대통령 정권하의 미국에서 전개되었다. 즉 복지국가적 정책의 축적 위에 복지·노동·교육 등 공공정책의 확충에 의한 소득의 재배분와 사회계층의 평등화를 거쳐 등장한 것이 신자유주의정책이다. 국가가 책임을 지고 공적인 서비스를 맡은 지금까지의 국가정책을 변경하고 기업이 짊어진 무거운 부담과 그 활동을 제약하는 규제 완화를 추진하는 것으로, 기업의 활력을 회복시키기 위해 이 정책이 도입되었다. 그러면서 효율적이지 못했던 복지·교육 등의 부분이 축소·재편성의 대상이 되었다(渡辺, 2004).

일본은 1980년대에 서양과 같은 심각한 상황에 빠진 적은 없었다. 연공임금제(年功賃金制)·기업 내 복리·장기고용제도 등의 특징을 가진 일본적 고용과 높은 효율성을 가진 생산관리 시스템이 유효하게 기능하였으며 복지국가가 실행하는 복지의 일부를 대체하는 기업사회가 건재했기 때문이다. 그런 이유로 신자유주의적인 개혁은 서양 각국보다 10년 이상 늦은 1990년대의 거품경제 파탄 후에 전개되었다.

교육 분야에서는 1984년에 설치된 **임시교육심의회**(臨時教育審議会, 臨教審)에서 이미 신자유주의노선이 논의되었다. 임시교육심의회는 '전후정치의 총결산'을 주창한 나카소네 야스히로(中曽根康弘) 내각 직속의 심의회로 '전후교육 총결산'을 주창하며 1987년에 최종 답신을 내놓았다.

2) 임시교육심의회 ─교육정책의 새로운 동향

임시교육심의회에서 고야마 겐이치(香山健一)의 **교육 자유화론**이 주로 논의되었다. 이는 국가에 있어서 중앙집권화와 통제를 기조로 해온 그때까지의 교육정책과는 뚜렷히 선을 긋는 것이었다. 이러한 논의가 정부의 심의회로부터 제출된 것에서 하나의 변화를 엿볼 수 있다.

'교육 자유화론'은 심의회 내부에서 비판과 논의를 불러 일으켰다. 답신은 내부의 논의를 받아들이는 형태로 하여, 당초의 '교육 자유화'로부터 '(교육의) 획일성 · 경직성 · 폐쇄성을 타파하고 개인의 존엄, 자유 · 자율'을 꾀하는 '개성중시의 원칙'으로 변경 · 제시되었다. 이때 논의를 대표한 것은 고야마 겐이치를 중심으로 교육 이념을 담당한 제일부회(第一部會)와 초 · 중등교육개혁을 담당하며 문부성의 기존 견해를 주로 대변한 아리타 가즈히사(有田一寿) 중심의 제삼부회(第三部會)의 두 부회 사이의 논의였다. **개성중시의 원칙**은 교육의 자유화와 교육의 국가에 의한 통제를 둘러싼 타협과 협조 위에서 언급되었다.

1990년대 이후 임시교육심의회에서 논의되었던 신자유주의를 이념으로 하고 교육의 자유화를 주요 내용으로 하는 개혁이 석권해갔다. 그 배경에는 교육에 있어 소비자 의식이 성립되어 이를 근거로 교육을 받는 측으로부터 교육에 대한 의견이 나오는 등 새로운 동향이 나타났다. 8장에서 언급하였듯이 1970년대까지는 국가의 중앙통제 · 집권화를 꾀하는 문부성과 이에 맞서 아이들과 부모의 지지를 받은 일본교직원조합(日敎組) · 교육운동이 대치되면서, 즉 교육의 국가통제와 민중(국민)에 의한 자유와 평등의 교육이 대립되어가며 파악되었다. 그러나 1980년대 이후에는 교육을 하는 쪽(국가 · 교사 · 일교조)과 교육을 받은 쪽(부모 · 아이들)이 대치하게 되었으며, 서비스 내용을 둘러싼 논의로 구도가 전환되었다(大內, 2003).

2. 고도경제성장 후의 아이들 · 학교 · 사회

1) 취학 행동의 변화 ─전후 학교제도의 수용과 이반의 동향

이러한 교육정책의 새로운 전개는 포스트(post) 고도 경제성장에 기초한 산업구조의 전환, 그것과 병행하여 만들어지고 전개된 대중소비문화 · 정보화사회와 밀접한 관련이 있다.

먼저 학생들의 취학과 진학 동향을 살펴보도록 한다. 〈그림 8-7〉에서 확인했듯이 1970년대 중반의 진학률은 고등학교 95%, 대학교 35%를 넘어 일시적 정체 상황인 고원(高原)상황에 들어갔다. 이것은 고등학교는 각 지방자치단체 단계에서 진학률의 계획적 조정과 사학(私學)에 대한 공비(公費)조성이라는 형태로 그리고 대학교는 사학진흥조성법과 대학 학과의 신설 · 정원의 억제라는 형태로, 또한 **전수학교의 제도화**(專修学校の制度化)라는 형태로 진학자 억제 내지 조정정책이 있었기 때문이다. 이를 파악한 다음 여기서 확인해야 할 것은 고교 진학률에서 볼 수 있듯이 전후의 학교체계를 사람들이 받아들였다는 사실이다. 이와 동시에 주목해야 할 것은 이 단계에 이르러 학교에 가지 않는 아이들(장기결석아동 · 생도)이 늘어나기 시작했다는 것이다. 〈그림 9-1〉은 이를 나타낸다. 불취학(不就学)은 전후 일관하여 해소의 방향으로 움직였다. 그러나 1970년대 중반을 기점으로 증가의 방향으로 바뀌게 되었다. 그때까지의 감소 경향은 장학금 제도의 정비 등 빈곤으로 인한 불취학 상황의 개선에 따른 것이었는데, 증가로 바뀐 주된 요인은 통계상 **'학교가 싫음**(学校ぎらい)'으로 분류되는 아이, 즉 학교에 가는 것 자체를 원치 않는 층의 확대에 따른 것으로 볼 수 있다. 1990년대 들어 이런 아이들이 한 학급에 한 명 있는 것이 보통이 되었다.

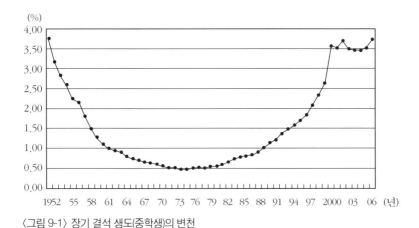

〈그림 9-1〉 장기 결석 생도(중학생)의 변천

이 그림의 내역을 보면 1975년까지의 감소 동향을 지탱한 주된 이유는 경제적 이유, 그 이후 상승한 이유는 '학교가 싫음'과 관련있다.

2) 학교의 황폐와 부적응 ─ 학교라는 제도와 아이들의 괴리

후지타 히데노리(藤田英典, 1991)는 1970년대 후반 학교교육 문제상황의 특징에 관하여 다음과 같이 언급하였다. 즉 그는 교내폭력, 교사에 대한 폭력, 따돌림 등 소년들의 문제행동이 지금까지 없었던 스케일로 증가하였으며, 더욱이 문제행동과 관계되는 소년의 저연령화, 특히 중학생의 현저한 증가, 일반 가정환경인 아이들의 문제 행동 증가를 지적하였다.

1980년대에 들어서자 매스컴 등에 학교와 교사에 대한 폭력 사건, 체벌, 따돌림 등의 문제가 잇달아 보도되었다. 이러한 상황을 상징하는 사건으로 1986년 도쿄도 나카노구립 후지미(富士見)중학교의 '장례식놀이(葬式ごっこ)'에 의한 **따돌림 사건**(いじめ事件)을 들 수 있다. 중학교 2학년 어느 반에서 동급생의 '장례식놀이'를 한 것인데, 교사도 관여한 것으로 알려져 당시 큰 사회문제화가 되었다. 1990년대에 들어서도, 1993년에 신조시립 메이린(明倫)중학교의 매트 속 사망 사건(マット死事件), 1997년에 고베(神戸)시

소학생 살해 사건, 1998년에 구로이소시립 구로이소기타(黑磯北)중학교 생도가 칼로 교사를 살해한 사건, 히가시마쓰야마시립 히가시(東)중학교의 따돌림 보복을 위한 살해 사건 등이 잇달아 크게 보도되었다. 여기서 주의해야 할 것은 이러한 보도가 양적인 확대를 그대로 나타내는 것이 아니라는 점이다. 시대의 관심이 사실을 강조하여 파악했다는 점에 유의할 필요가 있다 (広田, 2001).

한편 1990년대에 들어 새롭게 주목받은 것으로 교사의 지시를 따르지 않는 아이들이 증가하여 아이들을 통솔하기가 어려워 수업이 이루어지지 않는 **학급붕괴**라 불리는 현상이 나타난 것이다. 보통 아이들이 학교의 일상생활에 익숙하지 않는 상황이 널리 확산되어 아이들의 생활과 학교라는 제도와의 괴리가 새롭게 주목받기 시작하였다.'학교가 싫음'을 이유로 등교하지 않는 불등교 문제는 그 연장선상에 있다고 볼 수 있다.

3) 사회의 변동과 학교의 자명성 상실

학교 부적응의 동향에 대해서는 포스트 경제성장기에 들어 본격화된 **대중소비사회**와 **정보화사회**하의 아이들 양태와 깊은 연관성이 있다(中西, 2001). 세대 간 관계의 모습과 학교 지식(학교가 제공하는 지식)을 받아들이는 방법에 큰 변화가 나타났다(門脇 · 久冨, 2000). 어른과 아이들의 관계가 수평화되어 가는 가운데 학교의 교사 대 생도라는 비대칭적인 관계에 대한 위화감과 정보화사회의 과잉정보와 지식의 범람으로 학교에서 배우는 지식에 흥미를 갖지 않게 되었으며 점차 교사의 권위 실추와 학교 지식의 분리를 낳기 시작하였다. 아이들이 학교에서 배우는 것에 대한 근거와 의미를 묻는 상황이 나타났으며, 이런 것들이 합쳐진 결과 학급이 배움의 장소로서 성립되지 않게 되었다고도 말할 수 있다. 학급 붕괴와 등교 거부 문제는 학교질서 근간의 동요를 보여주는 것인데, 이는 아이들의 생활 변화와 밀접한 관련이 있다고 할 수 있다. 학교와 교육의 자명성이 추궁당하게 되었고, 학교가 준거해온 규범에 동요가 생기게 되었다.

4) 학교와 교사를 둘러싼 시선의 변화

학교와 교사를 바라보는 시선도 고도 경제성장기 이후 크게 변하였다. 1950년대처럼 학교와 교사에 대한 관용이 아니라 회의적·비판적 시선이 강해졌다. 그 배경에는 고도 경제성장기 이래 **지역의 교육력**이 약해진 한편, 고학력화된 부모와 학교 사이에 높은 긴장 관계가 생겨나게 되었다. 학교에 다니지 않으면 순조롭게 사회에 나갈 수 없는 시스템이 만들어진 가운데 학교에 의존할 수밖에 없는 가족이 학교에 대한 요구를 강하게 하였고 학교 불신을 품게 되는 상황도 널리 확산되어 갔다(広田, 1999).

그 후 가족은 학교에 대한 우위성을 일관되게 높여 갔다. 특히 아이들 생활에 소비적 가치가 침투함에 따라, 학교의 가치와의 사이에 마찰이 강해지게 되었다. 이와 동시에 사회의 엄격한 시선이 학교와 교사에게 향하게 되었다. 이는 1970년대 매스컴의 움직임을 통해서도 엿볼 수 있다. 1970년대 마이니치(每日)신문의 '공교육을 뒤쫓다 ―변화하는 교사상― (公教育を追う―問われる教師像―)' 아사히(朝日)신문의 '지금 학교에서(いま学校で)' NHK취재반에 의한 'NHK특집·일본의 조건' 등에서 학교와 교사를 둘러싼 여러 내용에 대한 보도를 통해 관리주의와 체벌은 물론이거니와 지금까지 문제되지 않았던 사소한 일에까지 눈을 돌리는 등 학교와 교사는 비판의 시선에 노출되었다.

3. '여유'교육과 신학력관

이와 같은 아이들의 실태와 학교의 상황에 대응하기 위해 교육 행정은 **'여유교육**(ゆとり教育)노선'을 명확히 하였다. 1977년에 고시된 학습지도요령의 개정이 바로 그것인데, 이후 20세기 말까지 이 노선은 지속되었다. 고도 경제성장을 거친 성숙된 사회 안에서 인간적 여유를 가진 조화로운 인간형성을 지향하며, 수업시수의 삭감, 지도내용의 정선(精選) 등이 나타났다. 이를 상징하는 것이 학교 자유재량시간인 **여유 시간**(ゆとりの時間)의 도입으로 이후 교육정책의 노선은 '여유(ゆとり)'가 키워드가 되었다.

1989년에 고시된 학습지도요령 개정은 '지식 편중의 학력관에서 스스로 배우려는 의욕과 사고력, 판단력, 표현력을 중시하'는 교육으로 새로이 방향을 제시하였다. 즉 공통의 지식과 기술을 몸에 익히는 것을 중시하는 교육에서 '아이들 스스로 생각하고 주체적으로 판단하며 표현 가능한 자질과 능력육성을 중시하는 학습지도'로 전환되었으며, 이를 **신학력관**(新学力観)이라 명명하였다. 그 배경에는 아이들의 학습에 공동화(空洞化)가 나타나 학습한 지식의 의미나 그 의의를 실감할 수 없다거나 정답주의(正答主義)의 규범 아래 학습을 기계적 순서의 암기로 왜소화 시키려는 아이들의 실태가 지적되었다. 그 극복으로 아이들의 '관심 · 의욕 · 태도'를 중시하는 교육으로의 전환이 제시되었으며, 그 가운데 교사의 역할은 '지도(指導)'가 아니라 '지원(支援)'으로 바뀌게 되었다.

학습지도요령의 전회(轉回)는 학교에서 아이들에 대한 평가 원부(原簿)인 지도요록(指導要錄)의 전환도 이끌어냈다. 전후 교육 가운데 일관된 원칙, 즉 학습집단 안에서 개인이 차지하는 위치판단을 통해 평정을 하는 **상대평가**(相対評価)에서 교육목표의 달성도에 근거한 **절대평가**(絶対評価)로 이행되었다. '관심 · 의욕 · 태도' 등 **관점별**(観点別)**에 근거한 절대평가**가 도입되었다. 1960년대에 정착된 5단계 상대평가에 근거한 평정은 1970년대 들어가면서 학급 내에 적대적 경쟁을 만들어내는 등 교육현장에 큰 부작용이 일어나 이에 대한 대응이 요구되었다. '절대평가를 가미한 상대평가'는 그 성과를 상징하는 것인데, 여전히 상대평가를 원칙으로 하는 것에는 변함이 없었다. 이에 반해 1991년의 신지도요령(新指導要領)에서는 상대평가를 배제했는데, 이는 전후 교육평가사상 획기(画期)라고 할 수 있다. 그러나 '관심 · 의욕 · 태도'의 평가가 아이들의 일상 관리로도 이어지는 등 관점별로 근거된 절대평가의 문제점이 여러 가지 지적되었다. 특히 내신점(内申点)이라는 형태로 입시제도와 연결되어 학교 간 평가의 편향 조정을 위해 배제되었던 상대평가가 실질적으로 부활하게 되어 중학교 교육현장에 혼란을 불러 일으켰다.

또 이 개정으로 소학교 1, 2학년의 이과(理科) · 사회(社会)가 폐지되고, **생활과**(生活科)가 신설되었다. 아울러 고등학교의 사회과가 폐지되고 **지리역사과**(地理歴史科) · **공민과**(公民科)가 신설되었다. 전후를 상징하는 사회과가 학교 교육의 입구와 출구에서 폐지된 것에서 전후 교육사를 둘러싼 하나의 시대구분을 엿볼 수 있다.

4. 1990년대의 교육개혁 ―'교육 자유화'의 전개

1) 공교육의 슬림화

1990년대에 들어 1980년대의 '여유' 노선 위에 임시교육심의회(臨教審)에서 선수를 친 교육 자유화에 기초한 여러 정책이 잇달아 나타났다.

1992년부터 시작된 **학교 주5일제**는 그 출발로 볼 수 있다(완전 실시는 2002년). 또 1998년의 학습지도요령 개정에서 **살아가는 힘**(生きる力)의 육성이 내세워졌으며, '**종합적 학습' 시간**이 신설되었고 그밖에 '지식의 종합화와 주체화(知の総合化と主体化)' 등이 주장되었다. 그리고 소학교와 중학교의 년간 수업시간이 70시간 삭감되었다(2003년도 실시는 뒤에 나오는 여유교육 재평가 논의와 관련하여 보류되었다).

공교육 슬림화 노선은 국가적 통제 완화를 따르면서 시장주의를 철저히 하는 신자유주의적 개혁을 선명하게 보여주는 것이다. 이 노선을 상징하는 것으로 신자유주의 개혁에 대한 경제계로부터의 제언으로 1995년에 나온 경제동우회(經濟同友會)의 **학교에서 '합교'로**(學校から '合校'へ)가 있다. 합교는 언어능력, 논리적 사고능력, 일본인으로서 정체성에 기초한 '기초·기본교실', 예술교과, 자연과학, 인문·사회과학의 학습을 하는 '자유교실', 아이들이 자연과의 만남 등을 시행하는 '체험교실'로 구성되었다. 그밖에 개성적인 교과과정을 준비하여 부모에게 선택하게 하거나, 민간활력(民間活力)의 도입과 봉사 참가에 따른 운영이 상정되었다. 이 합교론은 기업의 논리에 따라 공교육비의 삭감과 비효율적 공교육제도의 개편을 제안한 것으로 공교육의 슬림화 방향성을 단적으로 보여준 것이다.

2) 신보수주의를 둘러싼 교육 동향

1990년대의 신자유주의적 개혁은 국가주의적 통제를 동반한 신보수주의적 정책과 연대하며 전개되었다. 평등주의를 비판하고 격차사회를 조장하는 신자유주의 개혁은 불가피하게 격차를 만들어냈다. **신보수주의**는 '전통문화'와 '예의범절(しつけ)', '가정교육'을 주장하고 신자유주의가 만들어낸 단점을 대처하는 역할을 하며, 신자유주의개혁과 서로 보완해가며 전개되

었다. 그 전개는 1990년대 후반 이후의 정책동향 안에 명확히 나타나 있다.

1998년에 고시된 학습지도요령 개정에는 '여유' 교육과 동시에 '나라를 사랑하는 마음'이 강조되었다. 1999년에는 **국기 및 국가에 관한 법률**이 제정되어 일장기(日の丸)를 국기(國旗), 기미가요(君が代)를 국가(國歌)로 각각 법제화 하였다. '강제하지 않는다'라는 당시 정부의 답변에도 불구하고 학교식전과 행사 때의 일장기 게양과 기미가요 제창은 각지에서 교사에 대한 지도의 강제와 더불어 이루어졌다. 2002년에는 문부과학성으로부터 『마음의 노트(心のノート)』라는 책자가 소학교·중학교에 부독본(副讀本)으로 배포되어 국가가 요구하는 가족상과 귀감으로 삼아야 할 '일본인상'이 구체적으로 제시되었다.

이 동향은 정책에 머무르지 않고 민간 차원의 동향과도 연결되어 전개되었다. 1996년에는 **새로운 교과서를 만드는 모임**(新しい教科書をつくる会)이 발족하여 역사교과서에 기술된 '종군위안부(從軍慰安婦)' 관련 내용의 부당성을 지적하였다. 이 모임은 전전에 이루어진 일본의 침략과 식민지 지배에 대한 공식사죄(1995년 무라야마 담화[村山談話]에 기초하여 나온 '종군위안부'와 '남경대학살(南京大虐殺)'에 관한 기술은 역사적 사실을 왜곡한 것이라고 주장하였다. 그리고 그 배경에 동경재판사관(東京裁判史觀)으로 불리는 미국 중심의 관점에서 그려진 근현대 일본사상과 여기에 기초한 일본사 교과서가 있다고 주장하였다. 이같은 인식 아래 일본문화와 전통의 회복을 위하여 '건전한 내셔널리즘에 기초한 역사연구와 수업의 창조'를 지향하는 운동이 전개되었는데(自由主義史觀研究会) 이와 같은 일련의 동향은 아시아 각국과 마찰을 불러 일으켰다.

3) 개혁의 전개 —대학과 교원

이 무렵에 전개된 특징 중 하나로 대학을 중심으로 한 고등교육개혁이다. 이 대학개혁은 1987년에 임시교육심의회의 답신 이후 설치된 **대학심의회**에 의해 주도되었다. 문부대신에 대한 권고권(勸告權)을 가진 대학심의회는 1990년대에 '자유화·개성화·다양화'라는 개혁의 키워드 아래, 답신을 잇달아 제시하였다. 본격적인 개혁은 대학설치 기준의 개정으로부터 시작되었다. 1991년에 나온 **대학설치기준의 대강**화는 대학의 자주성에 위임한 형태를 취한 개혁을 추진할 것을 요구한 것이다. 그러나 대학은 행재정(行財政) 개혁과 규제완화라는 대학개혁을 둘러싼 정치적·경제적 '외압' 앞에 안으로부터의 개혁의 조건을 충분히 갖추지 못한 채 경쟁주의에 휩쓸려가게 되었다. 1998년에 제시된 중앙교육심의회(中敎審) 답신 '21세기의 대학상과 앞으로의 개혁 방책에 대하여' —경쟁적 환경 속에서 개성이 빛나는 대학— 는 이러한 경쟁 원리를 보다 확실히 내세운 것이었다. 국제적 경쟁력의 확보를 위해서는 대학개혁이 필요하다는 인식 아래 **국립대학 법인화**(国立大学の法人化), 제3자에 의한 외부평가 시스템의 도입, 경쟁적 자금배분의 제도화 등 경쟁 원리 아래 대학 재편성은 강행되었다(天野, 2006).

한편 교원에 대해서도 교원면허 취득 기준단위의 상향, **교직대학원**의 신설, **교원면허 갱신제**의 도입, 현직 연수의 강화 그리고 새로운 직위·평가제도에 근거한 성과주의에 따른 급여제도의 도입 등이 잇달아 추진되었다. 여기에는 의무교육제도를 견지하고 그 관리·수행 주체로서 스스로의 위치를 확인코자 한 문부행정의 움직임과 보다 넓은 틀에서 국민이 요구하는 교육서비스를 제공한다는 관점에 선 교사개혁의 동향이 존재하며, 이들이 경합과 협조를 반복해가며 전개하는 상황이 존재했다. 또 여기서 앞서 기술한 임시교육심의회 제일부회(第一部會)와 제삼부회(第三部會)의 논의와 궤를 같이 하는 것을 엿볼 수 있는데(日本教師教育学会, 2007), 이같은 일련의 동향은 교사 간의 관계를 중시하는 동료성과 아이들에게 대한 헌신 등 일본의 교사들이 만들어온 **교원문화**에도 영향을 끼칠 가능성이 존재하게 되었다(久冨, 2008).

5. 학력 중시 정책으로 새로운 전개

1) 교육개혁국민회의의 발족 ─관저주도의 교육개혁으로

2000년에 신자유주의적인 개혁을 적극적으로 이끈 오부치 게이조(小渕惠三) 수상의 사적 자문기관인 **교육개혁국민회의**가 설치되었다. 이후 문부과학대신의 자문기관인 중앙교육심의회가 아니라 규제개혁·민간개방추진회의(교육·연구워킹그룹, 2004~2007년), 교육재생회의(2006~2008년) 등을 통해 수상의 의향을 직접 받아들이는 형태로 교육개혁이 단행되었다.

교육개혁국민회의는 2000년 12월에 최종 보고로 '교육을 바꾸는 17가지 제안'을 제출하고, '일률주의를 고쳐 개성을 신장시키는 교육시스템' 도입을 제언하였다. 즉 일률 평등주의 비판에 기초하여 계층에 따른 교육의 조직화를 제시하는 한편 '향토와 나라를 사랑하는 마음과 태도'의 육성을 주장하였다. 전자의 경우 재능에 의한 교육기회의 차별화라는 형태로, **학교선택제**의 확대, **중등교육학교**의 창설 등 중고교 일관(一貫)의 확대, 습숙도별 학습(習熟度別学習)의 촉진, 대학입학 연령제한의 철폐, 5세부터의 입학자유화 검토 등이 제시되었다. 후자의 경우 **문제를 가진 아이에 대한 엄격한 대응**(zero-tolerance policing), 가정·보호자의 교육책임 강조, 봉사활동의 의무화와 도덕의 교과화가 제시되었다. 특히 지도력 부족 교원을 교직에서 배제하는 것, **스쿨카운셀러**의 도입, 민간인 교장의 임용과 교장 재량권의 확대, 학교 외부평가와 그 결과의 공표 그리고 일본판 자율형 공립학교(Charter School)인 지역사회학교(community school)의 도입을 제시하였다. 그후 종합규제개혁회의(2002년)에서 **구조개혁특구교**(構造改革特区校) · 주식회사 · 비영리단체 NPO(Not for Profit Organization)에 의한 학교 설립이 추진되었다.

또한 교육기본법 개정을 위한 움직임이 있었다. 이듬 해인 2001년 문부과학성은 '새로운 시대에 걸맞는 교육기본법의 모습'에 대한 심의를 중앙교육심의회에 자문하였으며, 이에 중앙교육심의회는 2003년에 '21세기를 개척하는 씩씩한 마음의 일본인 육성'을 답신하였다. 그리고 **교육기본법 개정**에 대한 움직임이 나타났다.

2) '여유'교육노선의 방향 전환

'여유'교육은 '살아가는 힘', '스스로 배우는 힘', '새로운 학력관', '종합적 학습'과 같은 슬로건을 전면에 제시하며 전개되었는데, 21세기에 들어 '여유'교육 개혁과 학교 슬림화 개혁은 궤도 수정이 요구되었다. 국제교육도달도평가학회(IEA)에서 실시한 수학 · 과학 성취도 추이변화 국제비교 연구(Trends in International Mathematics and Science Study; TIMSS)와 경제협력개발기구(OECD)에서 실시한 학업성취도 국제비교 연구(Programme for International Student Assessment; PISA)라는 **국제학력조사**의 결과가 계기가 되고 그리고 대학의 교육현장에서 터져 나온 '저학력문제'가 배경이 되어 문부과학성은 여유교육 노선의 진두 지휘를 내려 놓게 되었다. 2002년 문부과학성이 제시한 '확실한 학력향상을 위한 2002 어필『배움 추천(学びのすすめ)』'은 그 분기점으로 볼 수 있다. 2007년에는 43년 만에 전국 일제학력테스트가 실시되

었는데, 그 배경에는 여유교육과 공교육의 축소 분위기 속에서 학력 양성을 달성하지 못한 공립학교에 대한 —중간층을 중심으로 한— 불만과 불신이 있었다. 학교 슬림화를 축으로 하는 공교육의 축소노선은 애초부터 그 의도가 어긋났으며, 거기에 '마음 교육', 국제이해교육, 환경교육, 정보교육, 커리어 교육(careercareer education)과 같은 여러 과제까지 떠안게 되어 그 전개과정에 모순이 생기게 되었다(藤田, 2007).

6. 신교육기본법의 성립 —냉전후 교육의 구조

신교육기본법은 2006년 4월 국회에 상정되어 12월에 성립되었다. 이 **신교육기본법**은 내용적으로는 기본법이라는 형식을 존속시켰지만 조항의 구성과 법문 내용에서 보면 전면적 개정의 성격을 띠고 있었다. 전후 교육의 정신적 지주로 여겨졌던 교육기본법의 개정은 커다란 방향전환이라 할 수 있다.

교육기본법의 개정은 동서 냉전구조의 붕괴로 초래된 경제 글로벌화에 따른 세계 규모의 경쟁(megacompetition)을 헤쳐 나가고 일본이 발전하기 위한 인재양성이라는 신자유주의에 기초한 국가과제를 받아들이면서 추진되었다. 1990년대의 신자유주의 개혁의 연장선상에서 받아들여졌으며, 헌법 개정의 움직임과 연동하는 형태로 실현되었다.

신교육기본법은 전문(前文)과 전18조로 구성되었다(권말자료 참조). 새로운 장이 도입되어 본칙(本則)은 1장 '교육의 목적 및 이념'(1~4조), 2장 '교육 실시의 기본'(5~15조), 3장 '교육행정'(16~17조), 4장 '법령의 제정'(18조)으로 되었다. 1장에서 '교육의 목적'으로 '인격의 완성'과 함께 '국가 및 사회의 형성자로서 필요한 자질을 갖춘 심신 모두 건강한 국민의 육성'이 언급되었으며, 또 '교육 목표'에 있어서 '전통과 문화를 존중하며 이들을 보호 육성해온 우리국가와 향토를 사랑한다' 등 교육에 있어서 국가주의적 관점이 강조되었다. 2장에서는 구법(旧法)에 새롭게 '대학', '사립학교', '가정교육', '유아기 교육'이란 조항을 제정하는 등 교육 통제 범위를 넓고 또 상세하게 파악하였다. 또 3장에는 교육행정의 실현은 국가와 국가의 계획에 따른 형태로 지방공공단체가 독점하는 것이 제시되었다.

이와 같이 신교육기본법은 국민 구속적 규범성을 강하게 갖고 있는데, 이는 국가권력을 제한하는 권력구속 규범을 강하게 갖고 있던 구교육기본법 성격의 방향 전환으로 볼 수 있다. 구교육기본법이 교육칙어를 주요 축으로하는 전전의 국가교육에 대한 반성을 근거로 하여 국가권력의 개인에 대한개입을 억제적으로 받아들인데 반해, 신교육기본법은 개인에게 구속적인규범을 제시하고 교육에 대한 국가의 개입과 통제가 널리 퍼지기 쉬운 구성으로 되었다. 이러한 방향 전환에서 엿볼 수 있듯이 전후 교육에 있어서 국가와 개인의 관계 재검토를 포함하여 새로운 교육관의 구축이 지향되었다고 볼 수 있다.

7. 전후사회의 변용과 교육의 과제

1) 가정—학교—직업사회의 변동

본 장에서는 교육정책의 전개를 중심으로 내용을 전개했는데, 마지막으로 21세기 교육과 사회가 직면하고 있는 과제를 생각하기 위해 전후 교육과사회의 전개를 거시적인 시점에서 정책에 따라 세워진 기반에 대해 살펴보도록 한다.

앞서 20세기 말부터 전후 교육을 지탱한 이념과 틀이 크게 전개하고 있음을 살펴보았다. 이러한 움직임은 전후에 쌓아 올려진 안정적 사회기반의 동요 속에서 일어났는데, 여기서 말하는 안정이란 가정—학교—직업사회가 각각 명확한 역할을 완수하면서 서로 연락하고 있는 관계를 말한다. 가정에서 아이를 학교에 보내고, 학교를 매개로 하여 직업사회로 들어가는 경로가 안정성을 갖고 기능해 왔다. 그 시스템 속에서 전후 교육은 짜여진 것으로, 오늘날 그 기반이 흔들리고 있는 가운데 전후 교육의 구조 자체가 문제라고 할 수 있다. 그런 의미에서 이러한 전후 교육을 성립시킨 가정—학교—직업사회라는 안전적 경로의 변화를 살펴보면서, 전후 교육의 성격을 파악하도록 한다.

2) 어른이 되는 과정의 동요

근대 사회는 아이가 사회에서 자립할 수 있도록 키워주는 학교가 큰 역할을 담당했다. 이를 위해서는 취학행동이 정착되어야만 했는데, 일본의 취학행동 정착은 1930년대가 되어서야 이루어졌다. 또 학교에서 직업사회로의 길이 모든 계층에게 받아들여지고 '아이에서 어른'으로의 이행 과정이 형성된 것은 고도 경제성장기 이후였다(乾, 2000). 이러한 전개는 전후 선진국에서 공통적으로 찾아볼 수 있는데, 견고한 기업사회 안에서 신규 학교 졸업자의 일괄채용(新規学卒一括採用)이라는 형태로 운용됐다는 점에 일본적 특징이 있다. 전후에 들어 어떤 단계의 학교를 나온 뒤 직업사회로 이행했는지에 대한 변천은 〈그림 9-2〉를 통해 알 수 있다. 즉 1960년대 중반에는 고등학교, 1990년대 후반에는 대학교가 각각 직업사회 이행의 출구가 된 것을 알 수 있다. 제2차 세계대전 후 유럽의 복지국가에서는 청년의 자립을 꾀하기

위해 주택급부·장학금·실업수당과 같은 제도를 정비하는 등 고용과 공적인 보장을 충실히 하며 국가가 책임을 지고 학교에서 사회로의 이행관계를 만들었다(ジョーンズ, 2002). 이에 반해 일본에서는 기업이 이것의 일부를 떠맡으면서 학교(가족)와 기업 사이에서 이행 시스템을 만들어냈다. 아이들은 학창시절에는 가족의 지원 아래 '경쟁교육'을 보내고, 학력(学歷, 学校歷)에 따라 여러 직업 코스를 준비한 기업 사회에 들어갔다.

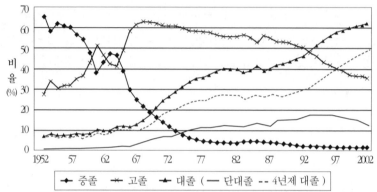

주) 각 년도 각 단계 학교의 취직자를 그 해당 년도 신규 졸업취직자의 합계에서 뺀 비율을 표로 만든 것임.

〈그림 9-2〉 학교에서 직업사회로의 연결 변천

이 그림은 어디까지나 신규 학교 졸업자의 비율을 모수(母數)로 한다. 동일 연령층 전체를 모수로 한 신규 학교 졸업자 수 전체의 비율은 1960년대를 정점으로 하고 이후 감소를 거듭하고 있는 점에 주의해야 한다.

그러나 1990년대 이후 **비정규 고용의 증대** 등 산업구조와 고용관계의 재편이 크게 진행되어 위와 같은 시스템은 동요하게 되었다. 그 배경에는 일본의 산업계가 종신고용과 연공형 임금을 기둥으로 하는 이른바 일본적 고용관행에서 전환한 것과 그에 따른 고용의 유동화와 유연화에 대한 촉구가 있었다(日経連, 1995). 노동 현장은 글로벌 경쟁 아래 제조업 등의 감소에 따른 사회 중간층의 안정적 고용이 격감하여 정사원이 줄어들었다. 그 결과 판매·기능 부분 등에서 대량의 유기(有期) 불안정 고용을 이룬 노동시장이 생겨났다. 이러한 노동시장의 변화는 그때까지 존재한 청년의 경제적·사회적 자립을 위한 표준과 전후 1960년대에 구축된 아이에서 어른으로의 이행이라는 표준적 과정을 찾아보기 어렵게 만들었다.

한편 고등학교 진학률이 95%를 넘게 되었고, 그 과반수가 대학에 진학하는 시대 즉 **고등교육의 유니버설화**(高等敎育のユニバーサル化, 트로·Trow)에서 중등학교로의 연결과 그 내용에 대한 재검토의 움직임이 나타났다. 이행 관계를 둘러싼 새로운 상황을 앞에 두고 지금까지 자명했던 교육의 내용(보통교육의 모습 등)에 대한 재검토가 하나의 과제가 되었다. 21세기를 맞이하기 시작한 무렵부터 아이들의 장래를 내다보며 커리어 발달을 근거로 한 **커리어교육**이 제창된 것도 그 중 하나이다.

3) 인구·가족·교육 요구

아울러 유의해야 할 것은 인구동태(人口動態)와 가족의 모습이 학교와 교육의 모습과 깊은 관련이 있다는 것이다.

일본의 경우 다산다사(多産多死)에서 **소산소사**(少産少死)**의 사회**로의 인구구조 전환은 전후 단기간에 나타났다. 앞서 언급하였듯이 1920년대에 이미 아이는 '하늘이 내려주시는 것'이 아니라 '만드는 것', '기르는 것'이라는 의식이 일부 계층이긴 하지만 양성(釀成)되었는데, 그것이 전후에 들어 일본사회 전체로 확장되었다. 1949년 우생보호법(優生保護法, 지금의 모체보호법[母体保護法])에 '경제적 이유'가 인정되어 중절(中絶) 조건이 완화되었는데 그 결과 신고된 중절 수가 1950년대에 1년에 100만 건을 넘게 되었다. 한 명의 여성이 평생 출산하는 아이의 수를 나타내는 **합계 특수출생률의**

저하는 1940년대 말부터 진행됐는데, 그 이전까지 4, 5명의 아이를 출산하던 것이 1950년대 전반에 들어 2명대로 떨어졌다. 전후의 인구전환은 1950년대를 제1단계, 그 후를 제2단계로 —1950년대 중반부터 1970년대 중반까지의 안정기를 포함— 하여 전개되었다(〈그림 9-3〉). 오치아이(落合, 2004)는 '두 아이 혁명(二人っ子革命)'을 통해 제1차 인구변화를 파악했는데, 즉 1925~1950년에 태어난 사람들의 출생 행동을 이행과도기로 두고 '두 명 아이'가 단기간에 달성된 점에 주목하였다. 또 그는 일본의 경우 형제가 많으며 그 대부분이 성장한다(多産少死) 그리고 그것이 역사적으로 첫 번째가 되는 세대에 의해 인구 전환이 이루어진 점에 특징이 있다고 언급하였다. 이 세대는 많은 형제 관계를 이용한 친족 네트워크를 만들고, 자신들의 아이를 두 명 또는 세 명으로 한다는 공통의 규범의식을 갖고 독특한 가족을 만들어 나갔다. 3세대 동거라는 이상(理想)을 갖고 핵가족화를 완만히 진행하면서 육아와 노인 부양을 가족(마이 홈)이 떠맡으려 한 행동은 이와 같은 인구 동태 위에서 성립했다고 언급하였다.

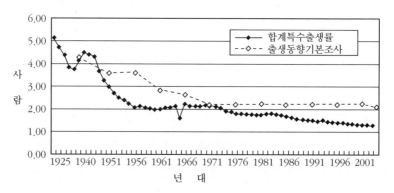

〈그림 9-3〉 합계 특수출생률(合計特殊出生率)의 변화

합계 특수출생률과는 별도로 '출생동향 기본조사'에 따른 부부의 평균 출생아 수는 21세기에 들어 2명대를 유지하고 있는데, 이것이 무엇을 의미하는지 생각해봐야 할 것이다.

이와 같은 분위기 속에서 장기적인 결혼생활과 가족생활이 유지될 수 있었다. 그 배경에는 모든 계층의 완전고용 실현, 높은 소비수준의 달성 등이 있었다. 고도성장기에 실현된 학교에 의존하는 사회는 **대중교육사회**로 파악되기도 하는데, 이것은 이러한 획일적이고 안정적인 가족체계 안에서 성립되었다.

그러나 제2단계에 들어 이같은 가족 형성규범의 동요 이외에 서양에서 경험되고 있는 이혼의 증가, 출생률의 저하, '미혼모'의 확대와 같은 가족 형태의 다양화, 아이 중심에서 부부 중심으로의 가족관의 변용 등 새로운 전개가 나타났다(落合, 2004). 기업사회는 학교의 선별·배분기능에 의지하는 부분이 컸는데, 이를 밑에서부터 떠받쳐온 가족의 모습이 다양화되고, 모두가 같은 가족 모습과 보다 좋은 생활을 만들기 위해 비슷한(실제로는 학력 편차치 경쟁에 주체적으로 참가함으로써 학교를 이용하려는 것은 사라지게 되었다.

고도 경제성장 이후 교육요구는 신자유주의적 사사화(私事化)된 교육요구 아래 개별화되고 소비주의적 성격을 강화하게 되었다. 그 결과 상위 계층으로부터는 한정적인 수험(受驗)을 위한 학력 양성에 대한 요구가 강해졌으며, 더 나아가 학력 양성을 공교육이 아닌 그 이외의 교육기관에 의존하게 되어 결과적으로 학교에 대한 요구는 크게 감소하게 되었다. 한편 하위 계층에서는 **육아방기**(育兒放棄)를 포함한 가족붕괴 등의 생활파괴가 진행되어 학교에 대한 무관심(무협력)이 강해지는 상황이 나타났다. 이와 같이 가족의 변용되고 그리고 교육요구 자체가 부분화(部分化)되고 격차가 넓어진 상황에서 교육 문제는 이를 지탱하는 가족과 인구문제 등을 포함한 종합적인 정책 속에서 고민하게 되었다.

8. 글로벌화 되어가는 사회와 교육 —21세기 일본의 교육과제

이상에서 오늘날 교육의 과제가 가족—학교—사회의 연락 관계의 변용 등 사회의 변동과 깊은 관련이 있음을 살펴보았다. 더 나아가 글로벌화해 되어가는 사회 속에서 아시아 이웃국가들과의 관계가 교육을 쟁점으로 하면서 주목받고 있는 상황이다. 이에 대한 언급을 하고 본 장을 마무리 하도록 한다.

말미의 칼럼에서 언급하였듯이 '전후(戰後)'라는 인식은 패전국에게 있어 선명하다고 할 수 있는데, 이에 대한 일본과 독일의 대응에는 상당한 차이가 있다. 일본은 '패전(敗戰)'을 '종전(終戰)'으로 받아들이는 것에서부터 전후를 시작하였다. 전쟁 책임을 애매하게 함으로 관련국으로부터 일이 있을 때마다 이 문제를 추궁당하는 것도 전후 출발의 방식과 깊은 관련이 있다.

특히 냉전체제 이후 아시아 이웃나라와의 관계 재검토가 요구되고 있으며, 교육의 모습도 관심의 대상이 되었다. 이러한 상황 속에서 민간 차원에서는 여러 논의와 대처가 추진되고 있다. 1980년대말 이후 한일 역사의 깊은 골을 메우기 위한 모색이 시작되었다. 21세기를 맞이하여 한일합동 역사연구 심포지엄의 개최 등 한국과 일본이 서로의 인식을 공유하기 위한 교류가 많아졌으며 또 민간 역사가와 연구자 차원에서 자유로운 공동연구를 통해 한일 역사공통교재를 개발, 출판하기도 하였다. 이러한 교류의 확대를 통해 많은 일이 추진되고 있는 것은 냉전 후의 새로운 동향으로 볼 수 있다. 앞으로 세계 동향이라는 큰 물결과 연동하면서 전후 교육의 재검토가 진행될 것으로 생각된다. 자유주의사관에 의한 내셔널리즘의 환기도 그 가운데 생겨난 하나의 움직임인데, 공공(公共)이라는 것을 어떻게 받아들이는지를 포함한 대립과 갈등을 불러 일으켰다. 이러한 문제는 이웃나라와의 관계에 머무르지 않고, 일본의 교육이 전제로 삼아온 일국주의(一國主義) 문제와도 합쳐져 존재한다. 전후 일본의 교육은 그 대상을 국적보유자(國籍保有者)에 한정하는 구조에서 출발하여 재일조선인과 재일대만인 등 재류외국인에 대한 교육을 공교육 밖에 두고 추진해 왔다. 이는 신구(新舊) 모두의 교육기본법에 공통되는 내용으로, 점차 다문화 되고 보다 복잡한 형태로 계층화가 진행되는 사회 속에서 이러한 문제를 어떻게 받아들일지가 동시에 과제로 되었다. 전후 사회와 교육을 받아들이는 역사적 시점 위에서 이러한 과제를 자리매김할 필요가 있다.

참고문헌

天野郁夫『大学改革の社会学』(玉川大学出版, 2006年)

粟屋憲太郎ほか『戦争責任・戦後責任―日本とドイツはどう違うか―』(朝日新聞社, 1994年)

乾 彰夫『日本の教育と企業社会――原的能力と現代の教育＝社会構造―』(大月書店, 1990年)

乾 彰夫「『戦後的青年期』の解体」『教育』650号 (2000年)

大内裕和『教育基本法改正論批判―新自由主義・国家主義を越えて―』(白澤社, 2003年)

落合恵美子『21世紀家族へ』第3版 (有斐閣, 2004年)

門脇厚司・久冨善之編『現在(いま)の子どもがわかる本』(学事出版, 2000年)

苅谷剛彦・菅山真次・石田浩編『学校・職安と労働市場―戦後新規学卒業市場の制度化過程―』(東京大学出版会, 2000年)

苅谷剛彦『大衆教育社会のゆくえ―学歴主義と平等神話の戦後史―』(中央公論社, 1995年)

久冨善之編『教師の専門性とアイデンティティ―教育改革時代の国際比較調査と国際シンポジウムから-』(勁草書房, 2008年)

小国喜弘『戦後教育のなかの〈国民〉―活反射するナショナリズム―』(吉川弘文館, 2007年)

児美川孝一郎『新自由主義と教育改革―日本の教育はどこに向かうのか―』(蕗薹書房, 2000年)

G.ジョーンズ, C.ウォーレス(宮本みち子監訳)『若者はなぜ大人になれないのか―家族・国家・シティズンシップ―』第2版 (新評論, 2002年)

高橋哲哉『教育と国家』(講談社, 2004年)

中内敏夫『家族の人づくり―18~20世紀日本―』(藤原書店, 2001年)

中西新太郎『思春期の危機を生きる子どもたち』(はるか書房, 2001年)

中村政則『戦後史』(岩波書店, 2005年)

日本教師教育学会編『日本の教師教育改革』(学事出版, 2007年)

日経連報告書「新時代の『日本的経営』―挑戦すべき方向とその具体策―」(1995年 5月)

藤田英典『教育改革』(岩波書店, 1991年)

藤田英典『新時代の教育をどう構想するか―教育改革国民会議の残した課題―』(岩波書店, 2001年)

藤田英典編『誰のための「教育再生」か』(岩波書店, 2007年)

広田照幸『教育言説の歴史社会学』(名古屋大学出版会, 2001年)

望田幸男『ナチスの国の過去と現在―ドイツの鏡に映る日本―』(新日本出版社, 2004年)

渡辺 治編『変貌する「企業社会」日本』(旬報社, 2004年)

끝나지 않는 '전후' ─ 전후 일본과 독일의 행보

일본의 전후(戰後) 행보는 점령기 정책의 모습 즉, 종전(終戰)의 총괄 및 전후 출발의 모습과 큰 관계를 갖고 있다. 이 점에 대해 독일의 행보와 비교해보도록 하자. 점령 형태라는 점에서 일본은 분할되는 일 없이 미국에 의해 단독통치 되었다. 그에 반해 독일은 소련·영국·프랑스·미국의 4개국에 의해 공동통치 되었다. 그 후 서(西)와 동(東)으로 분단되어 서독은 북대서양조약기구(NATO)라는 집단단체의 일원으로서 미국의 세력하에 놓이게 되었다.

서독은 바이마르(Weimar) 체제로의 회귀(回歸, 復古)라는 노선에 따라 전후 교육개혁을 실시하였다. 그 결과 나치 이데올로기를 부정하는 재교육을 철저히 했다. 한편 교육의 기회균등을 지향한 단선형(單線型)학교 시스템 도입은 영국·프랑스가 동의하지 않았고 독일 내부의 저항 등으로 관철되지 못했다.

독일·폴란드위원회 편, 교사용핸드북 시리즈 중 한 권인 『19세기 유럽국가시스템 속의 폴란드』

서독은 전후 재출발 때 나치를 절대악(絶對惡)으로 하며 전후 국가와 나치 국가를 명확히 구별하였다. 한편 일본에서는 전전(戰前) 국가의 중핵(中核)에 있었던 천황이 면책(免責)되었으며, 또 의회제 민주주의가 확립되었듯이 연속(連續)과 비연속(非連續)

을 같이 겸비한 독특한 전후 구조가 만들어졌다.

이와 같이 독자적인 전후 체제가 만들어진 것은 각각에 고유의 상황이 존재했기 때문이다. 독일의 경우 경제부흥을 이루기 위해 유럽의 이웃 공업국가와의 경제교류와 이해가 필요했다. 이를 이루기 위해서는 전쟁 책임·범죄에 대해 사죄할 필요가 있었으며, 그렇지 않고서는 국제 사회로의 복귀는 불가능했다. 한편 일본은 미국의 지배하에서 전쟁 피해국과 마주 대하는 일 없이 전후 부흥을 달성하는 것이 가능했다. 이로 인해 교육 분야에서 전쟁의 가해자성을 의식한 기술은 나타나지 않았다. 또 일본이 고도 공업국이 되고 아시아 국가에 경제진출을 꾀하며 이들 국가들과 마주치게 되었을 때에는 아시아 국가들이 일본의 경제 원조에 의존할 수 밖에 없는 상황이어서 전쟁 문제를 잠시 보류하는 독자적인 관계가 생겨났다(望田, 2004).

그러나 전쟁 책임에 대한 애매한 태도로 인하여 1980년대 교과서 기술문제('침략(侵略)'에서 '진출(進出)'로 표현 변경 문제) 그리고 1990년대 위안부문제(역사교과서에서 종군위안부(從軍慰安婦)에 관한 기술의 삭제 문제) 등 일이 있을 때마다 교육 현장에서 전후의 총괄(總括)을 둘러싼 문제가 부상하게 되었다. 이로 인해 지금도 '끝나지 않는 전후(終わらない戰後)'가 교육 문제로서 계속 의식되고 있으며, 냉전 후 아시아와의 새로운 관계가 요구되고 있는 가운데 중요한 국제 문제가 되었다.

역자후기

　이 책은 교육을 통해 일본의 사회와 역사를 살펴본『教育から見る日本の社会と歴史』(片桐芳雄・木村元 編著, 八千代出版, 2008)를 번역한 것이다.

　이 책은 각 시기의 역사적 사실과 사회적 현상 등이 교육에 어떤 영향을 끼쳤으며 교육 현장에서는 다시 이를 어떻게 소화했는지에 대한 과정과 결과를 정리한 입문서적 성격을 띠고 있다. 따라서 일본 교육사에 관심이 있는 분들뿐만 아니라 이를 통해 일본 사회와 역사를 들여다보고자 하는 분들에게 널리 활용 가능한 책이다. 또 사진자료와 그림자료 등은 내용 이해에 도움을 준다.

　인류의 역사를 되돌아 봤을 때 사람과 자연환경에 의해 사회와 역사가 만들어졌으며, 다시 자연환경과 사회와 역사에 의해 사람이 만들어져 왔다. 특히 후자의 경우 위정자들은 교육의 힘을 빌려 지향하는 사회를 만들고자 하였다. 물론 그대로 반영된 것은 아니고, 다시 사회구성원의 반발과 협의를 거쳐 수용・발전되었다. 즉 그 배경과 과정 그리고 결과 등은 그대로 교육사라고 할 수 있는데 이 책은 일본의 교육사학자 6명이 일본의 그와 같은 점에 주안점을 두고 기술한 일본교육사라고 할 수 있다. 따라서 이 책을 통해 거시적 관점에서 일본교육사의 흐름을 이해하고, 이를 통해 일본 사회와 역사에 대한 이해의 폭을 넓히는 것이 가능하다고 할 수 있다. 단 본서는 대학교재로서 기획된 것이다. 따라서 보다 전문적인 사항에 관심이 있는 분들은 각 장 끝에 제시한 참고문헌 그리고 책 마지막의 부록과 연표를 참고하시길 바라며, 이를 위해 가급적 원문을 그대로 실었다.

한편 번역에 있어 일본어의 우리말 표기는 외래어 표기법에 따랐으며, 한자는 한국에서 쓰는 한자체로 바꾸었다. 또 일본 교육사에 대한 전문서라는 특수성을 고려하여 가급적 일본에서 쓰는 용어를 그대로 표기하고자 했으며, 정확한 내용 전달을 위해 한자를 다수 병기하였다. 그밖에 역자 주를 달았는데 이것이 독자들의 이해에 어느 정도 도움이 될지 자못 조심스럽다. 이상과 같은 방침에 의거하여 번역에 임하였는데, 부디 이 책이 일본 교육사에 관심이 있는 분들께 조금이나마 도움이 되었으면 하는 마음 간절하다.

끝으로 역자와의 짧은 만남에도 불구하고 본서의 번역을 흔쾌히 허락해 주시고 많은 조언을 아끼지 않으신 대표저자 가타기리 요시오 선생님께 말로 다할수 없는 감사의 마음을 전하고 싶으며, 아울러 번역·출판에 있어 많은 조언을 주신 논형출판사 소재두 대표님께도 감사의 마음을 전하고 싶다.

이건상

부 록

- 학제포고서(學制布告書)
- 교육칙어(教育勅語)
- 학습지도요령의 전개(學習指導要領の展開)
- 교육기본법(구법)(教育基本法[旧法])
- 교육기본법(신법)(教育基本法[新法])
- 연대별학교계통도(年代別學校系統図)
- 일본교육사 연표(日本 教育史 年表)
- 도표 인용문헌(図表引用文献)

第二百十四號

人々自ら其身を立て其産を治め其業を昌にして以て其生を遂るゆゑ

んのものは他なし身を脩め智を開き才藝を長ずるによるなり而て其身

を脩め知を開き才藝を長ずるは學にあらざれば能はず是れ學校の設あ

るゆゑんにして日用常行言語書算を初め士官農商百工技

藝及び法律政治天文醫療等に至る迄凡人の營むところの事學あらさ

るはなし人能く其才のあるところに應じ勉勵して之に從事ししかし

て後初て生を治め産を興し業を昌にするを得べしされば學問は身を立

るの財本ともいふべきものにして人たるもの誰か學ばずして可ならん

や夫の道路に迷ひ飢餓に陥り家を破り身を喪の徒の如きは畢竟

不學よりしてかかる過ちを生ずるなり從來學校の設ありてより年を歴

ること久しといへども或は其道を得ざるよりして人其方向を誤り學問

は士人以上の事とし農工商及婦女子に至つては之を度外におき學問の

何者たるを辨ぜず又士人以上の稀に學ぶものも動もすれば國家の爲に

すと唱へ身を立るの基たるを知ずして或は詞章記誦の末に趣り

空理虚談の途に陥り其論高尚に似たりといへども之を身に行ひ事に

施すこと能ざるもの少からず是すなわち沿襲の習弊にして文明普ねか

らず才藝の長ぜずして貧乏破産喪家の徒多きゆゑんなり是故に人

たるものは學ばずんばあるべからず之を學ぶに宜しく其旨を誤るべから

ず之に依て今般文部省に於て　學　制　を定め追々教　則をも改正し布告に

及ぶべきにつき自今以後一般の人民　華士族農工　必ず邑に不學の戸なく
商及婦女子

家に不學の人なからしめん事を期す人の父兄たるもの宜しく此意を體

認し其愛育の情を厚くし其子弟をして必ず學に從事せしめざるべから

ざるものなり高上の學に至ては其の人の才能に任すといえども幼童の子弟は男
女の別なく小學に從事せしめざるものは其父兄の越度たるべき事

但從來沿襲の弊學問は士人以上の事とし國家の爲にすと唱ふるを

以て學　費　及其　衣　食　の用に至る迄多く官に依頼し之を給するに非

ざれば學ざる事と思ひ一生を自　棄　するもの少からず是皆惑へる

の甚しきもの也自今以後此等の弊を改め一般の人民他事を抛ち自

ら奮て必ず學に　從　事せしむべき樣心得べき事

右之通被　仰出候條地方官ニ於テ邊隅小民ニ至ル迄不洩樣便宜解釋ヲ

加ヘ精細申諭文部省規則ニ隨ヒ學問普及致候樣方法ヲ設可施行事

明治五年壬申七月

太政官

교육칙어(敎育勅語)

朕惟フ二我力皇祖皇宗國ヲ肇ムルコト宏遠二德ヲ樹ツルコト深厚ナリ我力臣民克ク忠
ニ克ク孝二億兆心ヲ一二シテ世々厥ノ美ヲ濟セルハ此レ我力國體ノ精華ニシテ敎育ノ
淵源亦實二此二存ス爾臣民父母二孝二兄弟二友二夫婦相和シ朋友相信シ恭儉己レヲ持
シ博愛衆二及ホシ學ヲ修メ業ヲ習ヒ以テ智能ヲ啓發シ德器ヲ成就シ進テ公益ヲ廣メ世
務ヲ開キ常二國憲ヲ重シ國法二遵ヒ一旦緩急アレハ義勇公二奉シ以テ天壤無窮ノ皇運
ヲ扶翼スヘシ是ノ如キハ獨リ朕力忠良ノ臣民タルノミナラス又以テ爾祖先ノ遺風ヲ顯
彰スルニ足ラン
斯ノ道ハ實二我力皇祖皇宗ノ遺訓ニシテ子孫臣民俱二遵守スヘキ所之ヲ古今二通シ
テ謬ラス之ヲ中外二施シテ悖ラス朕爾臣民ト俱二拳々服膺シテ咸其德ヲ一二センコト
ヲ庶幾フ
明治二十年十月三十日

御名 御璽

학습지도요령의 전개(學習指導要領の展開)

主要な改訂	学習指導要領(改訂・実施)の展開
1	1947年「一般編(試案)」,「同各教科編(試案)」発表. 小, 中学校は1947年度より実施, 高校は1948年度より実施.
2	1951年「一般編(試案)」(小・中・高) 改訂・實施. 1955年小學校, 1956年中學校の「社會科編」改訂.. 1955年高校「一般編」改訂(「試案」の文字を削除), 1956年度より學年進行で實施.
3	(改訂) 小, 中學校(「試案」の文字を削除): 1958年, 高校: 1960年改訂 (實施) 小學校: 1961年度, 中學校: 1962年度, 高校: 1963年度 (學年進行)
4	(改訂) 小學校: 1968年, 中學校: 1969年, 高校: 1970年 (實施) 小學校: 1971年度, 中學校: 1972年度, 高校: 1973年度 (學年進行)
5	(改訂) 小學校: 1977年, 中學校: 1977年, 高校: 1978年 (實施) 小學校: 1980年度, 中學校: 1981年度, 高校: 1982年度 (學年進行)
6	(改訂) 小・中・高校: 1989年 (實施) 小學校: 1992年度, 中學校: 1993年度, 高校: 1994年度 (學年進行)
7	(改訂) 小學校: 1998年, 中學校: 1998年, 高校:1999年 (實施) 小學校: 2002年度, 中學校: 2002年度, 高校:2003年度 (學年進行)
	(一部改訂) 小・中・高校: 2003年

교육기본법(구법)(教育基本法(旧法))

昭和22年 3月 31日法 25
昭和22年 3月 31日施行

われらは, さきに, 日本国憲法を確定し, 民主的で文化的な国家を建設して, 世界の平和と人類の福祉に貢献しようとする決意を示した. この理想の実現は, 根本において教育の力にまつべきものである.

われらは, 個人の尊厳を重んじ, 真理と平和を希求する人間の育成を期するとともに, 普遍的にしてしかも個性ゆたかな文化の創造をめざす教育を普及徹底しなければならない.

ここに, 日本国憲法の精神に則り, 教育の目的を明示して, 新しい日本の教育の基本を確立するため, この法律を制定する.

第1条 (教育の目的) 教育は, 人格の完成をめざし, 平和的な国家及び社会の形成者として, 真理と正義を愛し, 個人の価値をたつとび, 勤労と責任を重んじ, 自主的精神に充ちた心身ともに健康な国民の育成を期して行われなければならない.

第2条 (教育の方針) 教育の目的は, あらゆる機会に, あらゆる場所において実現されなければならない. この目的を達成するためには, 学問の自由を尊重し, 実際生活に即し, 自発的精神を養い, 自他の敬愛と協力によって, 文化の創造と発展に貢献する

ように努めなければならない.

第3条 (教育の機会均等) すべて国民は, ひとしく, その能力に応ずる教育を受ける機会を与えられなければならないものであって, 人種, 信条, 性別, 社会的身分, 経済的地位又は門地によって, 教育上差別されない.

国及び地方公共団体は, 能力があるにもかかわらず, 経済的理由によって就学困難な者に対して, 奨学の方法を講じなければならない.

第4条 (義務教育) 国民は, その保護する子女に, 9年の普通教育を受けさせる義務を負う.

国又は地方公共団体の設置する学校における義務教育いついては, 授業料は, これを徴収しない.

第5条 (男女共学) 男女は, 互いに敬重し, 協力しあわなければならないものであって, 教育上男女の共学は, 認められなければならない.

第6条 (学校教育) 法律に定める学校は, 公の性質をもつものであつて, 国又は地方公共団体の外, 法律に定める法人のみが, これを設置することができる.

法律に定める学校の教員は, 全体の奉仕者であって, 自己の使命を目覚し, その職責の遂行に努めなければならない. このためには, 教員の身分は, 尊重され, その待遇の適正が, 期せられなければならない.

第7条 (社会教育) 家庭教育及び勤労の場

所その他社会において行われる教育は, 国及び地方公共団体によって奨励されなければならない.

　国及び地方公共団体は, 図書館, 博物館, 公民館等の施設の設置, 学校の施設の利用その他適当な方法によって教育の目的の実現に努めなければならない.

第8条 (政治教育) 良識ある公民たるに必要な政治的教養は, 教育上これを尊重しなければならない.

　法律に定める学校は, 特定の政党を支持し, 又はこれに反対するための政治教育その他政治的活動をしてはならない.

第9条 (宗教教育) 宗教に関する寛容の態度及び宗教の社会生活における地位は, 教育上これを尊重しなければならない.

　国及び地方公共団体が設置する学校は, 特定の宗教のための宗教教育その他宗教的活動をしてはならない.

第10条 (教育行政) 教育は, 不当な支配に服することなく, 国民全体に対し直接に責任を負って行われるべきものである.

　教育行政は, この自覚のもとに, 教育の目的を遂行するに必要な諸条件の整備確立を目標として行われなければならない.

第11条 (補則) この法律に掲げる諸条項を実施するために必要がある場合には, 適当な法令が制定されなければならない.

附　則

この法律は, 公布の日から, これを施行する.

교육기본법(신법)(教育基本法(新法))

平成 18年 12月 22日法 120
平成 18年 12月 22日施行

　教育基本法 (昭和22年法律第25号) の全部を改正する. 我々日本国民は, たゆまぬ努力によって築いてきた民主的で文化的な国家を更に発展させるとともに, 世界の平和と人類の福祉の向上に貢献することを願うものである. 我々は, この理想を実現するため, 個人の尊厳を重んじ, 真理と正義を希求し, 公共の精神を尊び, 豊かな人間性と創造性を備えた人間の育成を期するとともに, 伝統を継承し, 新しい文化の創造を目指す教育を推進する. ここに, 我々は, 日本国憲法の精神にのっとり, 我が国の未来を切り拓く教育の基本を確立し, その振興を図るため, この法律を制定する.

第1章 教育の目的及び理念

第1条 (教育の目的) 教育は, 人格の完成を目指し, 平和で民主的な国家及び社会の形成者として必要な資質を備えた心身ともに健康な国民の育成を期して行われなければならない.

第2条 (教育の目標) 教育は, その目的を実現するため, 学問の自由を尊重しつつ, 次に掲げる目標を達成するよう行われるものとする.

1. 幅広い知識と教養を身に付け，真理を求める態度を養い，豊かな情操と道徳心を培うとともに，健やかな身体を養うこと．
2. 個人の価値を尊重して，その能力を伸ばし，創造性を培い，自主及び自律の精神を養うとともに，職業及び生活との関連を重視し，勤労を重んずる態度を養うこと
3. 正義と責任，男女の平等，自他の敬愛と協力を重んずるとともに，公共の精神に基づき，主体的に社会の形成に参画し，その発展に寄与する態度を養うこと．
4. 生命を尊び，自然を大切にし，環境の保全に寄与する態度を養うこと．
5. 伝統と文化を尊重し，それらをはぐくんできた我が国と郷土を愛するとともに，他国を尊重し，国際社会の平和と発展に寄与する態度を養うこと．

第3条 (生涯学習の理念) 国民一人一人が，自己の人格を磨き，豊かな人生を送ることができるよう，その生涯にわたって，あらゆる機会に，あらゆる場所において学習することができ，その成果を適切に生かすことのできる社会の実現が図られなければならない．

第4条 (教育の機会均等) すべて国民は，ひとしく，その能力に応じた教育を受ける機会を与えられなければならず，人種，信条，性別，社会的身分，経済的地位又は門地によって，教育上差別されない．

② 国及び地方公共団体は，障害のある者が，その障害の状態に応じ，十分な教育を受けられるよう，教育上必要な支援を講じなければならない．

③ 国及び地方公共団体は，能力があるにもかかわらず，経済的理由によって修学が困難な者に対して，奨学の措置を講じなければならない．

第2章 教育の実施に関する基本

第5条 (義務教育) 国民は，その保護する子に，別に法律で定めるところにより，普通教育を受けさせる義務を負う．

② 義務教育として行われる普通教育は，各個人の有する能力を伸ばしつつ社会において自立的に生きる基礎を培い，また，国家及び社会の形成者として必要とされる基本的な資質を養うことを目的として行われるものとする．

③ 国及び地方公共団体は，義務教育の機会を保障し，その水準を確保するため，適切な役割分担及び相互の協力の下，その実施に責任を負う．

④ 国又は地方公共団体の設置する学校における義務教育については，授業料を徴収しない．

第6条 (学校教育) 法律に定める学校は，公の性質を有するものであって，国，地方公共団体及び法律に定める法人のみが，これを設置することができる．

② 前項の学校においては，教育の目標が達成されるよう，教育を受ける者の心身の発達に応じて，体系的な教育が組織的に行

われなければならない．この場合におい
て，教育を受ける者が，学校生活を営む上
で必要な規律を重んずるとともに，自ら進
んで学習に取り組む意欲を高めることを
重視して行われなければならない．

第7条（大学）大学は，学術の中心として，
高い教養と専門的能力を培うとともに，深
く真理を探究して新たな知見を創造し，こ
れらの成果を広く社会に提供することに
より，社会の発展に寄与するものとする．

② 大学については，自主性，自律性その他
の大学における教育及び研究の特性が尊
重されなければならない．

第8条（私立学校）私立学校の有する公の
性質及び学校教育において果たす重要な
役割にかんがみ，国及び地方公共団体は，
その自主性を尊重しつつ，助成その他の適
当な方法によって私立学校教育の振興に
努めなければならない．

第9条（教員）法律に定める学校の教員は，
自己の崇高な使命を深く自覚し，絶えず研
究と修養に励み，その職責の遂行に努めな
ければならない．

② 前項の教員については，その使命と職責
の重要性にかんがみ，その身分は尊重され，
待遇の適正が期せられるとともに，養成と
研修の充実が図られなければならない．

第10条（家庭教育）父母その他の保護者
は，子の教育について第一義的責任を有す
るものであって，生活のために必要な習慣
を身に付けさせるとともに，自立心を育成

し，心身の調和のとれた発達を図るよう努
めるものとする．

② 国及び地方公共団体は，家庭教育の自
主性を尊重しつつ，保護者に対する学習の
機会及び情報の提供その他の家庭教育を
支援するために必要な施策を講ずるよう
努めなければならない．

第11条（幼児期の教育）幼児期の教育は，
生涯にわたる人格形成の基礎を培う重要
なものであることにかんがみ，国及び地方
公共団体は，幼児の健やかな成長に資する
良好な環境の整備その他適当な方法によ
って，その振興に努めなければならない．

第12条（社会教育）個人の要望や社会の要
請にこたえ，社会において行われる教育
は，国及び地方公共団体によって奨励され
なければならない．

② 国及び地方公共団体は，図書館，博物館，
公民館その他の社会教育施設の設置，学校
の施設の利用，学習の機会及び情報の提供
その他の適当な方法によって社会教育の
振興に努めなければならない．

第13条（学校，家庭及び地域住民等の相互
の連携協力）学校，家庭及び地域住民その
他の関係者は，教育におけるそれぞれの役
割と責任を自覚するとともに，相互の連携
及び協力に努めるものとする．

第14条（政治教育）良識ある公民として必
要な政治的教養は，教育上尊重されなけれ
ばならない．

② 法律に定める学校は，特定の政党を支

持し，又はこれに反対するための政治教育その他政治的活動をしてはならない．

第15条（宗教教育）宗教に関する寛容の態度，宗教に関する一般的な教養及び宗教の社会生活における地位は，教育上尊重されなければならない．

② 国及び地方公共団体が設置する学校は，特定の宗教のための宗教教育その他宗教的活動をしてはならない．

第3章 教育行政

第16条（教育行政）教育は，不当な支配に服することなく，この法律及び他の法律の定めるところにより行われるべきものであり，教育行政は，国と地方公共団体との適当な役割分担及び相互の協力の下，公正かつ適正に行われなければならない．

② 国は，全体的な教育の機会均等と教育水準の維持向上を図るため，教育に関する施策を総合的に策定し，実施しなければならない．

③ 地方公共団体は，その地域における教育の振興を図るため，その実情に応じた教育に関する施策を策定し，実施しなければならない．

④ 国及び地方公共団体は，教育が円滑かつ継続的に実施されるよう，必要な財政上の措置を講じなければならない．

第17条（教育振興基本計画）政府は，教育の振興に関する施策の総合的かつ計画的な推進を図るため，教育の振興に関する施策についての基本的な方針及び講ずべき施策その他必要な事項について，基本的な計画を定め，これを国会に報告するとともに，公表しなければならない．

② 地方公共団体は，前項の計画を参酌し，その地域の実情に応じ，当該地方公共団体における教育の振興のための施策に関する基本的な計画を定めるよう努めなければならない．

第4章 法令の制定

第18条 この法律に規定する諸條項を実施するため，必要な法令が制定されなければならない．

附 則

（施行期日）① この法律は，公布の日から，施行する．

연대별 학교계통도(年代別學校系統図)

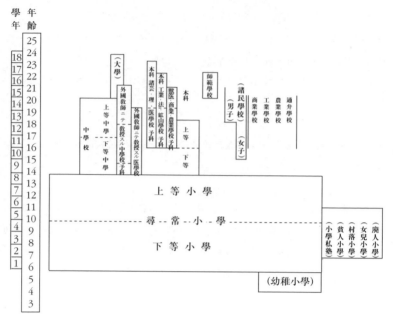

그림 1 1873 (明治 6)年 10月

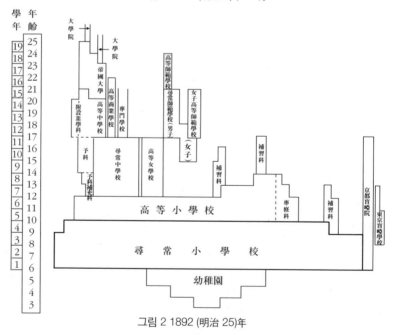

그림 2 1892 (明治 25)年

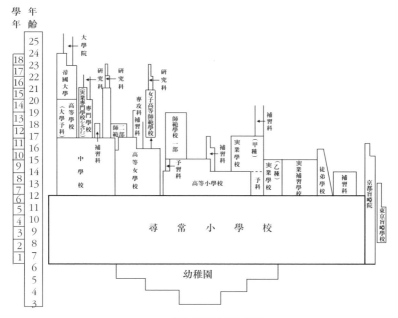

그림 3 1908 (明治 41)年

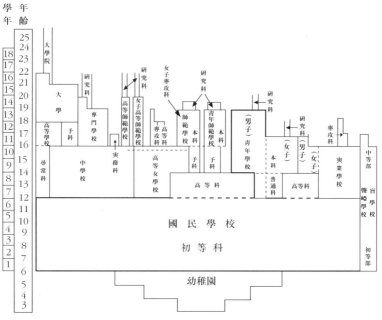

그림 4 1944 (昭和 19)年

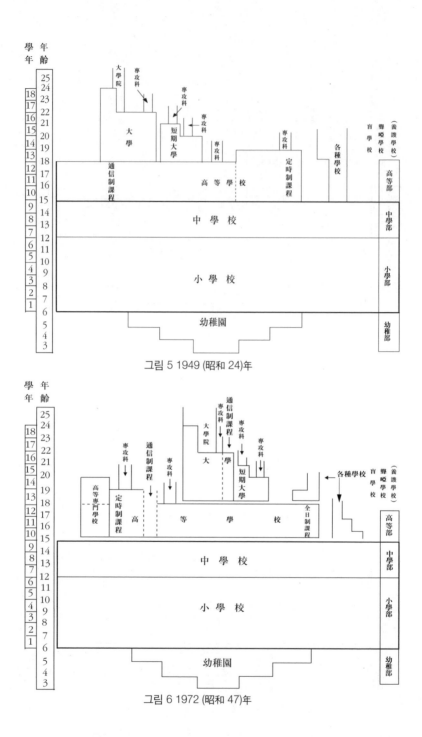

그림 5 1949 (昭和 24)年

그림 6 1972 (昭和 47)年

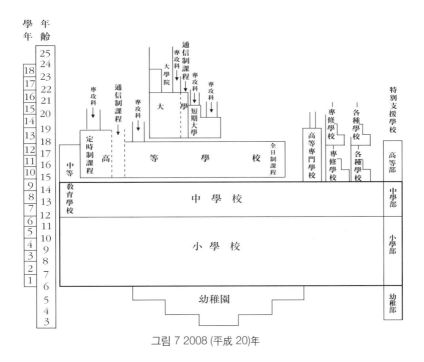

그림 7 2008 (平成 20)年

일본 교육사 연표(日本 教育史 年表)

서기력	일본연호	교육	일반
기원전후			백여 개 소국 분립, 전한(前漢)과 정치적 교섭(漢書地理志)
57			왜(倭)의 국왕(奴國王)이 후한(後漢)에 사자를 보내 인수(印綬)를 받음
2~3세기			위지왜인전(魏志倭人傳)에 야마타이국(邪馬台國)과 히미코(卑弥呼)에 대한 기술이 나옴
375			게르만 민족 대이동
5세기초		왕인(王仁)이『논어』와『천자문』을 일본에 전함(전승).	
471		이나리야마고분(稻荷山古墳) 출토 금차명철검(金錯銘鐵劍)(531년이라는 설도 있음)	
513		백제로부터 오경박사 도래	
538		백제 성명왕(聖明王)이 불상과 경전을 전함(552년이라는 설도 있음)	
589			수(隋)나라 통일
604		17조헌법 제정	
618			당(唐)나라 건국
645	다이카(大化)元		나카노오에노미코(中大兄皇子)·나카토미노 가마타리(中臣鎌足) 등 다이카 개신(大化の改新)
660			백제 멸망
670		다이가쿠료(大學寮)창설 (추정)	
676			신라, 한반도를 통일
701	다이호(大寶)元		다이호율령(大寶律令)완성, 율령체제가 정비됨
710	와도(和銅)3		헤이조쿄(平城京, 나라)로 천도(遷都)
728	진키(神龜)5	다이가쿠료에 법률학과와 문학과 신설	
743	덴표(天平)15		천황이 다이부쓰(大佛) 조립(造立)을 명함
751	쇼호(勝寶)3	『가이후소(懷風藻)』성립	
794	엔랴쿠(延曆)13		헤이안쿄(平安京, 교토)로 천도
821	고닌(弘仁)12	후지와라노 후유쓰구(藤原冬嗣), 간가쿠인(勸學院) 설립	

828	덴초(天長)5	구카이(公海), 슈게이슈치인(綜藝種智院) 설립	
881	간교(元慶)5	아리와라노 유키히라(在原行平), 쇼가쿠인(奬學院) 설립	
905	엔기(延喜)5		기노 쓰라유키(紀貫之) 등이『고킨와카슈(古今和歌集)』칙명(勅命, 천황의 명령)에 따라 편찬함.
936			고려, 조선을 통일
979			송(宋)나라, 중국을 통일
1008	간코(寬弘)5		이 무렵『겐지모노가타리(原氏物語)』완성
1016	조와(長和)5		후지와라노 미치나가(藤原道長), 섭정(攝政)에 취임
1086	오토쿠(應德)3		시라카와 상황(白河上皇), 원정(院政)을 개시
1096			제1차 십자군 (~99)
1177	지쇼(治承)元	교토에서 일어난 큰 화재로 다이가쿠료 소실	
1192	겐큐(建久)3		미나모토노 요리토모(源賴朝) 정이대장군(征夷大將軍)에 임명됨(가마쿠라(鎌倉)막부 성립)
1215			영국, 마그나 카르타(Magna Carta, 대헌장) 제정
1224	겐닌(元仁)元	신란(新鸞), 정토진종(淨土眞宗)을 개설	
1227	안정원(安貞)元	도원(道元), 조동종(曹洞宗)을 개설	
1275	겐지(建治)元	이 무렵 호조 사네도키(北条實時), 가네자와문고(金澤文庫) 설립	
1279			원(元), 중국 통일
1338	엔겐(延元)3		아시카가 다카우지(足利尊氏) 정이대장군(征夷大將軍)에 임명됨(무로마치(室町)막부 성립)
1368			명(明), 건국
1392			이성계(李成桂), 조선 건국
1439	에이쿄(永享)11	이 무렵 우에스기 노리자네(上杉憲實), 아시카가학교(足利學校) 부흥	
1467	오닌(應仁)元		오닌의난(應仁の亂) (~77)

1492			콜롬부스, 미대륙에 도달
1543			코페르니쿠스, 지동설(地動說)
1549	덴분(天文)18		프란시스코 사비에르, 가고시마(鹿兒島)에 상륙
1558			영국, 엘리자베스 1세 즉위
1580	덴쇼(天正)8	후나이(府內, 지금의 오이타[大分])시에 코레지요 개설	
1582	덴쇼(天正)10		덴쇼겐오사절단(天正遣欧少年使節團) 파견
1587	덴쇼(天正)15		바테렌(伴天連, 선교사) 추방령
1600	게이초(慶長)5		영국, 동인도회사 설립
1603	게이초(慶長) 8		도쿠가와 이에야스(德川家康) 정이대장군에 임명됨(에도[江戸]막부 성립)
1609	게이초(慶長) 14		사쓰마(薩摩)번, 류큐(琉球) 정복
1614	게이초(慶長) 19	가톨릭교(キリスト敎) 금교령, 크리스천학교(キリシタン學校)도 폐교	
1630	간에이(寬永)7	하야시 라잔(林羅山), 우에노(上野)에 린케주쿠(林羅塾)를 개설	
1642			영국, 청교도혁명 (~49)
1657			요한 코메니우스,『대교수학(大敎授學)』
1673	엔포(延寶)元	오카야마(岡山)번, 향교(鄕校) 시즈다니 학교(閑谷學校) 강당을 완성	
1691	겐로쿠(元祿)4	린케주쿠(林家塾), 유시마 쇼우헤이자가(湯島昌平坂)로 이전, 세이도(聖堂) 완성	
1703	겐로쿠(元祿)16	가즈키 규잔(香月牛山),『소아필용양육초(小兒必用養育草)』	
1710	호에이(寶永)7	가이바라 에키겐(貝原益軒),『와조쿠도지쿤(和俗童子訓)』	
1716	교호(享寶)元		도쿠가와 요시무네(德川吉宗), 교호개혁(享保の改革) (~45)
1762			장 자크 루소,『에밀(Émile)』
1774	안에이(安永)3	스기타 겐바쿠(杉田玄白) 등『해체신서(解體新書)』	
1776			미국 독립 선언
1787	덴메이(天明)7		마쓰다이라 사다노부(松平定信), 간세이 개혁(寬政の改革) (~93)

1789	간세이(寬政)元	오쓰기 겐타쿠(大槻玄澤), 시란도(芝蘭堂) 설립	프랑스 혁명 발발
1790	간세이(寬政)2	간세이 이학의 금지(寬政異學の禁)	
1797	간세이(寬政)9	세이도를 막부 직할로 하고 쇼헤이자가학문소(昌平坂學問所)로 개칭	
1801			요한 페스탈로치,『게르트루트는 어떻게 그의 아이들을 가르치는가(Wie Gertrud ihre Kinder lehrt)』
1805	분카(文化)2	히로세 단소(廣瀬淡窓), 간기엔(咸宜園) 설립	
1806			요한 프리드리히 헤르바르트,『일반교육학(Allgemeine Pädagogik aus dem Zweck der Erziehung abgeleitet)』
1824	분세이(文政)7	필리프 프란츠 폰 시볼트, 나루다키주쿠(鳴滝塾) 설립	
1826			프리드리히 프뢰벨,『인간 교육(Die Menschenerziehung)』
1838	분세이(文政)9	오가타 고안(緒方洪庵), 데키주쿠(適塾)설립	
1840			아편전쟁 (~42)
			카를 마르크스, 프리드리히 엥겔스,『공산당선언(Manifest der Kommunistischen Partei)』
1854	안세이(安政)元		미일화친조약 체결(개국)
1855	안세이(安政)2	나가사키해군전습소(長崎海軍傳習所)에서 조직적·계획적인 교육이 시작됨	
1856	안세이(安政)3	반쇼시라베쇼(蕃書調所) 설립 (1862년에 洋書調所, 다음해에 開成所로 개칭). 요시다 쇼인(吉田松陰), 쇼카손주쿠(松下村塾)의 주재자가 됨	
1858	안세이(安政)5	후쿠자와 유키치(福澤諭吉), 에도에 난학숙(蘭學塾) 설립(게이오기주쿠의 기원)	
1861			미국, 남북전쟁 (~65)
1868	메이지(明治)元		메이지유신(明治維新)
1869	메이지(明治)2		에조치(蝦夷地)를 홋카이도(北海道)로 개칭, 개척사(開拓使)를 설치

1871	메이지(明治)4	문부성 설치	폐번치현(廢藩置縣). 독일제국 성립
1872	메이지(明治)5	학제(學制) 발포	
1876	메이지(明治)9		조일수교조규(강화도조약) 체결
1877	메이지(明治)10	개척사, 홋카이도 쓰이시카리(對雁)에 아이누 학교 설치	
1878	메이지(明治)11		지방삼신법(地方三新法) 공포
1879	메이지(明治)12	교학성지(敎學聖旨)를 계기로 교육의논쟁(敎育論爭)이 일어남, 제1차교육령 공포	류쿠 처분으로 오키나와(沖繩)현 설치
1880	메이지(明治)13	우에키 에모리(植木枝盛) '교육은 자유롭게 해야만 한다' 제2차 교육령 공포	
1885	메이지(明治)18	모리 아리노리(森有礼), 초대 문부대신에 취임	내각(內閣)제도의 성립
1886	메이지(明治)19	제국대학령, 사범학교령, 소학교령, 중학교령 공포	
1888	메이지(明治)21		시제(市制)·정촌제(町村制) 공포
1889	메이지(明治)22		대일본제국헌법 발포
1890	메이지(明治)23	'교육에 관한 칙어(敎育ニ関スル勅語)' 발포. 제2차 소학교령 공포	제1회제국의회
1891	메이지(明治)24	우치무라간조 불경 사건(內村監三不敬事件)	
1893	메이지(明治)26	이노우에 고와시(井上毅), 문부대신에 취임	
1894	메이지(明治)27	실업교육비 국고보조법 공포. 고등학교령 공포. 고등중학교를 고등학교로 개칭	청일전쟁 발발 (~95)
1895	메이지(明治)28	고등여학교규정 제정	청일강화조약에 의해 타이완 영유(領有)
1896	메이지(明治)29	타이완, 시잔간(芝山巖) 사건	
1897	메이지(明治)30	이시이 료이치(石井亮一), 다키노가와 학원(滝乃川學園) 개설	조선, 국호를 대한제국으로 칭함.
1898	메이지(明治)31	타이완공학교령(公學校令) 공포	홋카이도, 오키나와현에서 징병령 시행
1899	메이지(明治)32	중학교령 개정, 실업학교령, 고등여학교령 공포	홋카이도 구토인(旧土人) 보호법 공포 존 듀이 『학교와 사회(The School and Society)』
1900	메이지(明治)33	제3차 소학교령 공포	엘렌 케이, 『아동의 세기(The Century of the Child)』

1901	메이지(明治)34	나루세 진조(成瀨仁藏), 일본여자대학교를 설립	
1903	메이지(明治)36	전문학교령 공포. 국정교과서제도 성립	
1904	메이지(明治)37		러일전쟁 발발 (~05)
1907	메이지(明治)40	의무교육년한 연장 심상소학교 6년제로 바뀜	
1908	메이지(明治)41		무진조서(戊辰詔書) 발포
1910	메이지(明治)43		한일병합조약 체결, 대한제국을 없애고 조선이라 칭함
1911	메이지(明治)44	제1차조선교육령 공포	공장법 공포(시행16년), 아동노동의 제한
1912	다이쇼(大正)元	오이카와 헤이지(及川平治)『분단식 동적교육법(分團式動的教育法)』	중화민국 성립
1914	다이쇼(大正)3	『소년구락부(少年俱樂部)』창간	제1차 세계대전 참전 (~19)
1917	다이쇼(大正)6	임시교육회의 설치 사와야나기 마사타로(澤柳政太郎), 세이조소학교(成城小學校) 설립	러시아 혁명
1918	다이쇼(大正)7	시정촌 의무교육비 국고부담법 공포 스즈키 미에기치(鈴木三重吉), 아동문예지『아카이도리(赤い鳥)』창간 대학령, 고등학교령(新令) 공포	쌀소동
1919	다이쇼(大正)8	제1차타이완교육령 계명회(啓明會), 일본 최초 전국적 교원 조합) 결성	조선의 3 · 1독립운동 탄압 베르사유조약 체결
1920	다이쇼(大正)9	대학령에 의해 와세다대학, 게이오기주쿠대학 등 설립인가	히라쓰카 라이초(平塚雷鳥) · 이치카와 후사에(市川房枝) 등 신부인협회 결성. 일본 최초의 노동절. 국제연맹 발족
1921	다이쇼(大正)10	팔대교육주장 강연회	
1922	다이쇼(大正)11	제2차 조선교육령, 제2차 타이완교육령, 산아제한운동 지도자 산거 일본 방문	전국수평사(全國水平社)창립대회
1923	다이쇼(大正)12	기노시타 다케지(木下竹次)『학습원론(學習原論)』 맹학교 및 농아학교령 공포	관동대지진. 국민정신작흥(國民精神作興)에 관한 조서 발포
1924	다이쇼(大正)13	노구치 엔타로(野口援太郎), 이케부쿠로 아동마을소학교(池袋兒童の村小學校) 창립 문정심의회(文政審議會)설치 가와이 훈도 사건(川井訓導事件)	

1925	다이쇼(大正)14	육군현역장교 학교배속령	치안유지법 공포 보통선거법 성립
1926	다이쇼(大正)15 쇼와(昭和)元	청년훈련소령 공포 유치원령 공포	
1929	쇼와(昭和)4	사사오카 다다요시(小砂丘忠義) 등 『글짓기생활(綴方生活)』 창간 북방교육사(北方敎育社) 결성	세계경제대공황(10월)
1930	쇼와(昭和)5	일본교육노동자조합 결성 신흥교육연구소 창립 오다카 호사쿠(尾高豊作) 등 향토교육 연맹결성	
1931	쇼와(昭和)6		류조호(柳条湖) 사건(만주사변 발발)
1932	쇼와(昭和)7	5·15 사건 국민정신문화연구소 설치	
1933	쇼와(昭和)8	나가노(長野)현 교원 적화(赤化) 사건	국제연맹 탈퇴 독일, 나치정권 수립
1934	쇼와(昭和)9	문부성에 사상국(思想局) 설치	
1935	쇼와(昭和)10	청년학교령 공포 교학쇄신평의회 설치	천황기관설 사건(天皇機關設事件)문제 일어남 정부, 국체명징(國體明徵) 성명
1936	쇼와(昭和)11	교학쇄신평의회 '교학쇄신에 관한 답 신' 발표	2·26 사건 일본·독일방공(防共)협정
1937	쇼와(昭和)12	문부성 『국체의 본의』 배포 교학국 설치 교육과학연구회 결성(41년 4월 해산) 조선총독부 '황국신민의서사(誓詞)' 제정 교육심의회 발족	중일전쟁발발. 국민정신총동원운동 실시를 결정. 남경대학살
1938	쇼와(昭和)13	제3차 조선교육령 집단근로작업 시작됨	국가총동원법 공포
1939	쇼와(昭和)14	청년학교 남자의 의무제 실시 '청소년학도에게 내리는 칙어' 발표	제2차 세계대전 개시
1940	쇼와(昭和)15	의무교육비 국고부담법 공포	일·독·이 삼국동맹 체결 대정익찬회 발족
1941	쇼와(昭和)16	대일본청소년단 발족 국민학교령 공포(조선, 타이완에서도 국민학교로 합쳐짐) 문부성 『신민의 길(臣民の道)』 간행 학교보국단(學校報國團) 결성 학교보국대(學校報國隊) 발족	태평양전쟁 발발

1942	쇼와(昭和)17	국민연성소(國民鍊成所) 설립 조선청년특별연성령 공포	미군, 일본 본토에 첫 공습(4월)
1943	쇼와(昭和)18	중등학교령 공포 학교전시동원체제확립요강 각의 결정 '교육에 관한 전시비상조치 방책' 각의 결정 국민연성소와 국민정신문화 연구소를 통합하여 교학연성소 설치 학도 출진	일본군, 과달카날섬에서 철수 도시소개(都市疏開) 실시요강, 각의(閣議) 결정
1944	쇼와(昭和)19	'학동소개 촉진에 관한 건' 각의 결정 학도근로령 공포 타이완청년특별연성소 공포	사이판 섬 함락(7월)
1945	쇼와(昭和)20	전시교육령 공포 문부성, 학교 수업재개 통달(8월28일) 신일본건설 교육방침(9월) 교육사대지령(10~12월)	도쿄대공습(3월) 포츠담선언 수락, 일본 무조건 항복 (8월14일)
1946	쇼와(昭和)21	제1차미국교육사절단 방일 교육쇄신위원회 발족 민주주의 교육연구회 결성	일본국헌법 공포(11월)
1947	쇼와(昭和)22	교육기본법, 학교교육법 공포(3월) 신학제 출발, 신제중학교 발족 학습지도요령 '시안' 일본교직원조합 창설 사회과 수업 개시(9월)	제1차베이비붐(~49)
1948	쇼와(昭和)23	신제고등학교 발족 중·참의원 양원에서 교육칙어(敎育 勅語) 배제 및 실효 결의 역사교육자협의회, 코어 커리큘럼연 맹 발족	
1949	쇼와(昭和)24	사회교육법 제정 신제 국립대학 발족(5월)	마쓰가와 사건(松川事件) 중화인민공화국 성립
1950	쇼와(昭和)25	일본글짓기회(日本綴方の會) 발족	한국전쟁 발발(~53)
1951	쇼와(昭和)26	정령개정자문위원회 답신(5월) 코어 커리큘럼연맹, 3층4영역론(3層4 領域論) 무차쿠 세이쿄(無着成恭) 편, 『메아리 학교(山びこ學校)』 공간(公刊) 일교조(日敎組), 교육연구집회 개최	센프란시스코평화조약·미일안보조약 조인
1952	쇼와(昭和)27	일경련(日經連), 신교육제도 재검토에 관한 요망 교육과학연구회 재건	
1953	쇼와(昭和)28	수학교육협의회 발족	NHK, 텔레비전 본방송 개시
1954	쇼와(昭和)29	교육이법(敎育二法) 공포	

1955	쇼와(昭和)30		일본사회당 통일 자유민주당 결성(55년체제)
1956	쇼와(昭和)31	교육삼법(敎育三法)의 제출과 임명제 교육위원회 제도 성립	일본, 국제연합 가맹이 실현됨
1957	쇼와(昭和)32	근무평정(勤務評定)의 실시 도이 요시오(東井義雄) 『마을을 키우 는 학력(村を育てる敎育)』	스푸트닉 충격(Sputnik crisis)
1958	쇼와(昭和)33	학습지도요령의 법적구속력 부여(학 습지도요령에서 '시안(試案)'이라는 문 자 삭제) '도덕(道德)'시간 특별 설치 교과서 검정 강화	EEC발족
1960	쇼와(昭和)35		미일신안보조약 조인 60년안보투쟁
1961	쇼와(昭和)36	전국 일제학력테스트 실시	농업기본법 공포
1962	쇼와(昭和)37	고등전문학교 발족	
1963	쇼와(昭和)38	경제심의회 인적능력부회 답신 '경제발전에 있어서 인적능력개발의 과제와 대책'(六三答申)	
1964	쇼와(昭和)39	단기대학, 항구적 제도로 함	도카이도(東海道)신칸센 개통 도쿄올림픽 개최
1965	쇼와(昭和)40	이에나가 사부로(家永三郞), 교과서검 정소송 제소 폴 랑그랑, 생애교육(lifelong integrated education) 제창	한일기본조약 조인 베트남전쟁 개시(~75)
1966	쇼와(昭和)41	중교심(中敎審) 답신 '후기중등교육 확충 정비에 대하여'(기대되는 인간상)	중국문화대혁명(~76)
1967	쇼와(昭和)42		
1968	쇼와(昭和)43	학습지도요령 개정 →서양 커리큘럼 개혁 성과의 도입	
1969	쇼와(昭和)44	도쿄대 야스다(安田)강당에 전투경찰 (機動隊) 투입	아폴로11호 달착륙
1970	쇼와(昭和)45		
1971	쇼와(昭和)46	중교심(中敎審) 답신 '앞으로 학교교육 의 종합적 확충정비를 위한 기본시책 에 대하여'(四六答信)	
1972	쇼와(昭和)47		오키나와 시정권(施政權) 반환, 오키나와(沖繩)현 발족 중일국교회복(日中國交回復)

1973	쇼와(昭和)48		제1차 석유파동
1974	쇼와(昭和)49	학교 교육수준 확보를 위한 인재확보법 공포	
1975	쇼와(昭和)50	사립학교진흥조성법 공포	
1976	쇼와(昭和)51	전수학교(專修學校)제도 발족 학력테스트재판 최고재판소 판결	
1977	쇼와(昭和)52	학습지도요령 개정 →여유(ゆとり)교육노선으로 전환 '기미가요(君が代)'를 국가(國歌)로 자리잡게 함	
1978	쇼와(昭和)53		신도쿄국제공항(나리타[成田]) 개항
1979	쇼와(昭和)54	첫 국공립대학 공통 제1차 학력시험 양호학교(養護學校) 의무화	미국과 중국 국교 수립
1980	쇼와(昭和)55		
1981	쇼와(昭和)56	중교심(中敎審) 답신 '평생교육(生涯敎育)에 대하여'	
1982	쇼와(昭和)57	중국, 한국정부로부터 교과서검정에 대한 제의	도호쿠(東北)신칸센, 조에쓰(上越)신칸센 개통
1983	쇼와(昭和)58		
1984	쇼와(昭和)59	임시교육심의회 설치	
1985	쇼와(昭和)60		남녀고용균등법 공포
1986	쇼와(昭和)61	장례식 놀이(葬式ごっこ)에 의한 따돌림 사건(나카노[中野]구)	
1987	쇼와(昭和)62	대학심의회 설치	
1988	쇼와(昭和)63	교직면허를 전수(專修), 1종(一種), 2종(二種)으로 구분	
1989	헤이세이(平成)元	학습지도요령 개정→신학력관, 소학교 1, 2학년 생활과 신설, 고등학교 공민과ㆍ지리역사과 신설	베를린 장벽 붕괴
1990	헤이세이(平成)2	생애학습진흥법 제정 대학입시센터 시험 실시	
1991	헤이세이(平成)3	대학설치기준의 대강화(大綱化)	소련 소멸
1992	헤이세이(平成)4	학교 주5일제(두번째 토요일만) 실시	
1993	헤이세이(平成)5	신조(新庄)시 매트 사망 사건	EU발족

1994	헤이세이(平成)6	미야기현립 고카세(五ヶ瀨)중 · 고등학교, 공립 유일의 중고교 통합학교로 개교	소선거구 비례대표 병립제 도입 무라야마 도미이치(村山富市) 내각 성립(47년 만의 사회당 내각)
1995	헤이세이(平成)7	경제동우회 제언, 학교(學校)로부터 '합교(合校)'로	한신 · 아와지(阪神 · 淡路)대지진 지하철 사린가스 사건
1996	헤이세이(平成)8	새로운 교과서를 만드는 모임 발족	사회당, 사회민주당으로 개칭 민주당 결성
1997	헤이세이(平成)9	이에나가(家永)교과서 재판 종결 고베(神戸)시 소학생 살해 사건	아이누문화진흥법 성립
1998	헤이세이(平成)10	구로이소시 생도에 의한 교사살해 사건 학습지도요령 개정→살아가는 힘, 종합적 학습 신설, 국가를 사랑하는 마음 강조 중교심(中敎審) 답신 '21세기 대학상과 금후의 개혁방책에 대하여—경쟁적 환경 안에서 개성이 빛나는 대학'	
1999	헤이세이(平成)11	시나가와(品川)구 교육위원회, 공립소학교선택의 자유화 결정	남녀공동참여사회기본법 공포 국기 및 국가에 관한 법률 제정
2000	헤이세이(平成)12	교육개혁국민회의 설치—최종 보고 '교육을 바꾸는 17가지 제안'(12월)	
2001	헤이세이(平成)13	문부과학성(文部科學省) '새로운 시대에 걸맞는 교육기본법의 모습'을 중교심(中敎審)에 자문	중앙 관청이 1부(府) 12성청(省廳)으로 발족(문부성, 문부과학성으로 개칭) 미국 9 · 11 동시다발 테러 발생
2002	헤이세이(平成)14	학교 주5일제 완전 실시 문부과학성 '마음의 노트(心のノート)' 배포 종합규제개혁의→구조개혁특구교, 주식회사 · NPO에 의한 학교 설립 추진 문부과학성 '확실한 학력향상을 위한 2002어필『배움의 권유(学びのすすめ)』'	
2003	헤이세이(平成)15	중교심(中敎審)답신 '21세기를 개척해가는 듬직한 일본인 육성'	
2004	헤이세이(平成)16	규제개혁 · 민간개방추진회의 설치	
2005	헤이세이(平成)17		
2006	헤이세이(平成)18	교육재생회의 설치 교육기본법(新法) 성립(12월)	
2007	헤이세이(平成)19	43년만에 전국 일제학력테스트 실시	

도표 인용문헌(図表引用文献)

1장

그림 1-1 秋山虔·小町谷照彦編『源氏物語図典』小学館, 1997年, 23頁.

그림 1-2 小町谷照彦『絵とあらすじで読む源氏物語―渓斎藤英泉『源氏物語絵尽大意抄』―』新典社, 2007年, 282頁.

그림 1-3 木簡学会編『日本古代木簡集成』東京大学出版会, 2003年, 122頁.

표 1-1 久木幸男『日本古代学校の研究』玉川大学出版部, 1990年, 147頁.

표 1-2 久木幸男『日本古代学校の研究』玉川大学出版部, 1990年, 40頁.

2장

그림 2-1 写真提供: 史跡足利学校.

그림 2-2 天理大学附属天理図書館『天理図書館稀覯書図録』天理大学出版部, 2006年, 53頁.

3장

그림 3-2 江戸子ども文化研究会編『浮世絵のなかの子どもたち』くもん出版, 1993年, 70頁.

그림 3-3 山田重遠『手習肝要記』1848年, 木村政伸蔵.

그림 3-4 「読書筆録」(峯家文書)唐津市相知図書館蔵.

그림 3-6 海原徹『広瀬淡窓と咸宜園』ミネルヴァ書房, 2008年, 161頁.

4장

그림 4-1 適塾パンフレットより転載.

그림 4-2 大久保利謙監修『新修森有礼全集』第1巻, 文泉堂書店, 1997年, 口絵.

그림 4-3 唐澤富太郎『図説 近代百年の教育』國土社, 1967年, 72頁.

그림 4-4 唐澤博物館蔵, 唐澤富太郎『教育博物館』中巻, ぎょうせい, 1977年, 293頁.

그림 4-5 唐澤博物館蔵, 唐澤富太郎『教育博物館』中巻, ぎょうせい, 1977年, 253頁.

그림 4-6 唐澤博物館蔵, 唐澤富太郎『教育博物館』中巻, ぎょうせい, 1977年, 82頁.

그림 4-7 石川松太郎ほか『図録日本教育の源流』第一法規出版, 1984年, 103頁.

표 4-1 尾形裕康『西洋教育移入の方途』野間教育研究所, 1961年, 101頁.

표 4-2 文部省編『學制百年史』資料 編, 帝國地方行政學會, 1972年, 214頁より筆者作成.

칼럼 石川松太郎ほか『図録日本教育の源流』第一法規出版, 1984年, 107頁.

5장

그림 5-1 海後宗臣·仲新編『日本敎科書大系 近代編 第2卷 修身』講談社, 1962年, 336頁.

그림 5-2 海後宗臣·仲新編『日本敎科書大系 近代編 第2卷 修身』講談社, 1962年, 477頁.

그림 5-3 海後宗臣·仲新編『日本敎科書大系 近代編 第2卷 修身』講談社, 1962年, 574頁.

그림 5-4 岐阜県敎育委員會編『岐阜県敎育史 通史編 近代二』岐阜県敎育委員會, 2003年, 116頁.

그림 5-5 國立敎育硏究所編『日本近代敎育百年史 4』國立敎育硏究所, 1974年, 1152頁.

그림 5-6 岐阜県敎育委員會編『岐阜県敎育史 通史編 近代二』岐阜県敎育委員會, 2003年, 310頁.

그림 5-7 古田東朔編『小學讀本便覽 第6卷』武蔵野書院, 1983年, 55頁.

그림 5-8 唐澤富太郎『図説 近代百年の敎育』國土社, 1967年, 284頁.

표 5-1 國立敎育硏究所編『日本近代敎育百年史 4』國立敎育硏究所, 1974年, 1078頁.

칼럼 ヘルバルト著, 三枝孝弘譯『一般敎育學』明治圖書, 1968年, 口繪写真.

6장

그림 6-1 大谷恒郎『愛兒の學習と導き方─各科成績の向上法─』章華社, 1928年.

그림 6-2 東京市社會敎育課編『愛兒の躾けと育て』實業之日本社, 1924年, 4~5頁.

그림 6-3 『中學世界 大正二年受驗界』第16卷 第12号, 博文館, 1913年9月.

그림 6-4 『小學五年生』創刊號, 小學館, 1922年 10月.

그림 6-5 帝國敎育會編『ダルトン案の批判的新硏究』文化書房, 1924年.

그림 6-6 中野光·高野源治·川口幸宏『兒童の村小學校』黎明書房, 1980年, 口繪写真.

표 6-1 『日本の歷史 近代 I -4 學校と試驗』(週刊朝日百科94 新訂增補) 朝日新聞社, 2004年 3月より作成.

표 6-2 樋口長市ほか『八大敎育主張』大日本學術協會, 1921年などにより作成.

칼럼 總務庁統計局監修『日本長期統計總覽』第1卷, 日本統計協會, 1987年より作成.

7장

그림 7-1 『綴方生活』第2次同人宣言, 1930年10月号.

그림 7-2 下村哲夫監修『國民學校の日々』(國民學校と子どもたち 第1卷) エムティ出版, 1995年, 28頁.

그림 7-3 「戰爭と子どもたち」編集室編『敎室から自由が消えた日』 (戰爭と子どもたち 第2卷) 日本圖書センター, 1994年, 79頁.

그림 7-4 下村哲夫監修『少國民の錬成·集團疎開』(國民學校と子どもたち 第2卷) エムテ

ィ出版, 1995年, 67頁.

그림 7-5 歷史教育者協議會編『15年戰爭のなかで』(日本の子どもたち 第2卷) 日本圖書
　　　センター, 1996年, 87頁.

그림 7-6「戰爭と子どもたち」編集室編『小さな戰士といわれて』(戰爭と子どもたち 第4
　　　卷)日本圖書センター, 1994年, 149頁.

그림 7-7 下村哲夫監修『少國民の鍊成・集團疎開』(國民學校と子どもたち 第2卷) エムテ
　　　ィ出版, 1995年, 141頁.

8장

그림 8-1「子どもたちの昭和史」編集委員會『(写真集)子どもたちの昭和史』大月書店,
　　　1984年, 150~151頁.

그림 8-2「子どもたちの昭和史」編集委員會『(写真集)子どもたちの昭和史』大月書店,
　　　1984年, 130頁.

그림 8-3 矢口高雄『螢雪時代―ボクの中學生日記―』第1卷, 講談社, 1992年, 30~31頁.

그림 8-4「子どもたちの昭和史」編集委員會『(写真集)子どもたちの昭和史』大月書店,
　　　1984年, 151頁.

그림 8-5 三和良一・原朗『近現代日本經濟史要覽』東京大學出版會, 2007年のデータより
　　　作成.

그림 8-6「住民基本台帳人口移動報告」總務庁統計局ホームページ所収データより作成.

그림 8-7 文部(科學)省『學校基本調査報告書』各年データより作成.

표 8-1 浜田陽太郎・石川松太郎・寺崎昌男『近代日本の教育の記録(下)』日本放送出版
　　　社, 1978年, 232~233頁.

표 8-2 市川昭午・林健久『教育財政』東京大學出版會, 1972年, 334頁より転載.

칼럼 東井義雄記念館パンフレットより転載.

9장

그림 9-1 文部(科學)省『學校基本調査報告書』各年データより作成.

그림 9-2 文部(科學)省『學校基本調査報告書』各年データより作成.

그림 9-3 國立社會保障・人口問題研究所ホームページ所収データより作成.

칼럼 近藤孝弘『歴史教育と教科書―ドイツ, オーストリア, そして日本―』岩波書店,
　　　2001年, 23頁.

사항색인

인명색인